Ngakpa Chögyam

Reise in den inneren Raum

HERDER / SPEKTRUM

Band 4516

Das Buch

Abwehrkäfte gegen Zerstreuung und Verzerrungen zu entwickeln, in unserer komplizierten Welt Einfachheit und Konzentration wieder zu gewinnen, ist das Bedürfnis vieler Menschen. Ngakpa Chögyam ist ein westlicher Meditationslehrer, der lange Zeit in Tibet gelebt hat. Er stellt die tibetische Meditationspraxis vor, die es ermöglicht, sich zu sammeln, auszuspannen und sich neu auf sich und den Alltag zu konzentrieren. Entspannung ist die Voraussetzung für die Shi-ne-Praxis des tibetischen Buddhismus. Ihr Ziel ist: in sich ruhen und ausgeglichen sein. Es geht darum, achtsam zu werden und sich nicht von Äußerlichkeiten ablenken zu lassen. Die Reise in den inneren Raum bedeutet, seinen Weg zu erkunden und aufmerksam zu beschreiten, statt hastig ans Ziel zu gelangen: „Ngakpa Chögyam verliert keine Zeit damit, höhere Bewußtseinszustände, wundervolle Visionen oder blendende Erleuchtungserfahrungen zu beschreiben. Meditation ist vor allem eine Art, mit sich selbst allein zu sitzen und die eigene wahre Natur zu verwirklichen. Ist das leicht? Natürlich. Ist das schwierig? Ebenfalls." (David Fontana).
Behutsam und anschaulich stellt der Autor die verschiedenen Übungen vor. Zahlreiche Abbildungen von Sitz- und Meditationshaltungen verdeutlichen die jeweilige Haltung. Ein Begleit- und Übungsbuch durch eine Meditationspraxis, die im Westen immer mehr Menschen wählen, um zu Achtsamkeit und Gelassenheit zu finden.

Der Autor

Ngakpa Chögyam, lebt in Amerika, ist ein international bekannter Meditationslehrer und Lama der ältesten Tradition des tibetischen Buddhismus.

Ngakpa Chögyam

Reise in den inneren Raum

Einführung in die tibetische Meditationspraxis

Mit zahlreichen Abbildungen

Aus dem Englischen von Theo Kierdorf und Hildegard Höhr

Herder

Freiburg · Basel · Wien

Gedruckt auf umweltfreundlichem, chlorfrei gebleichtem Papier

Titel der englischen Originalausgabe: Journey into Vastness.
A Handbook of Tibetan Meditation -Techniques, Element Books
Limited, Longmead, Shaftesbury, Dorset 1988

Verlag Herder Freiburg im Breisgau
Herstellung: Freiburger Graphische Betriebe 1997
Umschlaggestaltung: Joseph Pölzelbauer
Umschlagmotiv: © Rupprecht Geiger 1987
ISBN 3-451-04516-8

Inhalt

TEIL IV

ANHANG

Dieses Buch ist in Dankbarkeit gewidmet:

Seiner Heiligkeit, dem Vierzehnten Dalai Lama Tibets,

Den beiden Inkarnationen von Nuden Dorje Drophang Lingpa: dem legendären und unvergleichlichen Yogi Terton und dem Gelehrten S.H. Dudjom Rinpoche (1904-1987), dessen Andenken immer lebendig bleiben wird,

und meinem spirituellen Vater, S.H. Khordong Terchen Tulku Chhimed Rigdzin Rinpoche, der eine unendliche Quelle der Kraft, der Klarheit und der Güte ist.

Schließlich widme ich dieses Buch auch dem Großen Meister des Dzogchen, Lama Namkhai Norbu Rinpoche,
sowie all den wundervollen tantrischen Yogis und Yoginis, von denen ich Belehrungen empfangen habe.

Möge die Weiße Linie zum Wohle aller und überall gedeihen.

Danksagungen

Ich fühle mich vielen lieben Menschen zu großem Dank verpflichtet. Es ist unmöglich, in diesem Rahmen die Hilfe all dieser Freunde wirklich zu würdigen; es ist nicht einmal möglich, sie alle hier aufzuzählen.

Ich möchte damit beginnen, all denjenigen zu danken, die ich diesmal nicht namentlich erwähnen kann – ich werde dies in späteren Büchern nachholen. Menschen sind wichtiger als Bücher, doch manchmal erinnert uns erst ein Buch an diese Tatsache. In diesem Geiste möchte ich liebevoll danksagen:

Meiner teuren Freundin Julia Cutmore für die wertvollen Einsichten in die feministische Psychologie und für unsere langjährigen und noch andauernden Studien.

Meiner wundervollen Frau und Sang-yum, Marcie Togden, für ihre Inspiration, ihre Unterstützung, ihr köstliches Wesen und dafür, daß sie so viele Dinge ermöglich hat, die zuvor unmöglich waren.

Reverend James Low (Ngakpa Mikyö Seng-ge), meinem Freund und Vajra-Bruder, ohne dessen Hilfe, Ermutigung und Treue in einer sehr schwierigen Zeit ich dieses Buch erst zu einem viel späteren Zeitpunkt hätte fertigstellen können. James ist ein außergewöhnlicher Mensch, ein tantrischer Yogi mit einem sehr tiefen Verständnis der westlichen Psychologie, dessen warmer und freifließender Scharfsinn großen Beifall finden möge. Ich empfinde es als eine Ehre, ihn kennengelernt zu haben. Danke auch dir, Barbara Terris, für deine große Wärme, Gastfreundschaft, Offenheit und Integrität in einer Welt, in der manchmal Mangel an diesen Qualitäten besteht.

Ich danke meinem lieben Freund Dr. David Fontana für seinen stillen, sanften Humor und für seine echte Heiterkeit. Seine

Hingabe an die Pionierarbeit, die er der Beseitigung der Barriere zwischen der westlichen Psychologie und den tibetischen Traditionen der Befreiung gewidmet hat, hat vielen Menschen unzählige neue Möglichkeiten eröffnet. Seine eigene Übung hat es ihm ermöglicht, die Grenzen zwischen verschiedenen Pfaden aufzulösen und sich der Essenz der vielen verschiedenen Erscheinungsformen der Wirklichkeit zu öffnen. Als Dozent für pädagogische Psychologie an der Universität Cardiff hat er auf intellektuellem Gebiet Erstaunliches geleistet, doch seine Einfachheit im Ausdruck wahrer Menschlichkeit und seine kompromißlose Wärme durchstrahlen alle seine Handlungen.

Ich danke meinem Vajra-Bruder Johannes Frischknecht (Lobsang Phunstog), dem Leiter des *Ri-me Jang-chub Chö-ling*-Institut für Vajrayana-Philosophie, Zürich, für seine Freundschaft, seine Begeisterung und seine aktive nicht-sektiererische Haltung. Für Johannes ist der Geist von *Ri-me* stets eine gelebte Wirklichkeit gewesen, nie nur eine diplomatische Haltung. Seine treue Hingabe und sein Humor, seine sorgenfreie Güte und seine echte Bescheidenheit machen ihn zu einem Beispiel dafür, was ein Mensch durch die Übung erreichen kann.

Ich danke meinem teuren Bruder, dem „psychedelischen fallschirmspringenden Häusermakler“ und seiner Frau Jill für meine beiden erstaunlichen Nichten Jessica und Ruth – die kleinen Himmelstänzerinnen.

Norzin Lama (Laxmi), der Tochter von Khordong Terchen Tulku Chhimed Rigdzin Rinpoche, danke ich dafür, daß sie das ist, was sie ist – eine außergewöhnliche Dakini. Danke für deine Direktheit, Klarheit, Wärme, aufrichtige Freundschaft und dafür, daß du im Soziussitz auf dem „Todesengel“ mitgefahren bist.

Michael Mann, dem Verleger meiner Bücher und Leiter des Verlages Element Books, möchte für seine Unterstützung sowie auch für seine Fragen und Vorschläge danken. Michael verändert nur sehr wenig an meinen Texten, trotz meiner oft „kühnen“ Wendungen, meiner Exzentrizität und meines manchmal etwas willkürlichen Umgangs mit der englischen Sprache. Die Änderungen, die er macht, geben dem Ganzen den letzten Schliff. Daß

Michael mich bei meinem Versuch, die Konventionen der heutigen Publikationen über den tibetischen Buddhismus zu durchbrechen, unterstützt, erfordert von ihm sowohl Mut als auch ein Verständnis, das weit über die Ebene des bloßen „Informiertseins" hinausreicht. Danke, Michael, daß du mich in meiner Absicht unterstützt hast, diese Lehren einem größeren Publikum zugänglich zu machen. Im gleichen Sinne möchte ich auch euch, Annie Walton und Michael Froomberg, danken.

Ich danke Caroline Sherwood, der „Herrin der Geheimnisse", Freundin und *Agent provocateur* für Roshis, Medizinmänner und Lamas. Danke für dein weißglühendes Gelächter.

Danken möchte ich auch meinen Schülern, besonders Su Graves und Brian O'Donovan (Rev. Ngakchung Nordzin Lhamo und Nyima Dorje), Caroline Cram (Dechen Khandro), Andy Hicks (Kunzang Dorje), Patrick Rennison (Jigme Dorje), Jane Whittle (Pema Khandro), Michael Froomberg (Rigdzin Dorje), Peter Stanford (Dorje Pawo), Babette Le Patourel (Yeshe Khandro), Susan Alers (Rinchen Khandro), Alan Redman (Rangdrol Dorje), Catherine Weatherbe (Yeshe Pema), Helen Fielding (Lekyi Khandro), Chöying Seng-ge, Mike Beddard (Mingyur Dorje), Ernie und Lucy Watson (Gyurmed Dorje und Pema Zangmo), Jane Stenning (Dechen Pema), Collin Middleton (Jigmed Pawo), Norman D'Souza (Pema Wangyal), Ruth Rickard (Chöying Pema), Richard Clayton (Samten Pawo), Michael Clayton (Chhimed Dorje), Anne und Randle Cook (Rgdzin Khandro und Rigpa'i Dorje), Charl Chapman (Sangchen Khandro), Art Johnson (Rangjung Dorje), Amy Shurtz (Dechen Yeshe), Lisa Grant (Nyima Khandro), Denis Kroeker (Sang-gye Yeshe), Nadine Vaughan-Kroeker (Chimed Yeshe), Patricia Blaine (Sang-gye Pema), Cliff Burns (Yeshe Dorje).

Sun Bear möchte ich für seine Freundschaft, seinen Humor und seine gute Arbeit danken. Ich wünschte mir, es gäbe mehr Menschen wie ihn auf der Welt. Danke für die Risiken, die du eingegangen bist, und für deine solide, erdhafte Weisheit. Danke dafür, daß du gesagt hast, daß du „an keine Philosophie glaubst, die kein Getreide wachsen läßt". Ich danke auch Wabun, Donna

Dupree (die „Singende Pfeifenfrau“), Casie, Lou, Mary Kay und Erin DeSabla, Jaya, Jude, Auntie Lani Kalama, Amy Lee (die die Regenbogen fängt) und Brant Secunda.

Dr. Sue Blackmore, Dr. Michael West, Dr. Martin Skinner, Dr. John Pickering, Stephen Batchelor, John Snelling, Paul Bodenham und Linda Brogan, Reg Clark und Alf Vial möchte ich dafür danken, daß sie nicht konform gehen, 5 („Five“) Cram für seine Sensibilität, technische Virtuosität und Intelligenz über die Pflichterfüllung hinaus, weiterhin John und Heather Harvey, Lady Anna Claire Gore-Langton, Sarah Cutmore; Kurt Schaffhauser dafür, daß er Kurt Schaffhauser ist, Ann Rimmer, Sue Parkinson Smith Amber und Lewis Motram, Johanna Van Der Schaft, Sue und Bernard Tagliavini, Kevin Barlow, Vanessa und Len Sinclaire für den Jnana-Jive, Michael Hunt und Denise Brock für ihren trockenen Humor und für ihre wahrhaft verblüffenden Nähkünste, Lesley und Jonathan Delamont für den fabelhaften gehäkelten Ngakpa-Schal und für die vielmonatige Arbeit, die erforderlich war, um ihn fertigzustellen, Patrick Graham, Richard und Nancy Stodart, Norma Levine, Chrissie Coburn-Krzowska.

Schließlich möchte ich noch Francis Deas, Mary Carter und all denjenigen danken, die meine Freunde geblieben sind – ich kann gar nicht nachdrücklich genug zum Ausdruck bringen, wie sehr ich euch schätze.

Ngakpa Chögyam
Hartgrove, Dorset und San Francisco
im Juni 1990

Zum Geleit

Es ist mir eine große Freude, ein paar einleitende Sätze zu Ngakpa Chögyams Buch *Reise in den inneren Raum* zu schreiben. Ich kenne Ngakpa Chögyam seit vielen Jahren, habe ihn während dieser Zeit mehrmals in seinem Haus besucht und ihn auch an anderen Orten getroffen und mit ihm zusammen meditiert. Er hat den tibetischen tantrischen Buddhismus und die Meditationspraktiken der Nyingma-Linie ausgiebig studiert.

In seinem ersten Buch, *Der fünffarbige Regenbogen*, behandelt er das Thema auf meisterhafte Weise. Und sein neues Buch, *Reise in den inneren Raum*, zeigt ebenfalls, daß der Autor weiß, wovon er spricht. Als Meditationshandbuch umfaßt es Shi-ne-, Lha-tong-, Nyi-med- und Lhundrup-Übungen. Shi-ne ist die Basis der Meditation. Durch aufbauende Übungen wird das Konzept der Abwesenheit einer Verbindung zwischen dem Eigenen und dem Anderen in seinem Auftauchen befreit, so daß es schließlich innerhalb des Höchsten Wissens schmilzt.

Chögyams Bemühungen in diesem Buch werden dem Leser von großem Nutzen sein. Das Buch ist von großem Wert.

Khordong Terchen Tulku Chhimed Rigdzin Rinpoche
am 24. Oktober 1986

Einleitung

Es gibt viele gute Bücher über Meditation. Was also macht das hier vorliegende zu etwas Besonderem? Die Antwort lautet, daß es abgesehen von seiner bewundernswerten Klarheit und Offenheit von einem außergewöhnlichen Verständnis des menschlichen Geistes zeugt. Der Autor schreibt, als würde er seine Leser genau kennen, als wisse er schon, welche Freuden und Rückschläge sie auf dem wahrhaft lohnenden und gleichzeitig verrücktmachenden Pfade der Meditation erwarten. Wie ein kluger Freund steht er dem Leser bei, spornt an, hilft, ermutigt und lacht in sich hinein; er ist geduldig und vertraut darauf, daß jeder Erfolg haben kann, vorausgesetzt, er investiert ein wenig Zeit und Geduld. Ngakpa Chögyam verliert keine Zeit damit, höhere Bewußtseinszustände, wundervolle Visionen oder blendende Erleuchtungserfahrungen zu beschreiben. Meditation, so versichert er dem Leser, ist vor allem eine Art, mit sich selbst allein zu Sitzen und die eigene wahre Natur zu verwirklichen. Ist das leicht? Natürlich. Ist das schwierig? Ebenfalls. Auf eine merkwürdige Art ist es sowohl leicht als auch schwierig. Lesen Sie Ngakpa Chögyams Bücher, sitzen Sie und meditieren Sie mit ihm, dann werden Sie verstehen, was ich meine.

Doch wie ist Ngakpa Chögyam zu seinem Verständnis des menschlichen Geistes gekommen? Die Antwort auf diese Frage ist einfach: Indem er sich selbst erforscht hat. Er schreibt und lehrt als jemand, der über lange Zeit eigene Erfahrungen mit den Lehren und Methoden gesammelt hat, über die er schreibt, sowie darin, dieselben zur Erforschung des eigenen Seins zu nutzen. Diese Erfahrungen sammelte er sowohl im Osten, woher die Lehren und Methoden, die er beschreibt, stammen, als auch im Westen, wo er geboren und aufgewachsen ist und wo er nun lebt. Denn Ngakpa Chögyam ist ein sehr außergewöhnlicher Mensch. Nachdem er ein Kunststudium mit höchster Auszeichnung abgeschlossen hatte, unterzog er sich unter der Anleitung von Lehrern der authentischsten tibetischen Traditionen der Ausbildung eines Nyingma-Lamas, in deren Verlauf er lange Einzel-Retreats absolvieren mußte. Ngakpa Chögyam sind die Lehren der Nyingma-Tradition in Fleisch und Blut übergegangen, und dennoch ist er in ausreichendem Maße ein Mensch der westlichen Welt geblieben, um nun in der Lage zu sein, Aspekte jener Tradition Menschen des Abendlandes in einer Form nahezubringen, die sie verstehen können und die unmittelbare Relevanz für ihr Alltagsleben hat. Wie die meisten buddhistischen Schulen (und in krassem Gegensatz zur westlichen Psychologie) vertritt die Nyingma-Tradition die Ansicht, daß der Weg zu einem echten Wissen über den Geist voraussetzt, zunächst einmal das Gewahrsein nach innen zu richten und sich selbst kennenzulernen. Nur wer dies getan hat, ist in der Lage, andere zu studieren oder zu lehren. Dies hat Ngakpa Chögyam getan - und dies erklärt die Weisheit und den gesunden Menschenverstand, die das Buch ausstrahlen.

Aber keine Angst. Ngakpa Chögyam fordert keineswegs von Ihnen, Ihr ganzes bisheriges Leben aufzugeben und fortan im Himalaya zu leben (falls Sie dies allerdings vorhaben sollten, sagt er Ihnen gerne, wie Sie das angehen könnten). Er fordert Sie auch nicht auf, Ihre eigene spirituelle Tradition und Ihre Überzeugungen aufzugeben und sich statt dessen seiner anzuschließen. Er ist nicht darauf aus, irgendjemanden zu „bekehren" oder in einer philosophischen oder theologischen Diskussion zu besiegen. Seine Aufgabe ist, Ihnen zu helfen, Ihr Leben intensiver, reicher (und gleichzeitig einfacher) zu leben, Ihnen zu helfen, sich von einigen der schmerzhaftesten Forderungen Ihres Ich zu befreien und das ungeheure und erfreuliche Potential Ihres eigenen Seins zu verwirklichen. Wenn das keine lohnende Aufgabe für einen Autor ist, dann weiß ich nicht, was sonst eine solche Aufgabe sein könnte.

Trotz des offensichtlichen Nutzens, den es für den Westen hat, daß Lehrer wie Ngakpa Chögyam bei uns leben, werde ich manchmal gefragt, warum wir uns überhaupt mit östlichen Vorstellungen beschäftigen sollten. Haben wir denn nicht auch im Westen genügend spirituelle und psychologische Traditionen? Müssen wir uns in Anbetracht dessen auch noch mit den Traditionen anderer Völker beschäftigen? Natürlich gibt es viele westliche Traditionen, und viele von ihnen sind in der Tat auch sehr kraftvoll. Doch haben wir im Westen in unserer Herangehensweise an unsere eigenen Traditionen zwei grundlegende Fehler gemacht. Erstens trennen wir Spiritualität und Psychologie (Seele und Geist), statt sie als einander ergänzend anzusehen. Und zweitens haben wir viele Techniken wie die der Meditation vergessen, die das persönliche Wachstum in den beiden erwähnten Bereichen fördern. Im großen und ganzen ist dies bei den östlichen Äquivalenten nicht der Fall. Allerdings sollten wir uns auch hüten, deren Unzulänglichkeiten zu übersehen. Die östlichen Traditionen gehen von der bewundernswerten Voraussetzung aus, daß wir menschliche Wesen nicht verstehen können, wenn wir sie nicht als Ganzheit betrachten, und daß wir sie nicht in umfassender Weise in ihrer Entwicklung unterstützen können, wenn wir nicht über eine persönliche Psychotherapie in Form von Methoden verfügen, die jeder Mensch für sich allein praktizieren kann.

So akzeptabel diese Antwort vielen erscheinen mag, gibt es doch andererseits auch viele, die durchaus verständliche Vorbehalte haben. Insbesondere bezweifeln viele, die die westliche Psychologie und Psychotherapie studiert haben, ob die östlichen Traditionen in ihrer Methodik in ausreichendem Maße wissenschaftlich sind. Die Wissenschaft (und insbesondere die Verhaltenswissenschaft) hat ihre Mängel, doch versucht sie zumindest, die Dinge präzise und mit einem gewissen Maß an Objektivität zu betrachten. Der westliche Wissenschaftler versucht, zu Untersuchungsergebnissen zu gelangen, die eindeutig nachvollzogen und problemlos verallgemeinert werden können, und er hegt den tiefen Verdacht, wenn man die farbenfrohe Sprache außer acht lasse, hätten die Traditionen des Ostens möglicherweise nicht viel mehr zu bieten als vage Gefühle und clevere Effekthascherei. Selbst Wissenschaftler mit einer etwas großzügigeren Sicht sagen, daß die spirituellen und psychologischen Techniken der östlichen Traditionen *vielleicht* bei *einigen* Menschen *manchmal* wirken mögen, doch auf einer so subjektiven Ebene, daß man diese Wirkung unmöglich mit wissenschaftlichen Mitteln untersuchen könne. Ebensowenig vermögen wir zu sagen, was genau an diesen Methoden die

Wirkung hervorruft, die sie haben – dies wäre ein wichtiger Schritt, wenn man jenes „aktive Element“ extrahieren und in jener schmerzlosen Instant-Form verfügbar machen wollte, die dem Geist des modernen westlichen Menschen so attraktiv erscheint!

Derartige Vorbehalte lassen sich nicht so leicht beiseite wischen. Würde man dies tun, so würde man damit jede Annäherung zwischen dem westlichen und dem östlichen Denken noch viel schwieriger machen, als sie ohnehin schon ist. Die westlichen Wissenschaftler haben das Recht, die östlichen Traditionen nach ihren Referenzen zu fragen, und sie haben auch das Recht, auf die Hintertürchen in diesen Referenzen hinzuweisen, durch welche die Irregeleiteten und die Leichtgläubigen von den Skrupellosen gelockt werden können. Ebenso haben auch Denker und Praktizierende des Ostens ein Recht, die Authentizität der westlichen Methoden in Frage zu stellen und die geistige Enge der Paradigmen anzuprangern, die der westlichen Wissenschaft zugrundeliegen. Nur durch einen solchen Prozeß gegenseitiger Untersuchung in einer von gegenseitigem Respekt und Vertrauen geprägten Atmosphäre können wir zu dem Verständnis gelangen, das dazu führt, daß diese beiden so unterschiedlichen Denk- und Überzeugungs-Systeme einander bereichern.

Prozesse dieser Art werden immer von Einzelnen abhängen, die offen und ausdauernd genug sind, um beide Systeme zu studieren und die erforderlichen Brücken zwischen ihnen zu schlagen. In diesem Sinne leben wir in einer glücklichen Zeit. Durch die heutigen Reise- und Kommunikationsmöglichkeiten sind Osten und Westen einander in einem Maße nahegekommen, wie es noch nie zuvor der Fall war. Die tragischen Ereignisse, die die neueste Geschichte Tibets kennzeichnen, haben außerdem dazu geführt, daß heute viele tibetische Lehrer bereit und willens sind, ihre Weisheit mit Menschen des Westens zu teilen. Heutzutage bieten sich dem Menschen der westlichen Welt wie nie zuvor Möglichkeiten, das tibetische Denken detailliert zu studieren und die eigenen Vorstellungen und Praktiken im Lichte jenes Denkens zu überprüfen. Zum Glück haben viele Menschen des Westens, darunter auch viele Psychologen und Therapeuten, diese Gelegenheit rasch ergriffen. Umgekehrt scheint dies leider nicht im gleichen Maße der Fall zu sein. Aus den verschiedensten Gründen gibt es nicht viele tibetische Lehrer, die das westlichen Denken studiert haben und die mutig genug sind, Aspekte ihrer eigenen Traditionen im Lichte dieses Denkens abzuwandeln - und sie so abzuwandeln, daß diese Traditionen den sozialen und kulturellen Erfordernissen des Westens gerecht werden.

Damit komme ich wieder zu Ngakpa Chögyam und seinem Buch zurück. Ich habe bereits gesagt, daß Ngakpa Chögyam ein gebildeter Mensch des Westens ist, der die schwierige Ausbildung eines tibetischen Lamas selbst erfahren hat. Doch Chögyam ist mehr als das. Nachdem er diese Ausbildung beendet hatte und in den Westen zurückgekehrt war, um zu lehren, machte er sich daran, die westliche Psychologie zu studieren, nicht nur, um mit den Psychologen in ihrer eigenen Sprache sprechen zu können, sondern auch, um seine Darstellung der traditionellen tibetischen Lehren für Menschen, die in der Sichtweise der westlichen Psychologie geschult sind, verständlich zu machen. Ngakpa Chögyam hat in den vergangenen Jahren in zunehmendem Maße mit westlichen Psychologen, Therapeuten und Ärzten zusammengearbeitet - er hat Vorträge bei akademischen Kongressen gehalten, mit ihnen gemeinsam Workshops durchgeführt und er hat große Anstrengungen unternommen, dem Ost-West-Dialog neue Bereiche zu erschließen. Dadurch hat er nicht nur in beträchtlichem Maße zur Entstehung einer neuen Verständnisgrundlage beigetragen, sondern auch dazu, einen kreativen Fluß neuer Ideen anzuregen, der äußerst schwerwiegende Implikationen für die Zukunft hat.

Doch wenn ich hier Chögyams Bemühungen, die tibetische und die westliche Psychologie zusammenzubringen, so sehr hervorhebe, möchte ich keineswegs den Eindruck erwecken, daß ich damit für irgendeinen vagen Ost-West-Kompromiß eintrete, dem es an den Stärken der einen wie der anderen Tradition mangelt. Chögyams Ziel ist, die Schule des tibetischen Buddhismus, der er selbst angehört, in einer Form darzustellen, die Menschen aus einem völlig anderen kulturellen und geschichtlichen Zusammenhang verstehen können. Dabei hat er jedoch keineswegs die Absicht, auch nur auf den geringsten Teil der Essenz jener Lehren zu verzichten. Dies wurde mir persönlich besonders klar anläßlich einer Konferenz, die von der British Psychological Society organisiert worden war. Diese Gesellschaft ist daran gewöhnt, daß die Redner, die bei ihren Veranstaltungen auftreten, in Anzug und Krawatte erscheinen (bzw. in den entsprechenden weiblichen Kleidungssymbolen eines formellen gesellschaftlichen Umgangs). Die Robe eines tibetischen Lamas fällt bei derartigen Kongressen schon ziemlich „aus dem Rahmen". Dennoch ließ sich Chögyam von dieser formellen Atmosphäre nicht einschüchtern und bewegte sich völlig unbefangen in der Tracht des ordinierten Nyingma-Lamas unter uns übrigen Kongreßteilnehmern und fühlte sich überdies die ganze Zeit über auch noch wesentlich wohler als alle anderen Anwesenden. Tag für Tag von einer großen, aufmerksamen Gruppe westlicher Psychologen umgeben, erklärte er unentwegt geduldig die äußerst komplizierten Ideen der tibetischen Psychologie, bis er sich sicher war, daß jeder Anwesende das Beschriebene wirklich verstanden hatte und außerdem in der Lage war, die Verbindung zwischen diesem Denksystem und seinem eigenen Ansatz zu sehen.

Die Beliebtheit der Serie von intensiven Workshops, die Chögyam während jenes Kongresses leitete, sowie die intensive Aufmerksamkeit, mit der alle Anwesenden seine Rede vor dem Plenum bedachten, waren ein weiterer Beweis dafür, wie erfolgreich er für seine Ziele arbeitete. Doch vielleicht das beste Symbol dafür, wie Ngakpa Chögyam mit dem westlichen Denken kooperiert, ohne gleichzeitig irgend etwas von der Essenz der tibetischen Lehren aufzugeben, war der Anblick, wie er mit Elektroden und Kabeln „verdrahtet" ruhig in tiefer Meditation saß, gehüllt in seine tibetische Tracht, deren Stil sich seit vielen Jahrhunderten nicht verändert hat. Als die Wissenschaftler sich um ihre Geräte versammelten, um Ngakpa Chögyams Gehirnwellenmuster zu untersuchen, war das Bild der Begegnung zwischen uraltem tibetischem Wissen und westlicher Technologie perfekt.

In Ngakpa Chögyam haben wir einen Innovator vor uns, der den grundlegenden Lehren seiner Tradition treu bleibt, aus welchen seine Innovationen ihren Sinn schöpfen. Doch macht dies natürlich niemanden gegen Kritik immun. Kritik pflegt innovativen Ansätzen stets auf dem Fuß zu folgen wie die Nacht dem Tage. Natürlich gibt es innerhalb der tibetischen Tradition auch Kritiker, die der Ansicht sind, Ngakpa Chögyam habe „es zu weit getrieben" und er gehe zu schnell vor. Ebenso gibt es auch im Westen Leute, die der Ansicht sind, daß wir Psychologen, die wir uns für die Theorien und Praktiken des Ostens interessieren und uns damit beschäftigen, viel zu „mystisch" und richtungslos werden. Nur die Zeit kann zeigen, ob diese Kritik berechtigt ist oder nicht. Ebenso wie nur die Zeit zeigen kann, ob jene westlichen Mediziner, die über die ungewöhnlichen Gehirnwellenmuster staunen, die Ngakpa Chögyam im Zustand tiefer Meditation zu erzeugen vermag, etwas für das Studium des menschlichen Geistes sehr Bedeutsamem auf der Spur sind oder nicht. Und weiterhin wird auch nur die Zeit erweisen können, ob die Methoden der Beratung und Psychotherapie, die auf der Verbindung zwischen der Psychologie des tibetischen Tantra und den Methoden der westlichen Psychologie basieren und welche Ngakpa Chögyam in seiner eigenen Beratungspraxis anwendet, einen wichtigen Fortschritt darstellen oder nicht.

Doch selbst wenn ich mich nicht für die tibetischen Traditionen und für die Männer und Frauen, die sie lehren, interessieren würde, hielte ich es als Psychologe immer noch für meine Pflicht, Ngakpa Chögyam zu studieren, um herauszufinden, was ihn zu einem so glücklichen und positiven Menschen macht - was ihn dazu bringt, so herzlich und mitfühlend gegenüber jedem zu sein, dem er begegnet, so gütig und selbstlos, so sehr mit sich selbst und der Welt in Frieden, wenn er in seiner Küche Kartoffeln schält oder wenn er durch das Himalayagebirge wandert. Es wäre meine Pflicht, dies zu untersuchen, denn was auch immer sein Geheimnis sein mag, es sollte anderen Menschen zugänglich gemacht werden. Zum Glück hat er uns in seinem vorliegenden Buch sowie in seinem ersten Buch, *Der fünffarbige Regenbogen*, einen großen Teil jenes Geheimnisses enthüllt. Der Leser mag selbst entscheiden, was er damit anfangen will. Das Buch liefert keine einfachen, „griffigen" Antworten. Es beschreibt keine „Abkürzungen". Je mehr man sich damit beschäftigt, um so mehr hat man das Gefühl, daß sein „aktiver Wirkstoff" nicht mit all den Dingen zu vergleichen ist, die sich bequem abpacken und nach Kilo und Gramm kaufen und verkaufen lassen. Genau deshalb enthält der Titel des Buches wahrscheinlich das Wort „Reise". Reisen dauern gewöhnlich längere Zeit und stellen gewisse Anforderungen an den Reisenden. Doch verändern sie andererseits die Szenerie, die den Reisenden umgibt, und manchmal sogar etwas im Reisenden selbst. Lesen Sie also dieses Buch, und lassen Sie sich überraschen, was daraufhin geschieht. Ich kann Ihnen jedenfalls eines garantieren: Der Autor ist der denkbar beste Reisegefährte.

David Fontana
University College Cardiff

(Er-)Öffnung

Die ersten Seiten eines Buches sollten einen *Geschmack* von seiner *Essenz* geben. Gewöhnlich kann man schon an den ersten Sätzen eines Buches erkennen, ob es einem etwas zu sagen hat oder nicht.

Meditation ist einfach - so *einfach*, daß es eigentlich nicht notwendig sein sollte, das vorliegende Buch zu schreiben. Eigentlich dürfte für niemanden die Notwendigkeit bestehen, ein solches Buch zu lesen. Warum sollte es ein Handbuch geben, das nichts anderes beabsichtigt, als uns zu zeigen, wie wir *sein können, was wir ohnehin bereits sind?*

Meditation ist einfach - so *einfach*, daß wir uns ihr mit unserer unglaublichen Komplexität nicht direkt nähern können: Wir brauchen Worte, Erklärungen, Metaphern und Symbole als Vermittler. Es sollte eigentlich genügen zu sagen: „Sei Hier und Jetzt!" Doch aus unserer künstlich verkomplizierten Perspektive gesehen läßt dies viele Fragen unbeantwortet und scheint überdies noch die verschiedensten neuen Fragen aufzuwerfen. Wir sind so sehr an die unbarmherzige Zensur gewöhnt, die unser Intellekt unserer Wahrnehmung auferlegt, daß die Anweisung „Sei Hier und Jetzt!" in unseren Ohren vage und unverständlich klingt.

Meditation ermöglicht es uns, die Bürokratie unserer rigiden intellektuellen Prozesse zu umgehen und uns selbst *direkt* zu erfahren. Doch bevor wir den Intellekt umgehen können, müssen wir ihn ein wenig füttern - wir müssen ihm *gute Nahrung* geben, damit er etwas zu tun hat. Wir müssen unseren intellektuellen Appetit von den Abstraktionen des philosophischen *Junk-Foods* ablenken und kräftig in die Wirklichkeit unseres Seins beißen. An diesem Punkt hört unser Gebrauch des Intellekts auf, ein Spiel zu sein, und fängt an, zu einem wertvollen Werkzeug zu werden, das uns dazu anspornt, *direkt in die Natur des Geistes zu schauen.* Dies wird als Entwicklung der *Ansicht* bezeichnet.

Die *Ansicht* ist die gesammelte Erfahrung dreitausendjähriger Meditationspraxis, in deren Verlauf ungeheuer viele Menschen das gleiche entdeckt haben. Die *Ansicht* umfaßt die „Mechanik" des nicht-erleuchteten und die Natur des erleuchteten Zustandes, soweit diese sich durch Worte, Symbole und direkte Übermittlung ausdrücken lassen. Die Ansicht, die sich auf die Natur des Geistes bezieht, ist (zumindest in der tibetischen Tradition) zu einer ebenso pragmatischen Angelegenheit wie beispielsweise die Kunst des Feuermachens geworden. Es ist wohl noch nie jemandem kälter geworden, wenn er sich vor ein Feuer gesetzt hat. Und noch nie ist es jemandem gelungen, mit Hilfe von Kieselsteinen und Flußwasser Feuer zu machen. Wenn wir wissen, wie man ein Feuer anzündet, brauchen wir den genauen Wortlaut der Anweisung zum Feuermachen aus dem Lehrbuch nicht länger zu beachten - wir machen dann einfach Feuer. Sobald wir die Ansicht integrieren, verschwindet sie und wird zu Wissen. Mit dem Wissen ist es wie mit dem Atmen - wir brauchen nicht auswendig zu lernen, wie man atmet. Somit ist die Ansicht eine Methode, die zum Ziel hat, den Intellekt durch Gebrauch des Intellekts zu transzendieren. Damit dies möglich wird, müssen wir die Ansicht ständig im Laboratorium unserer eigenen Erfahrung überprüfen. Dies ist eine kreative Nutzung des Intellekts. Sie besteht darin, daß wir uns mit der alltäglichen Empfindung dessen, was wir sind, auseinandersetzen.

Weil unser Intellekt seinem Wesen nach eine echte Gabe ist, ist es möglich, ihn zu entwirren. Das vorliegende Buch *Reise in den inneren Raum* versucht zu erforschen, wie wir sind, und zwar sowohl als „Wesen, die in Komplexitäten verstrickt sind" wie auch als „Wesen, die aus ihrer Verstrickung befreit werden". Wir werden erforschen, was in der tibetischen Überlieferung als *Ansicht*, *Meditation* und *Aktion* bezeichnet wird. Die Ansicht provoziert und spornt unsere natürliche Intelligenz an. Meditation öffnet uns für die Verwirklichung der Ansicht. Und Aktion ist die Reine Angemessenheit unserer Spontaneität im Zustand der Verwirklichung.

Meditation befähigt uns, *selbst zu entdecken* - deshalb ist dieses Buch nicht als „Bibel" gedacht, an die man sich ein Leben lang halten sollte. Auf den folgenden Seiten ist keine Große Weisheit zu finden, die wir länger mit uns herumtragen sollten, als bis wir entdeckt haben, was wir wirklich sind. Es ist auf köstliche wie auch auf schmerzliche Weise amüsant, daß wir alle für uns selbst die besten Lehrer sind. Köstlich amüsant ist dies, weil sich manchmal alles völlig spontan zu entwickeln scheint - es scheint, als würden wir mit den Umständen fließen. Auf schmerzliche Weise amüsant ist es, weil die Ironie unserer Situation für sich selbst spricht und weil wir manchmal gar nicht anders können, als dies zu erkennen.

In verschiedener Hinsicht hat sich dieses Buch zum Ziel gesetzt, die herkömmliche Logik auf den Kopf zu stellen. Doch bedeutet das nicht, daß in unserem Leben kein Platz für Intelligenz ist. Wir müssen lediglich die Gewohnheit ablegen, uns zwanghaft an den konditionierten Mustern unseres Intellekts festzuhalten. Der Wirkungsbereich des „schlußfolgernden Verstandes" ist ziemlich klein, und obgleich er zu erstaunlichen Bravourstücken in der Lage ist, vermag er uns doch nicht Zugang zu *allen* Antworten zu verschaffen. Er ist keine zerebrale American Express-Karte. Jenseits des „schlußfolgernden Verstandes" liegen unvorstellbar schöne Anblicke, die dem Intellekt verborgen bleiben; dies ist etwas, das wir *direkt* erfahren müssen - andernfalls bleibt es uns völlig versagt.

Wahrscheinlich ist uns allen klar, daß „Denken" keine besonders sinnvolle Methode des Umgangs mit emotionalem Schmerz ist. Wenn wir über unseren emotionalen Schmerz nachdenken, so führt das nur dazu, daß unsere Gedanken sich auf schwindelerregende Weise im Kreis bewegen. Über emotional schmerzhafte Erlebnisse nur nachzudenken, scheint unseren akuten Zustand noch zu verschlimmern - nie jedoch scheint uns dies einem Verständnis dessen näher zu bringen, was wir da gerade durchleben. Nachdenken über unseren Schmerz ist nichts weiter, als „Um-den-heißen-Brei-herum-Denken": Wir denken nur über die den Schmerz umgebenden Umstände nach, nie über den Schmerz selbst, denn dazu müßten wir uns der Sprache des Schmerzes bedienen, und das erscheint uns vermutlich als das Schrecklichste auf der Welt. Denken vermag uns einem Verständnis der Natur unseres Schmerzes nicht näherzubringen - wir können den Schmerz nur mit der nicht-konzeptuellen Beobachtung der Meditation *untersuchen*. Gedanken errichten nur eine Barriere zwischen uns und der tatsächlichen Erfahrung von „Schmerz".

Wahrscheinlich haben wir alle schon erlebt, wie Gedanken, die sich im Kreise bewegen, uns nachts den Schlaf rauben können, selbst wenn wir uns nichts sehnlicher wünschen, als endlich einzuschlafen. Wir scheinen süchtig nach dem Prozeß des Denkens zu sein, und wie bei jeder Art von Sucht müssen wir auch in diesem Fall untersuchen, welcher Schaden entstanden ist. Dieses Buch hat zum Ziel, den entstandenen Schaden zu untersuchen. Es ist ein Handbuch, in dem Methoden beschrieben werden, mit deren Hilfe wir uns selbst befreien können. Die grundlegende Meditationstechnik innerhalb der tibetischen Tradition wird *Shi-ne* genannt. Sie ist in allen tibetischen Übungssystemen zu finden sowie auch in allen anderen buddhistischen Schulen. Die Japaner nennen diese Methode *Zazen*, die Chirokesen nennen sie „Hören". Doch wie auch immer sie genannt werden mag, ihr Ziel ist, unseren ständigen inneren Dialog zum Stillstand zu bringen - das mentale Geschwätz, das sich zwischen uns und die direkte Wahrnehmung der Dinge schiebt.

Somit ist Shi-ne die *Behandlungsmethode* für unsere Sucht nach Gedankenmustern.

Wenn wir uns zu dieser Behandlung entschließen, werden wir wahrscheinlich zunächst feststellen, daß die Behandlung irritierend, frustrierend und todlangweilig ist. Das ist so, weil die Shi-ne-Übung uns zwingt, ohne unseren „Kick" auszukommen, und weil diese Erfahrung eine gewisse Ähnlichkeit mit dem „Cold Turkey" hat, den Entzugserscheinungen, die Heroin-Junkys erleben. Dieser Vergleich mag ein wenig übertrieben klingen, doch wer jemals ernsthaft versucht hat, sich der Übung zu verpflichten, wird bestätigen, daß er für die schlimmsten Augenblicke auf diesem Wege durchaus zutreffend ist. „Gedanken-Anhaftungs-Entzugs-Symptome" sind oft ziemlich unangenehm und können uns dazu bringen, unsere Übung schon bald wieder aufzugeben. Doch die entsetzliche Alternative ist ein Leben als „Gedanken-Anhaftungs-Junky", und das Leben in jener Welt der Gedanken-Sucht (welche eine Verzerrung unseres natürlichen Seins ist) ist noch wesentlich qualvoller.

Im Gegensatz zur schrecklichen Qual und zum Leid der Heroin-Entzugssymptome jedoch sind Gedanken-Anhaftungs-Symptome ein fruchtbarer Boden für die Selbst-Erforschung. Was immer wir bei der Shi-ne-Übung empfinden mögen, alles ist ein fundamentaler Ausdruck dessen, *wie wir sind*. Wenn wir uns durch die Shi-ne-Übung mit uns selbst konfrontieren, kommen wir unmittelbar mit unserer tiefen Unsicherheit, Angst, Einsamkeit, Verletzlichkeit und Verwirrung in Kontakt. Diese untergründigen Spannungen verzerren unser Sein, ganz gleich, ob wir Shi-ne üben oder nicht. Deshalb ist es im Grunde keine Lösung, die Shi-ne-Übung zu vermeiden – unsere Situation läßt uns nicht viele Wahlmöglichkeiten.

Vielleicht können wir diesen Zustand auch noch aus einem anderen Blickwinkel betrachten. Wenn wir die Elektrizitätsrechnung bekommen, können wir sie bezahlen, wir können sie aber auch unter die Fußmatte an der Tür schieben und so tun, als hätten wir sie nie bekommen. Doch was wir auch tun mögen – wenn wir nicht bezahlen, wird man uns irgendwann den Strom abstellen.

Wenn wir uns in einer Schlacht befinden, ist es ziemlich gleichgültig, ob wir dem Feind ins Auge sehen oder nicht: In jedem Fall laufen wir Gefahr, von einer Kugel getroffen zu werden. Doch wenn wir dem Feind unmittelbar ins Auge schauen, so hat das den Vorteil, daß wir zumindest sehen, woran wir wirklich sind.

Wie alle Vergleiche deutet auch dieser den gemeinten Sachverhalt nur an, und wir sollten uns hüten, ihn überzustrapazieren. Auch die besten Vergleiche halten nicht stand, wenn wir sie mit „intellektuellen" Fragen auf Biegen und Brechen prüfen.

Shi-ne zu üben heißt also, daß wir uns unmittelbar damit auseinandersetzen, wie wir sind, und daß wir anfangen, unser Leben zu leben, statt uns von unserem Leben leben zu lassen. Shi-ne zu üben bedeutet, sich wieder auf den Fahrersitz zu setzen – die Augen zu öffnen und die Welt zu *sehen*. Mit geöffneten Augen erkennen wir, daß wir nicht länger mit unseren Gefühlen Blindekuh zu spielen brauchen.

Die Klarheit, die bei der Shi-ne-Übung spontan aus der Entdeckung des RAUMES auftaucht, zeigt uns, daß die Lockerung unserer Anhaftung an den Denkprozeß es uns ermöglicht, das Denken selbst tiefer zu erfahren. Wir erleben dann *Farbe, Ton* und *Struktur* des Denkens, weil wir die Erfahrung des RAUMES entwickeln, was dazu führt, daß wir das Denken in seinem Räumlichen Zusammenhang *sehen* können. Wir werden für uns selbst transparent, unsere Motivation wird einfacher - ein natürliches Mitgefühl taucht auf, zu dem wir uns nicht zwingen und das wir auch nicht künstlich produzieren müssen. Wir erfahren einen *echten Geschmack der Freiheit.*

Ich habe dieses Buch nicht nur für Menschen geschrieben, die sich für den Pfad der tibetischen Mystik interessieren, sondern für alle, die sich den beschriebenen Methoden zu öffnen vermögen. Sie sind ein wichtiger Bestandteil des allen Menschen gemeinsamen Erbes der Menschheit. Dieses Erbe steht allen zur Verfügung, die sich damit verbunden fühlen.

Sie brauchen nicht dem Pfad der tibetischen Mystik zu folgen, um Shi-ne zu praktizieren, weil diese Meditationstechnik nicht voraussetzt, daß man zuvor irgendeine Art von Dogma oder Philosophie akzeptieren muß. *Reise in den inneren Raum* beschreibt eine *Ansicht*, allerdings eine, die der Bestätigung durch eigene Erfahrung bedarf.

Ich weiß aus eigener Erfahrung, daß die in den folgenden Kapiteln beschriebenen Methoden einen wesentlichen Einfluß auf das Leben desjenigen haben können, der sie übt. Sie sind die mächtigsten Katalysatoren der Entwicklung und der Veränderung in meinem eigenen Leben gewesen, und meine tiefe Ehrerbietung und Zuneigung für meine Lamas treibt mich unentwegt dazu an, alles in meiner Macht stehende zu tun, um diese Methoden jedem zugänglich zu machen, dem sie von Nutzen sein können.

Obgleich ich selbst innerhalb der tibetischen Tradition übe und obwohl die beschriebenen Übungen dieser Überlieferung entstammen, sind die meisten von ihnen für jeden Menschen geeignet, ganz gleich, welchem Pfad er folgen mag. Was die einfache Shi-ne-Übung anbetrifft, so setzt sie nicht voraus, daß man dem „buddhistischen Glauben" anhängt oder daß man auch nur an irgend etwas glaubt. Denjenigen, die sich speziell für den Pfad der tibetischen Mystik interessieren (und die nicht schon unter der Anleitung eines Lamas arbeiten), möchte ich empfehlen, irgendwann den Rat eines Lamas zu suchen, da es für die meisten Menschen schwierig ist, völlig auf sich gestellt zu arbeiten.

Solange Sie noch nicht mit einem Lehrer jedweder Tradition arbeiten, arbeiten Sie auf sich gestellt. Es muß nicht unbedingt von Übel sein, allein zu arbeiten, weil wir letztlich sowieso alle allein dastehen. Benutzen Sie also Shi-ne dazu, zu einem Verständnis davon zu gelangen, was Sie sind, damit Sie, wenn sich Ihnen die Gelegenheit bietet, einen Lehrer kennenzulernen, diesem ein paar Fragen stellen können, die wirklich aus Ihrer eigenen Erfahrung erwachsen sind. Seien Sie nicht zu eilig damit, alte Überzeugungen gegen neue auszutauschen, selbst wenn die neuen Bestandteile der buddhistischen Weltanschauung sind. Der Buddhismus ist nicht darauf aus, Menschen einen Glauben oder Überzeugungen aufzudrängen - er ist seinem Wesen nach eine Erfahrungswissenschaft, die uns dazu ermutigt, alles selbst zu überprüfen. Dem Buddha war es sehr wichtig, immer wieder zu betonen, daß seine Zuhörer niemals für bare Münze nehmen sollten, was er ihnen sagte, nur weil er es gesagt hatte. Er forderte sie unentwegt auf, seine Aussagen unerbittlich anhand ihrer eigenen Erfahrung zu überprüfen. Der Buddha hat niemals irgendjemanden dazu angehalten, seine persönliche Integrität gegen ein Paar spiritueller Krücken einzutauschen, sondern höchstens dazu, sich von den eigenen Begrenzungen zu befreien und sich selbst auf der Reise in den inneren Raum zu entdecken.

Ga – (Er-)Öffnung

TEIL I

Lhag - jenseits

1 Meditation *ist nicht*

Es mag seltsam klingen, aber es ist tatsächlich wichtig, sich genau klar zu machen, was Meditation *nicht* ist, bevor wir daran denken können, an dem teilzuhaben, was Meditation ist.

Selbst wenn wir keine Vorurteile darüber haben, was Meditation sein oder nicht sein mag, die zunächst einmal ausgeräumt werden müssen, produziert unsere eigene komplizierte Wahrnehmung leicht Mißverständnisse. Es ist so, als wäre unser Wahrnehmungsfeld eine Art kognitives „Gewächshaus“ - weil die Idee der Meditation oft, sobald wir sie kennengelernt haben, von den verschiedenartigsten Vorstellungen wie von Schlingpflanzen überwuchert wird.

Als Ende der fünfziger und Anfang der sechziger Jahre die tibetischen Flüchtlinge aus Tibet über den Himalaya nach Indien und Nepal strömten, fielen sie allen nur erdenklichen Krankheiten zum Opfer. Viele ältere Tibeter starben, und viele Kinder erreichten nie das Erwachsenenalter. Das Ausmaß und die Vielfalt menschlichen Leids war entsetzlich. Der Grund für diese schreckliche Katastrophe war (abgesehen von der Tragödie, daß das Heimatland der Tibeter von den Chinesen besetzt worden war), daß Tibet auf einem sehr hohen Plateau mit einem kühlen, trockenen Klima liegt, wohingegen es in Indien sehr warm und feucht ist. Auch in Tibet gab es Krankheiten, die allerdings verglichen mit der Vielfalt an Krankheiten auf der anderen Seite des Himalaya kaum ins Gewicht fallen. Die Tibeter hatten kaum körpereigene Abwehrkraft gegen diese Krankheiten und fielen ihnen deshalb in großer Zahl zum Opfer.

Das vorliegende Kapitel handelt davon, wie man Abwehrkraft gegen die Krankheiten der Zerstreuung, Verzerrung und Verkomplizierung entwickelt.

Es gibt viele Methoden, die als Meditation bezeichnet werden, und genau aus diesem Grunde werde ich das Wort nicht oft benutzen. Wenn ich es dennoch tue, dann als „Oberbegriff“ oder wenn ich zusammenfassend über unterschiedliche Techniken innerhalb der verschiedenen tibetischen Meditationssysteme spreche. Bei der Erläuterung spezifischer Methoden jedoch werde ich für diese spezifische Begriffe verwenden, und der erste dieser Begriffe ist *Shi-ne*, was bedeutet: sich nicht verstricken.

Vor einigen Jahren, als Lama Chhimed Rigdzin Rinpoche mich in Cardiff besuchte, sprachen wir ausführlich über den Mechanismus des Verstehens. Da wir während dieses Gesprächs Tee tranken, benutzte er den naheliegendsten Vergleich: „Verstehen ist eine besondere Kunst – so wie das Empfangen einer Schale Tee. Wenn deine Schale voll ist, kannst du keinen Tee mehr empfangen. Um frischen Tee empfangen zu können, mußt du zuvor deine Schale austrinken oder entleeren. Manchmal mußt du die Schale außerdem auch noch reinigen, damit die abgelagerten Rückstände des alten Tees den frischen Tee nicht verunreinigen. Wenn wir keine saubere Schale haben, werden andere vielleicht trotzdem sagen, der Tee sei sehr gut, und werden den Geschmack des Tees genießen, obwohl wir selbst den gleichen Tee für nicht so gut halten und es vorziehen würden, ihn nicht zu trinken." Ich meine, daß diese kleine Geschichte für sich selbst spricht: Wir müssen offen sein für das, was wir hören oder lesen, und wir dürfen uns durch unsere Vorurteile nicht den Weg zum Verständnis verbauen lassen.

Meditation ist ein Wort mit einer lateinischen Sprachwurzel. Es dient als Übersetzung für eine ganze Reihe verschiedenster Wörter östlicher Sprachen. Deshalb können wir nicht voraussetzen, daß der Begriff Meditation für jeden Menschen die gleiche Bedeutung beinhaltet. Im Lichte dieses linguistischen Problems sollte ausdrücklich darauf hingewiesen werden, das Shi-ne nichts mit dem allgemeinen Mischmasch von Selbsthypnose- und Phantasiereise-Übungen gemein hat, die häufig ebenfalls als „Meditation" bezeichnet werden, einmal ganz abgesehen davon, welchen Wert derartige Übungen haben mögen.

Es wäre völlig falsch, den Eindruck zu erwecken, daß Shi-ne die „einzig wahre Meditation" ist und daß andere Formen der Übung, die ebenfalls als Meditation bezeichnet werden, nichts mit Meditation zu tun haben. Es gibt viele verschiedene Techniken aus vielen verschiedenen Lehrsystemen, deren Zielsetzungen allerdings nicht unbedingt identisch sind. Deshalb sollte man sich nicht durch die Vorstellung verwirren lassen, daß Ratschläge, die sich auf ein bestimmtes Meditationssystem beziehen, für ein anderes ebenfalls gültig sein müssen. Wir können uns mit Wein oder Bier einen Rausch antrinken, doch wenn wir verschiedene Alkoholika durcheinandertrinken, kann das Ergebnis ein übler Kater sein.

In den letzten Jahren hat sich die falsche Vorstellung verbreitet, daß „Meditation" eine Art Therapie oder Entspannungstechnik sein könne – eine Methode, um sich nach einem spannungsreichen oder anstrengenden Tag im Büro, in der Fabrik oder wo auch immer zu entspannen. Das mag für einige der als „Meditation" bezeichneten Techniken durchaus zutreffen, doch gilt es nicht für Shi-ne. Obgleich die *Frucht* von Shi-ne eine tiefe Entspannung von *Geist, Stimme* und *Körper* ist, kann man den Shi-ne-Pfad ehrlicherweise nicht als Erholung von den Mühen eines anstrengenden Tages bezeichnen.

Allerdings *ist* Entspannung tatsächlich wichtig, und die Fähigkeit zur Entspannung ist eine unverzichtbare Voraussetzung für den Beginn der Shi-ne-Praxis. Der tibetische Buddhismus kennt zahlreiche Übungen zur Entspannung des gesamten Körpers. Diese Übungen werden *Kum-nye* genannt, und Sie finden einige davon in Kapitel 4, *Gesten des Seins*, wo es speziell um die Körperhaltung geht und darum, wie man einen sowohl körperlich entspannten als auch geistig wachen Zustand erreicht.

Der Shi-ne-Pfad ist ein andauerndes *persönliches Experiment*, in dessen Verlauf wir zwangsläufig mit einer ansehnlichen Zahl von Schwierigkeiten und Hindernissen konfrontiert werden. Deshalb ist Shi-ne aus der Perspektive unseres Unerleuchtetseins etwas, das wir meiden sollten. Das Unerleuchtetsein kämpft ständig um sein Überleben; deshalb erscheint ihm jeder Versuch, dieses Bestreben zu untergraben, als bedrohlich.

Meditation mag für manche ein Synonym für Gebet sein, doch Shi-ne ist nicht identisch mit Gebet. Es mag durchaus sein, daß das, was einige Menschen als Gebet bezeichnen, sich praktisch nicht von Shi-ne unterscheidet. Doch so, wie der Begriff Gebet im allgemeinen verstanden wird, sind Gebet und Shi-ne ihrem Wesen nach völlig verschiedene Prozesse.

Shi-ne ist kein Zustand der Introspektion oder der Trance, bei dem wir uns „tief in unser Inneres Versenken". Shi-ne zielt nicht auf Abgrenzung von der äußeren Welt oder auf eine Flucht vor unseren realen äußeren Lebensbedingungen. Shi-ne ist kein emotionales Betäubungsmittel und auch keine Art, uns selbst davon zu überzeugen, daß „alles wirklich bestens steht".

Wenn irgendjemand sagt, er übe Shi-ne, und es mache ihm großen Spaß, dann muß ich leider sagen, daß mich das zutiefst mißtrauisch macht. Noch mißtrauischer werde ich, wenn der Betreffende gerade erst mit der Shi-ne-Übung angefangen hat. Denn obgleich die Shi-ne-Übung zweifellos viele günstige Auswirkungen hat, treten diese ganz sicher nicht gleich zu Anfang des Übens auf – es sei denn, wir sind bereits ziemlich außergewöhnliche Menschen. Für die meisten von uns bedeutet die Shi-ne-Übung, daß wir uns mit unserer Schläfrigkeit, mit unablässig auftauchenden „Gedanken-Geschichten" und mit der Langeweile auseinandersetzen müssen.

Mir ist bewußt, daß ich die Shi-ne-Übung hier nicht gerade einladend darstelle. Das tue ich mit voller Absicht. Ich möchte jedoch auch meine tiefe Begeisterung für diese Übungsmethode zum Ausdruck bringen – was allerdings eine viel schwierigere Aufgabe ist, an die man mit großer Ehrlichkeit herangehen muß.

Wenn Bergsteiger Bücher über die Freuden des Aufstiegs auf den *Cho-mo-lung-ma* (Mount Everest) schreiben, jedoch die Schmerzen, die bittere Kälte und die Gefahren, mit denen man bei solchen Unternehmungen rechnen muß, nicht erwähnen würden, würden sie uns keinen Gefallen tun. Wenn sie nur enthusiastisch über ihre wundervolle Reise berichten würden sowie darüber, daß sie *die* Gipfelerfahrung schlechthin erlebt hätten (ohne Probleme wie Schwindelgefühle und Höhenkrankheit und das notwendige hohe Maß an körperlicher Fitness auch nur zu erwähnen), würden sie uns damit kein realistisches Bild von dem geben, was einen Menschen, der es ihnen gleichtun möchte, erwartet.

Wenn jemand uns vorschwärmt, ein berühmter Konzertpianist zu sein, sei das höchste der Gefühle, jedoch nicht (oder nur „pianissimo") erwähnt, wieviele Stunden des Übens – Tag für Tag, Jahr für

Jahr – dieses Ziel erfordert, würde er damit bei einem begeisterten Nachahmer einen Mißerfolg auf diesem Wege praktisch vorprogrammieren. Wenn er nicht erwähnen würde, wie frustrierend und langweilig das Tonleitern- und Arpeggienspielen oft ist, und auch nichts über die Probleme der Koordination von linker und rechter Hand, so würde er damit die besten Voraussetzungen für baldige Enttäuschung und Verlust des Interesses schaffen.

Deshalb ist es im Grunde gar keine so schlechte Nachricht, die „schlechte Nachricht" zuerst zu hören. Ich habe zu viele bunt illustrierte Glanzpapier-„Meditations"-Bücher gelesen und gesehen, die beim Leser den Eindruck erwecken, Meditation sei „kinderleicht" oder das Beste seit der Erfindung des geschnittenen Brots, doch dieses schönfärberische Gerede unterscheidet sich kaum von Waschmittelreklame.

Während meiner Kurse im Laufe der Jahre habe ich mit einer großen Zahl von Menschen gesprochen. Ich mußte bei diesen Veranstaltungen einen beträchtlichen Teil der Zeit damit verbringen, die konzeptuellen Knoten zu lösen, in die sich Menschen bei ihrer Annäherung an Shi-ne häufig verwirren. Gelegentlich habe ich Gruppen von Menschen (von denen einige seit Jahren Shi-ne übten) gefragt, was das Ziel dieser Übung sei und wie sie wirke. Die Antworten, die ich erhielt, waren fast immer vage und zögernd – meist waren es Wiederholungen dessen, was in den bereits erwähnten bunt bebilderten „Meditations"-Büchern zu lesen ist. Doch diese Atmosphäre des Mißverstehens und des Herumtappens im Dunkeln hat mich andererseits auf den Gedanken gebracht, das vorliegende Buch zu konzipieren, und dafür bin ich dankbar. Das unentwegte Beantworten verwirrter Fragen hat mich immer wieder in Verlegenheit gebracht, mich gezwungen, immer wieder das gleiche auf immer wieder andere Weise zu erklären. Durch diese Erfahrungen wurde mir klar, daß etwas über die Shi-ne-Übung sowie über Shi-ne hinausführende Übungen geschrieben werden sollte.

Vergessen wir also die Glanzpapier-„Meditations"-Bücher, von denen wir gehört und die wir gelesen haben, möglichst schnell. Wenn wir Shi-ne üben, werden wir ganz sicher nicht „im kosmischen Jetzt ‚grooven'" – wir sollten in der Tat keinerlei Hoffnungen an diese Übung knüpfen. Alles, was wir erwarten mögen, wird mit ziemlicher Sicherheit *nicht* eintreffen, und sollte es doch eintreffen, dann hat es wahrscheinlich nicht viel mit der Zielsetzung von Shi-ne gemein. Unser erstes Sitzen wird für uns mit ziemlicher Sicherheit zu einer großen Enttäuschung werden. Wir können ja auch nicht erwarten, daß wir, wenn wir zum erstenmal am Klavier sitzen, gleich eine brillante Improvisation auf die Tasten legen können - ein Meister fällt eben nun einmal nicht vom Himmel. Und warum sollte die Shi-ne-Übung auch nur in irgendeiner Hinsicht leichter sein, als ein Musikinstrument zu spielen? Warum sollte man dabei weniger „Fertigkeit" entwickeln müssen als beim Klavierspielen und bei ähnlichen Künsten? Nun ist Shi-ne zwar nicht die schwierigste Übung der Welt, allerdings ebensowenig die leichteste - nur die einfachste und diejenige, die jedem Menschen am leichtesten zugänglich ist. Die Schwierigkeit oder Leichtigkeit von Shi-ne hängt völlig von der Rigidität oder von anderen Faktoren unserer Konditionierung ab. Doch wie wir auch beschaffen sein mögen, wir alle können uns zu einem offeneren und weniger durch unsere Wahrnehmungs- und Reaktionsmuster eingeschränkten Zustand hinentwickeln. Jeder, der genügend Interesse aufbringt, um dieses Buch zu lesen, verfügt über die notwendige Qualifikation, um mit der Shi-ne-Übung zu beginnen, und er hat die Möglichkeit zu entdecken, was alle Erleuchteten Wesen entdeckt haben.

Zu Anfang erwartet uns also Langeweile und später noch mehr Langeweile. Wenn wir nicht bereit sind, uns mit ihr auseinanderzusetzen - ohne Unterlaß unsere Langeweile „auszusitzen", wird es uns nicht möglich sein, Shi-ne zu üben. Doch merkwürdigerweise ist gerade Shi-ne die einzige Möglichkeit, zu einem Verständnis der Langeweile zu gelangen. Durch die Shi-ne-Übung kann unsere Langeweile hochinteressant werden! Shi-ne ermöglicht es uns, die Grenzbereiche unserer Langeweile zu entdecken und uns einen unendlich viel weiteren Horizont zu erschließen, in dessen weiter Landschaft die Energie der Langeweile ein Element unter vielen anderen ist. Wenn wir unsere Shi-ne-Übung einmal entwickelt haben, ist Langeweile keine Langeweile mehr, sondern ein nährender Quell - eine wogende Welle der Energie.

Deshalb markiert aus der Sicht der Shi-ne-Übung Langeweile den Anfang unserer Verwirklichung. Ohne Langeweile können wir bei unserer Shi-ne-Übung nichts entdecken. Wenn wir die Erfahrung der Langeweile vermeiden, vermeiden wir damit auch die Möglichkeit, in eine neue *Dimension des Seins* einzutreten. Langeweile ist ein Abwehrmechanismus unseres Unerleuchtetseins – sie manifestiert sich immer dann, wenn wir nahe daran sind, Verdacht zu schöpfen, daß wir keineswegs so fest, beständig, abgetrennt, dauerhaft und klar definiert sind, wie wir bisher glaubten. Langeweile ist das aufdringliche kleine Zeichen des kleinen Tyrannen in uns, das uns signalisiert: „GEH' UNTER GAR KEINEN UMSTÄNDEN ÜBER DIESEN PUNKT HINAUS, ODER DU WIRST ES BITTER BEREUEN!"

Viele Menschen, die mit der Übung beginnen, geben an diesem Punkt auf, und wer könnte ihnen das vom konventionellen Standpunkt aus betrachtet zum Vorwurf machen? Aus der Sicht der Shi-ne-Übung gesehen ist jedoch gerade dies der Punkt, an dem etwas Interessantes geschehen könnte. Wenn wir das Zeichen beachten und seiner Anweisung folgen, kehren wir in die Grenzen unserer Konditionierung zurück. Wenn wir hingegen mit der Shi-ne-Übung fortfahren, könnten wir unseren eigenen unermeßlichen Inneren Raum erfahren. Die Shi-ne-Übung fordert uns dazu auf, Autoritäten in Frage zu stellen und die Gesetze unserer fixierten Begrenzungen zu übertreten.

Unser Bedürfnis nach Annehmlichkeit ist ein schrecklicher Diktator – Unerleuchtetsein ist völlig autokratisch, und unter einem solch autoritären Regime haben wir weder Freiheit noch persönliche Verantwortung.

In früheren Zeiten hatten die Menschen Vorstellungen von der Welt, die sich von unseren heutigen stark unterschieden. Sie glaubten tatsächlich, wenn man zu weit segeln würde, würde man über den Rand der Erde hinabfallen. Dies zu überprüfen, muß selbst nach den überzeugendsten Berechnungen unerhörten Mut erfordert haben.

Wenn also unsere Langeweile Signale aufleuchten läßt wie: „GEHE NICHT ÜBER DIESEN PUNKT HINAUS, ODER DU WIRST ÜBER DEN RAND DER ERDE HINAUSSEGELN!", dann sollte das bei uns einen gesunden Verdacht wecken - wir müssen dann die durch unsere Konditionierung vorgegebene Grenze in Frage stellen. Wenn wir Shi-ne üben, sind wir gezwungen, der Langeweile direkt ins Gesicht zu schauen und sie „auszusitzen" - wir müssen sie so lange unverwunden anstarren, bis sie weicht. Wir müssen die Theorie (oder Ansicht) in die Praxis umsetzen, um zu erkennen, daß Langeweile nicht das Ende der Welt ist, sondern der Anfang einer *neuen Welt*. Sie ist nicht die immer gleiche altbekannte Leier, sondern eine *Symphonie,* etwas, das wir noch nie zuvor gehört haben - weil wir nicht zu hören vermochten.

Shi-ne ist kein „Nachdenken über Dinge". Ganz gleich, wie grundlegend eine Vorstellung oder ein Standpunkt sein mag, und ganz gleich, wie tief er uns bewegt oder welche spirituelle Offenbarung er uns bringt - „über etwas nachdenken" ist *nicht* identisch mit der Shi-ne-Übung. Eine derartige Kontemplation mag von großem Nutzen sein und uns dazu anregen, ein „besseres" Leben zu führen, doch hat dies *nichts* mit der Shi-ne-Übung zu tun.

Nehmen wir an, jemand sagt, er wolle Shi-ne üben. Nehmen wir weiter an, der Betreffende begibt sich in einen ruhigen Raum und sitzt dort mit geschlossenen Augen. Nun schleichen wir uns sehr leise auf Strümpfen in den Raum, und wenn wir nahe genug an den Sitzenden herangekommen sind, schlagen wir plötzlich zwei Holzstücke aufeinander: „Peng!" Was passiert dann? Wenn der Sitzende daraufhin mit einem Schreckensschrei in die Höhe fährt, ist das was er tut - ganz gleich, wofür er es halten mag -, *nicht* Shi-ne. Ich habe schon oft erlebt, daß Menschen eine ganze Weile, nachdem sie ein lautes Geräusch gehört hatten, aufsprangen. Ich habe beobachtet, daß sie ein wenig zusammenzuckten, als ihr Nervensystem auf das Geräusch reagierte; doch erst einen Bruchteil eines Augenblicks später - also nachdem das Zucken längst vorüber war - sprangen sie mit einem Schrei der Angst oder der Überraschung auf. Diese Zeitverzögerung ist hochinteressant, weil die meisten dieser Leute darauf beharren, sie seien aufgesprungen, unmittelbar nachdem sie das Geräusch gehört hätten. Das Zeitintervall zwischen Geräusch und Reaktion ist eine Zeit des Denkens in hoher Geschwindigkeit, doch sind wir uns so oft der Mechanismen unserer eigenen mentalen Prozesse nicht bewußt, daß diese für uns unsichtbar werden.

Jemand, der in seiner Übung unterbrochen wird, weil er ein dringendes Telefongespräch annehmen muß, und der dann wegen der Unterbrechung wütend wird, hat völlig mißverstanden, worum es bei der Shi-ne-Übung geht.

Shi-ne ist also *nicht* Gebet, Entspannung, Träumen, Dösen, Verzückung, gelenktes oder angeleitetes Nachdenken, Kontemplation, gedankenfreie Leere, Introspektion oder irgendein anderer Zustand, der nicht genau und völlig Hier und Jetzt ist.

Wenn uns, während wir Sitzen, jemand etwas fragt, sollten wir in der Lage sein, ihm ganz normal zu antworten. Wenn wir sitzen, und jemand flüstert uns ins Ohr: „Wohin hast du deine Schuhe gestellt, bevor du dich hier hingesetzt hast?“, sollten wir unverzüglich antworten können: „Vor der Tür neben der Heizung“. Wenn wir hingegen sagen: „Was? Entschuldigung, ähh, pardon, wer? Was hast du gesagt?“ - genau, Sie haben richtig geraten: dann üben wir nicht Shi-ne.

Was also ist Shi-ne? Es gibt eine alte tibetische Spruchweisheit, die ungefähr so lautet:

> *Meditation* ist nicht,
> Sich gewöhnen - *ist*.

Dies erfordert natürlich eine Erklärung.

Gang-mo – Lachen

2 Sich gewöhnen – *ist*

„*Meditation* ist nicht,
sich gewöhnen – ist.“

Bevor ich erkläre, was dies bedeutet, müssen Sie selbst einige Erfahrungen sammeln. Danach wird Ihnen das, womit wir uns im weiteren beschäftigen werden, nicht mehr so fremd erscheinen. Deshalb sollten Sie jetzt mit dem Sitzen beginnen, damit Sie selbst erfahren, was es bedeutet zu üben.

Dies ist ein Handbuch, lesen Sie es also Seite für Seite – eine Übung nach der anderen. Selbst wenn Sie schon Erfahrung im Üben haben, könnten die folgenden Übungen für Sie von Interesse sein, da sie aus weniger bekannten Quellen stammen.

Weil dies ein Handbuch ist, sollte es nicht nur gelesen werden, sondern die angegebenen praktischen Übungen, die Ihnen die zum Verständnis des Textes erforderlichen Erfahrungen vermitteln sollen, sollten auch tatsächlich geübt werden. Einfach weiterzulesen hat wenig Sinn. Sie würden sich dadurch nur mit Vorstellungen vollstopfen, bevor Sie Gelegenheit zu eigenständigen Entdeckungen gehabt hätten. Weiterzulesen würde Sie der einzigartigen Gelegenheit berauben, eigene Erfahrungen zu machen, ohne daß Sie sich schon ein Vorurteil zu eigen gemacht haben.

Dies ist ein Handbuch, deshalb wollen wir uns jetzt der Praxis zuwenden. Wir wollen ein wenig üben, bevor weitere Erklärungen folgen.

Erste Übung

Setzen Sie sich mit geschlossenen Augen bequem hin / versuchen Sie, so aufrecht wie möglich zu Sitzen / wenn Gedanken kommen, lassen Sie sie kommen / wenn Gedanken vergehen, lassen Sie sie vergehen / wenn Sie sich in einen Strom diskursiver Gedanken verstricken und merken, daß dies geschieht, dann seien Sie nicht aufgebracht oder verärgert – lassen Sie die Verstrickung einfach los / lassen Sie neu auftauchende Verstrickungen immer wieder los / lassen Sie einfach sein / lassen Sie immer wieder sein / was auch geschehen mag – lassen Sie es so, wie es ist / belassen Sie alles, was auftaucht, so, wie es ist / wenn Sie sich gut fühlen, dann halten Sie nicht an der Empfindung oder an den Gedanken fest, die dieses Gefühl begleiten / wenn Sie sich schlecht fühlen, dann weisen Sie die Empfindung oder die Gedanken, die dieses Gefühl begleiten, nicht zurück / und falls Sie gar nichts fühlen, dann hüten Sie sich davor, in einen Zustand der Betäubung und des Mangels an Präsenz abzugleiten / bleiben Sie wachsam.

Probieren Sie dies etwa zehn Minuten lang aus / Versuchen Sie es einfach einmal / Wenn Sie bereits eine gewisse Erfahrung im Üben haben und wenn Sie über längere Zeit zu Sitzen vermögen, dann Sitzen Sie so lange, wie Sie dies gewöhnlich zu tun pflegen / Wenn Sie es gewöhnt sind, mit teilweise geöffneten Augen zu sitzen, dann fahren Sie mit dieser Praxis fort / Versuchen Sie es einfach einmal.

Ergänzende Anmerkungen zur ersten Übung

Nun haben Sie also eine Weile Sitzen geübt – Sie haben ein wenig Erfahrung gesammelt und haben eine Erinnerung an diese Erfahrung. Schreiben Sie soviel wie möglich von dem, was Ihnen über diese Erfahrung noch in Erinnerung ist, auf. Legen Sie speziell für diesen Zweck ein Notizbuch an, und machen Sie sich nach jeder weiteren Übung Aufzeichnungen über Ihre Eindrücke.

Sie haben einen guten Anfang gemacht. Was auch geschehen sein mag, was Sie auch gefühlt haben mögen, es war Teil Ihrer eigenen Erfahrung. Was Sie erlebt haben, war das *Spiel* Ihrer eigenen Energie. Es war ein guter Anfang.

Vielleicht haben Sie nach der Übung einige der folgenden Gedanken gehabt: Es war leichter, als ich dachte / Es war völlige

Zeitvergeudung / Es hat mir Spaß gemacht / Ich habe mich ziemlich blöde gefühlt / Ich habe nicht so richtig verstanden, was ich eigentlich tun sollte / Es war ganz angenehm / Ich habe nicht begriffen, was das Ganze sollte – es erschien mir ziemlich sinnlos / Ich bin eingeschlafen / Ich habe mich sehr aufgewühlt gefühlt / Was soll ich mit der ganzen Sache anfangen?

Was immer Sie gedacht oder gefühlt haben mögen, es war nützlich, und es liefert Ihnen wertvolle Einblicke in die Art, wie Sie die Welt sehen. Der Erfolg dieser Übung liegt darin, daß Sie sich selbst gegenüber ehrlich bleiben. Erfolg ist nicht davon abhängig, daß man eine „wunderbar friedvolle Erfahrung“ macht, sondern davon, daß man ehrlich ist und bereit ist, die Struktur der eigenen Gedankengänge in Frage zu stellen.

Wenn Sie gedacht haben, daß die Übung entweder leichter oder schwieriger war, als Sie vermutet hatten, dann haben Sie es mit Erwartungen zu tun und Sie können sich fragen: „Was genau hatte ich erwartet?“ Und wenn Sie bereits vorher Erfahrung mit dem Sitzen gesammelt haben, können Sie sich fragen: „Worauf genau basierten meine Erwartungen?“

Wenn Ihnen der Gedanke gekommen ist, Ihre Erfahrung sei reine Zeitvergeudung, könnten Sie sich die Frage stellen: „Was verstehe ich unter Zeitvergeudung?“ Außerdem könnten Sie sich fragen, ob es wirklich möglich ist, „Zeit zu verschwenden“. Die Idee des Zeitverschwendens legt nahe, daß Sie Zeit verschwenden, wenn Sie nicht auf eine Art beschäftigt sind, die gewisse Kriterien erfüllt. Und wenn dies der Fall ist, könnten Sie sich weiter fragen: „Nach welchen Kriterien bewerte ich, ob ich meine Zeit sinnvoll nutze?“ Wenn wir der Ansicht sind, *Einfach nur Sein* sei Zeitverschwendung, dann entwerten wir den grundlegendsten Aspekt dessen, was wir sind, und das sollten wir uns ganz genau überlegen.

Wenn Ihnen die Übung Spaß gemacht hat, sollten Sie sich fragen, was Ihnen Spaß gemacht hat. Wie definieren Sie oder woran erkennen Sie die Empfindung des Spaß-Habens?

Wenn Sie sich „befangen“ gefühlt haben, könnten Sie sich fragen: „Was sagt mir das über mich? Welches Bild, das ich von mir habe, ist mit Einfachem Sitzen und Sein nicht zu vereinbaren?“

Wenn Sie sich beim Sitzen entspannt fühlten, könnten Sie untersuchen, was Sie persönlich unter Entspannung verstehen und an welchen „Signalen" Sie erkennen, ob Sie entspannt sind.

Wenn Sie nicht verstanden haben, was Sie tun sollten, dann haben Sie vermutlich eine Übung erwartet, bei der Sie sich an gewissen Leitlinien hätten orientieren können, mit denen Sie vielleicht vertrauter sind. Sie könnten diese Leitlinien relativieren und sich fragen: „Wie bin ich zu diesen Leitlinien gekommen? Und wann habe ich mir meine Definition dessen, was eine Übung ausmacht, angeeignet?"

Wenn Sie nicht verstanden haben, was der Sinn der Übung sein sollte, könnten Sie untersuchen, was „Nützlichkeit" und „Nutzlosigkeit" ausmacht. Sie könnten sich fragen: „In Zusammenhang mit welchen Werturteilen gesehen ist diese Übung ‚nützlich' oder ‚nutzlos'?"

Die Zahl der möglichen Fragen, die man sich im Anschluß an diese Übung stellen kann, ist ebenso groß wie die Zahl der möglichen Reaktionen auf die Übung.

Wie Sie sehen, sollen Sie zu bestimmen Zeiten Ihre intellektuellen Fähigkeiten nutzen, während Sie sie zu anderen Zeiten beiseite lassen sollen. Der Intellekt erfüllt seine Funktion perfekt, solange er sich im Bereich seiner eigenen Parameter bewegt, und die Praxis des Sitzens kann uns die Grenzen dieser Parameter vor Augen führen – so unterstützen *Ansicht* und *Meditation* einander. Vielleicht möchten Sie jetzt gerne über die Fragen, die aufgeworfen worden sind, nachdenken. Vielleicht würden Sie die erste Übung gerne ein paarmal wiederholen; doch wenn Sie dies tun, dann nehmen Sie Ihre Fragen oder Antworten nicht mit in die Übung hinein, sondern nehmen Sie für die Zeit des Übens davon Abstand. Wenn wir Sitzen, dann Sitzen wir nur. Wenn wir Fragen stellen, vermeiden wir es, zu versuchen, zu sicheren Schlüssen zu kommen.

Zu lernen, wie man „Ich weiß nicht" sagt, ist eine der grundlegendsten Lektionen, die jeder von uns lernen kann. Versuchen Sie, das Ganze nicht *zu* ernst zu nehmen – es kann manchmal recht amüsant sein!

Probieren Sie die erste Übung mindestens zwei- oder dreimal aus, bevor Sie zur nächsten übergehen.

Zweite und dritte Übung

Wenn Sie sich zu der Zeit, in der Sie dieses Buch lesen, in einer besonderen Streßsituation befinden, wenn Sie unter großen Sorgen, großer Angst oder unter emotionalem Schmerz leiden oder wenn Sie sich in tiefer Trauer befinden oder in irgendeiner anderen Art von persönlicher Krise, sollten Sie die zweite und dritte Übung überschlagen. Diese sind zwar in keiner Weise „gefährlich", doch sollte man sie in einem möglichst ruhigen, entspannten Geisteszustand ausprobieren, weil diese Erfahrung nur in diesem Zustand ihre fruchtbare Wirkung wirklich entfaltet.

Zweite Übung

Setzen Sie sich bequem an einen ruhigen Ort, mit geschlossenen oder mit halbgeöffneten Augen / Sitzen Sie so aufrecht wie möglich / Welche Gedanken auch auftauchen mögen - blockieren Sie sie / unterbinden Sie sie sofort / Welche Gedanken auch immer in Ihrem Geist auftauchen mögen - jagen Sie sie davon / bleiben Sie frei von Gedanken / Verharren Sie in diesem Zustand.

Setzen Sie diese Übung ungefähr zehn Minuten lang fort / Wenn Sie bereits eine gewisse Erfahrung im Üben haben, dann setzen Sie diese Übung so lange fort, wie Sie es gewöhnlich als angenehm empfinden würden zu üben - Probieren Sie es einmal aus / Ruhen Sie sich anschließend so lange aus, wie Sie es für nötig halten, und gehen Sie dann zur dritten Übung über / Probieren Sie beide Übungen möglichst am gleichen Tag aus / Je kürzer nacheinander Sie sie erproben, um so besser / Probieren Sie diese zweite Übung unbedingt, *bevor* Sie die Anleitung zur dritten Übung lesen.

Dritte Übung

Setzen Sie sich bequem an einen ruhigen Ort, mit geschlossenen oder halbgeöffneten Augen / Versuchen Sie, so aufrecht wie möglich zu sitzen / Denken Sie ununterbrochen und aktiv über alles nach, worüber Sie nachdenken wollen / Bemühen Sie sich, keinen Zwischenraum zwischen den einzelnen Gedanken entstehen zu lassen / Wenn Ihnen auch nur die kleinste Lücke zwischen den einzelnen Gedankenprozessen auffällt, dann füllen Sie sie so schnell wie möglich, und versuchen Sie sicherzustellen, daß keine weiteren Lücken mehr entstehen / Füllen Sie Ihren Geist mit so vielen Gedanken, wie Sie nur können / Vermeiden Sie es, sich durch Untersuchung Ihrer visuellen Umgebung zu stimulieren / Vermeiden Sie es, einzuschlafen.

Üben Sie dies eine halbe bis eine volle Stunde lang - probieren Sie es einfach einmal aus / Wenn Sie bereits Erfahrung mit dem Üben haben und wenn Sie daran gewöhnt sind, über lange Zeit ruhig zu bleiben, dann setzen Sie diese Übung mindestens eine Stunde lang fort - wenn möglich länger.

Ergänzende Anmerkungen zur zweiten und dritten Übung

Sie haben nun zwei unterschiedliche Erfahrungen gemacht. Schreiben Sie soviel wie möglich über beide auf. Untersuchen Sie, worin sich beide unterschieden, aber auch, worin sie sich ähnlich waren. Sie haben hier eine wertvolle Lektion gelernt. Doch was glauben Sie, worin sie besteht?

Schreiben Sie Ihre Eindrücke über die zweite und dritte Übung auf, bevor Sie weiterlesen, und lesen Sie Ihre Kommentare zu den beiden Übungen noch einmal, nachdem Sie den Rest dieses Kapitels gelesen haben.

Ich möchte nun etwas über die Ursprünge der zweiten und dritten Übung sagen. In Tibet gab es verschiedene Arten von Übenden. Es gab Mönche und Nonnen, die hauptsächlich in *Gompas* (Orten der

Meditation - Klöstern) lebten. Wenn von Tibet die Rede ist, denken die meisten sofort an diese Mönchsorden. Es gab jedoch auch andere Arten von Übenden: Männer und Frauen, die in kleinen landwirtschaftlichen Gemeinschaften oder in Nomadenlagern auf dem *Chang-thang* (dem riesigen hügeligen Grasland im Norden Tibets) lebten. Einige waren Wanderer, *Chödpas,* die nicht viel mehr als eine Glocke, eine Knochentrompete und die große *Chöd*-Trommel bei sich trugen, deren langsamer, sonorer „Herz"-Schlag die Energie ihrer Übung lenkte. Einige waren Einsiedler, die hoch in den Bergen lebten, und viele von letzteren waren *Re-pas,* die entweder einfache weiße, dünne Baumwollgewänder oder gar keine Kleider trugen, gemäß ihrer Tradition der *Tu-mo*-Übung, die die Erzeugung der Inneren Hitze zum Ziel hat - die Spezialität der Re-pas. Einige waren *Todgens* (vollendete Yogis) oder *Ngakpas,* entweder verheiratete Übende, die mit ihrer Familie zusammenlebten und für sie sorgten, oder Menschen, die den größten Teil ihres Lebens in Abgeschiedenheit verbrachten.

Viele dieser Lamas waren große Meister, um die sich Gruppen von Schülern scharten, welche allerdings in einer gewissen Entfernung zu ihren Meistern lebten und sich den Übungen widmeten, die erstere ihnen empfohlen hatten. Diese Lamas und ihre Schüler wohnten gewöhnlich in Berghöhlen, von denen manche sehr einfach waren und wahrscheinlich nicht viel Schutz vor Wind und Schnee boten, während andere recht komfortable Behausungen waren. Einige dieser Höhlen ähnelten kleinen Häusern mit Holzböden, Fenstern und mehreren Räumen - sie eigneten sich ideal dazu, dort viele Tage, Wochen, Monate oder Jahre in Zurückgezogenheit zu verbringen. Gewöhnlich waren diese Einsiedeleien sehr schwer zugänglich, und manchmal gingen den Einsiedlern die Nahrungsvorräte aus, doch das gehörte zum Leben der *Gomchens* (der Großen Meditationsmeister). Es war sicherlich kein besonders leichtes Leben, doch die Gomchens verfügten oft über außergewöhnliche Kräfte, die es ihnen ermöglichten, unglaubliche Entbehrungen zu ertragen.

Der Ruhm dieser Lamas inspirierte oft Menschen mit mystischen Neigungen, sich von ihnen unterweisen zu lassen und ihre Schüler zu werden.

Nehmen wir nun einmal an, Sie seien ein Mensch, der Unterweisung auf einem fortgeschrittenen Niveau suchen würde (vielleicht sind Sie ja tatsächlich solch ein Mensch), und Sie wollten mit einem dieser Lamas in Kontakt treten. Ich werde nun versuchen auszumalen, wie es sein könnte, mit solch einem Menschen zusammenzutreffen, und vielleicht wird Ihnen durch meine Darstellung der Sinn der beiden letzten Übungen ein wenig klarer.

Stellen Sie sich vor, Sie würden in Tibet leben und hätten schon viele Geschichten über die Lamas gehört, die in den Bergen in der Nähe Ihres Wohnortes leben. Seit Jahren schon fühlen Sie sich ein wenig ruhelos und unzufrieden mit dem, was Sie Tag für Tag tun. Sie denken ernsthaft darüber nach, ob es Sie nicht weiterbringen könnte, unter der Anleitung eines jener wundertätigen Lamas aus den Bergen zu üben. Vielleicht sind Sie bisher ein Mönch oder eine Nonne im kleinen Kloster in der Nähe des Dorfes gewesen und verspüren ein „Bedürfnis“ nach „etwas“, das jedoch nie einzutreten scheint. Nachdem Sie alles Für und Wider gegeneinander abgewogen und sehr gründlich über Ihr Leben nachgedacht haben, beschließen Sie eines Tages, den Astrologen und *Mo-pa* (Wahrsager) aufzusuchen. Vielleicht haben Sie ein paar günstige Träume gehabt, und vielleicht haben verschiedene Omen Ihnen angedeutet, daß die Zeit für eine Veränderung gekommen sei. Der Mo-pa bestätigt Ihnen, daß Ihr Plan unter guten Vorzeichen stehe, daß seine Ausführung allerdings auch mit Schwierigkeiten verbunden sein werde; außerdem nennt er Ihnen einen günstigen Tag für den Beginn Ihrer Reise. Also suchen Sie den Abt des größten Klosters in der näheren Umgebung auf, weil er für seine hellseherischen Fähigkeiten bekannt ist, und bitten ihn um Rat, wohin Sie gehen sollen. Der Abt schaut Sie mit einem Lächeln an und stellt Ihnen ein paar Fragen darüber, wie Sie bisher geübt haben. Sie antworten ihm, und er scheint zufrieden zu sein und Ihre Absichten für gerechtfertigt zu halten. Also gibt er Ihnen einige Anweisungen, woraufhin Sie sich auf den Weg machen.

Die Reise in die Berge ist lang und beschwerlich, doch Sie fühlen sich sehr frei. Sie suchen Schutz, wo er sich Ihnen bietet (gewöhnlich unter einem Baum, gehüllt in Ihren *Chuba*-Mantel und eine Decke), und vielleicht sind Sie zum erstenmal in Ihrem Leben in der Lage, einfach dazuliegen und die Sterne anzuschauen. Ihr kleines Lagerfeuer spendet Wärme, und Sie genießen die Situation sehr; alles erscheint Ihnen wunderbar - abgesehen von Ihrer Unsicherheit darüber, wie Sie wohl aufgenommen werden. Der Abt hat Ihnen keinerlei Garantie gegeben, daß der Lama Sie als Schüler akzeptieren wird, und Sie haben gehört, daß es nicht immer leicht ist, Schüler eines solchen Lamas zu werden. Sie haben gehört, daß sie manche strebsamen Übenden willkommenheißen, während sie andere ohne jede Erklärung abweisen. Einige scheinen sogar einfach aus der Ferne Steine nach Neuankömmlingen zu werfen, so daß diese nicht einmal die Möglichkeit haben, sie in gebührender Form zu begrüßen. Ein paar dieser *Gomchens* sind als *Meister der Verrückten Weisheit* bekannt, deren Verhalten praktisch keinerlei Grenzen gesetzt sind. In einer Hinsicht allerdings kann man sich ziemlich sicher sein: Sie alle stehen in dem Ruf, die Art von Belehrung zu geben, die zur raschen Verwirklichung führt.

Doch haben Sie auch gehört, daß der Schnelle Weg äußerst mühsam, schwierig und unter Umständen sogar gefährlich sei. Manchmal stellen solche Lamas ungeheure Anforderungen an ihre Schüler! Mit einer Mischung aus freudiger Erregung und ängstlichem Zittern rätseln Sie herum, was Ihnen wohl bevorsteht. Sie fragen sich, ob Sie in der Lage sein werden, die vor Ihnen liegenden Erfahrungen zu verkraften, – schließlich hat ja schon der Mo-pa gesagt, die Sache würde nicht gerade leicht werden. Vielleicht wird sich herausstellen, daß Sie Ihrem Vorhaben nicht gewachsen sind, und Sie müssen mit „eingezogenem Schwanz“ den Rückweg antreten, weder in der Lage, Ihren Wünschen zu folgen, noch, zu Ihrem bisherigen Leben zurückzukehren. Was wäre, wenn Sie versagen würden? Vielleicht würden Sie sich dann mit nichts anderem mehr zufriedengeben, weil Sie ständig zwischen dem, was möglich gewesen wäre, und dem, was Sie tatsächlich geworden sind, hin und her schwanken würden. Ihr Geist ist angefüllt mit merkwürdigen Gedanken, Bildern und verzerrten Fakten. Unablässig jagen Ihnen die Geschichten, die Sie gehört haben, durch den Kopf, und Sie sind von Ihren eigenen Phantasien so erregt, daß Sie vor Besorgnis fast zittern. Dies ist eine bestürzende Erfahrung, und irgendwie scheint das Ganze schon zu einem großen Abenteuer geworden zu sein, noch bevor Sie Ihr Ziel überhaupt erreicht haben.

So jedenfalls war es für mich, als ich zum erstenmal an der M5 stand und nach Schottland trampen wollte, um dort einen Lehrer aufzusuchen. Ich brauchte zwar nicht unter so rauhen Bedingungen zu schlafen wie im Himalaya, und die Szenerie war leider auch nicht so inspirierend, doch die geistige Reise war ziemlich ähnlich.

Schließlich erreichen Sie nach einigen Tagen das Ende des letzten Tales und beginnen mit dem Aufstieg, der Sie an den Fuß der schneebedeckten Gipfel bringen soll. Bald befinden Sie sich inmitten bizarr zerklüfteter Bergformen, und der „Weg" ähnelt mehr und mehr einer Hindernisbahn - er ist übersäht mit Felsbrocken und Steinen und wird immer wieder von herabstürzenden Wildbächen unterbrochen, in denen das Schmelzwasser zu Tal stürzt.

Es ist wundervoll, inmitten dieser Berge zu sein, und je höher Sie steigen, um so stärker wird Ihr Hochgefühl. Doch plötzlich hören Sie einen Schrei, der Sie augenblicklich erstarren läßt. Er kommt zwar aus großer Ferne, doch jagt er Ihnen einen eiskalten Schauer über die Kopfhaut. Beim Weitergehen schauen Sie sich immer wieder sehr sorgfältig um, und nach einer Weile sehen Sie (bzw. glauben Sie zu sehen) winzige menschliche Gestalten in der Ferne zwischen den Felsbrocken sitzen. Nachdem Sie nähergekommen sind, erkennen Sie Männer- und Frauengestalten, die im Freien eine Ihnen unbekannte Art von Körperübungen ausführen. Sie haben ganz sicher noch nie zuvor einen Menschen etwas Ähnliches tun sehen und sind begierig zu erfahren, was da vor sich geht. Diese Menschen sind es, die hin und wieder jene durchdringenden Schreie ausstoßen.

Dann merken Sie plötzlich, daß nicht weit von Ihnen jemand sitzt und auf Sie zu warten scheint. Nun wird Ihnen klar, daß Ihr Näherkommen beobachtet worden ist. Eine sehr merkwürdig aussehende Person begrüßt Sie mit einem Lächeln. Der Mann hat langes zerzaustes Haar und trägt die Überreste einer Mönchsrobe, die durch die intensive Sonnenstrahlung des Hochgebirges zu einem hellen Rosa verbleicht ist. Er steht auf und nähert sich Ihnen. Sie sind zwar ein wenig ängstlich, doch irgendwie ist Ihnen klar, daß die Situation sich für Sie günstig entwickeln wird. Dieser Mann hat eine erstaunliche Präsenz, und abgesehen von seinem ausgesprochen wilden Äußeren wirkt er frisch und klar – sehr wach. Er scheint jedes Detail von Ihnen ganz genau in sich aufzunehmen. Jede Bewegung, die Sie machen, und jede Intonation Ihrer Stimme scheint er zu registrieren. Sie haben das Gefühl, vor einem Menschen wie ihm nicht das geringste verbergen zu können, selbst wenn Sie dies wollten. Vielleicht ist er ein *Gomchen* – doch als Sie ihn danach fragen, lacht er über diesen Gedanken und verneint. Sein Lachen klingt freundlich, so daß Sie nicht das Gefühl haben, etwas Dummes gesagt zu haben, und deshalb verlegen werden. Er sagt Ihnen, daß die *Gomchenma* (denn in diesem Fall ist „der" Lama eine Frau) Sie seit einigen Wochen erwartet und daß Sie ihm zu seiner Höhle folgen sollen, wo Sie sich erfrischen könnten.

Den übrigen Schülern scheint in mehr oder weniger großem Maße die gleiche Qualität des Seins eigen zu sein, und sie alle lachen viel und oft sehr laut. Sie können offenbar über fast alles lachen: darüber, wie die Sonne hinter den Wolken hervorlugt, oder über die Art, wie ein Eichhörnchen an einem Nadelbaum heraufjagt. Der Humor der Schüler ist für Sie ein wenig verwirrend, aber er wirkt auch ansteckend und versetzt Sie in eine leichtherzigere Stimmung. Die Schüler widmen sich ihrer Übung oder sie arbeiten – einige sammeln Holz, andere tragen Wasser und wieder andere kochen. Sie üben Achtsamkeit bei allem, was sie tun, und oft rezitieren sie Bewußtheits-Zauber. Einige haben sich für eine Zeit zurückgezogen und werden von anderen mit Essen versorgt; andere kehren von ihren Reisen in die Berge zurück, wo sie Heilkräuter gesammelt haben; wieder andere bereiten sich darauf vor, Kraftplätze aufzusuchen, um dort zu üben, und einige bereiten sich auf längere Zeiten intensiver Übung in Abgeschiedenheit vor.

Sie alle zeichnet eine einzigartige Klarheit des Blickes aus – ihr Blick wirkt unerschrocken und natürlich. Sie stellen diesen Schülern unzählige Fragen, erhalten jedoch nicht so viele Antworten, wie Sie gerne hätten – man sagt Ihnen, einiges dürften Sie erst nach Ihrem Treffen mit der Gomchenma erfahren. Sie haben noch nie im Leben Menschen wie diese kennengelernt, und alle Ihre üblichen Reaktionsweisen erscheinen Ihnen hier sinnlos. Sie fangen an, sich zu fragen, wie die Gomchenma wohl sein wird, wenn schon alle ihre Schüler so außergewöhnlich sind – so scharfsichtig, direkt und sorgenfrei.

Schließlich kommt der Tag, an dem Sie zur Gomchenma gerufen werden. Sie empfinden plötzlich eine große Scheu, und Ihr Magen fühlt sich auch nicht ganz so an wie gewöhnlich.

Diese Lamas können jung, mittleren Alters, alt oder uralt sein, sanft, hart, jähzornig oder grimmig, heiter, verschroben, ernst oder würdevoll, geschwätzig, teilnahmslos, unergründlich oder reserviert, nobel oder einfach gekleidet, zerlumpt oder ohne jegliche Kleidung. Sie fragen sich, wie die Gomchenma wohl aussehen wird und wie sie sein wird, denn ihre Schüler haben Ihnen nichts darüber verraten. Doch als Sie sie schließlich kennenlernen, stellt sich heraus, daß die meisten der oben erwähnten Eigenschaften nicht auf sie zutreffen, obgleich sie viele derselben trotzdem irgendwie zu verkörpern scheint. Sie wissen überhaupt nicht, was Sie sagen sollen, doch die Frau begrüßt Sie mit einem warmen Lächeln und winkt ab, als Sie sie formell begrüßen wollen. Sie schaut sie sehr aufmerksam an, sagt jedoch lange Zeit nichts. Sie scheint schon alles über Sie zu wissen, entweder aufgrund ihrer eigenen Klarheit oder aus den Berichten ihrer Schüler. Sie wollen ihr alle Ihre Fragen gleichzeitig stellen, doch gibt sie Ihnen zu verstehen, daß dies nicht der richtige Zeitpunkt für Fragen ist. Sie gibt Ihnen ziemlich einfache, allerdings etwas mysteriöse Instruktionen: „Geh morgen zu der Höhle unter dem Felsvorsprung dort drüben. Sitze von Anbruch der Dämmerung bis Sonnenuntergang, ohne zu denken. Du kannst jede beliebige Methode benutzen, um alle Gedanken zu verbannen. Wenn der Tag vorüber ist, dann komme zu mir und berichte mir, wie es dir ergangen ist." Sie lächelt erneut, und es scheint, als sei für Sie die Zeit gekommen, zu gehen. Sie gibt Ihnen ihren Segen, und Sie gehen davon.

Sie versuchen, von den Schülern zu erfahren, was es mit den Instruktionen der Gomchenma auf sich hat, doch sie erklären Ihnen, dies gehe nur Sie selbst und die Gomchenma etwas an – sie wollen weder etwas darüber hören, noch etwas dazu sagen. Allerdings bestätigen sie, daß die Gomchenma Sie als Schüler angenommen hat, und scheinen sehr erfreut darüber zu sein, was schon an sich wundervoll ermutigend auf Sie wirkt. Doch soviel Sie auch fragen, Sie erhalten keine Antwort. Bisher ist noch nichts geschehen, was Ihren Erwartungen entsprochen hätte – das erscheint Ihnen zwar etwas enttäuschend, aber auch irgendwie besser, als Sie es sich hätten vorstellen können.

Sobald Sie einmal als Schüler angenommen worden sind, müssen Sie damit rechnen, das die unglaublichsten Dinge passieren können. Solche Lamas können in ihren Lehrmethoden äußerst unorthodox sein, und es gibt nichts, an das Sie sich halten könnten, um zu verstehen, was mit Ihnen geschieht.

Sie begeben sich also bei Anbruch des folgenden Tages in Ihre Höhle, um dort zu Sitzen. Sie machen es sich bequem und warten darauf, daß Ihre Gedanken sich beruhigen. Sie denken, wenn Sie nur lange genug Sitzen, wird es Ihnen vielleicht gelingen. Doch nichts dergleichen tritt ein; statt dessen wird Ihr Geist von Gedanken geradezu überschwemmt. Da Sie befürchten, das, was Ihnen aufgetragen worden ist, nicht erfüllen zu können, geraten Sie in Panik. Sie versuchen, die Gedanken mit Gewalt aus Ihrem Geist zu verbannen, Sie spannen sich an, versuchen, Ihre Gedanken mit Willenskraft zu vertreiben, doch wird auch dieses Bemühen nur zu einem weiteren Gedanken! Sie brüllen: „Geh weg!“ Doch das Gebrüll kommt als Echo von den Wänden der Höhle zu Ihnen zurück, und weitere Gedanken schaffen einen Kontrapunkt zu den Echos im Strom Ihres Geistes. Sie springen auf und nieder, halten den Atem an, schütteln den Kopf, doch nichts von all dem scheint die gewünschte Wirkung zu haben. Ihr Geist ist erfüllt von dem Wunsch, die Gedanken loszuwerden, doch ist es Ihnen nicht möglich, auch *diesen* Gedanken loszuwerden. Es ist paradox und äußerst frustrierend: Noch nie in Ihrem Leben haben Sie ein solch ununterbrochenes Gedankenbombardement erlebt!

So klettern Sie am Ende des Tages völlig entmutigt durch Ihr Versagen wieder aus der Höhle und denken darüber nach, was die Gomchenma wohl sagen wird. Ob sie Sie wegschicken wird, weil Sie noch nicht genügend vorbereitet sind? Aber nein, die Gomchenma lacht sich nach Ihrem Bericht über Ihre geistigen und körperlichen Verrenkungen halb tot und sagt dann: „Sehr gut! Sehr gut! Du hast dir wirklich große Mühe gegeben und deine Sache gut gemacht! Morgen wirst du dich wieder von morgens früh bis zur Abenddämmerung in die Höhle setzen, und diesmal wirst du versuchen, so viele Gedanken wie möglich zu haben. Denke den ganzen Tag lang an alles, woran du denken willst, doch laß nicht zu, daß zwischen den einzelnen Gedanken irgendwelche Lücken entstehen!"

Beim Weggehen denken Sie: „*Das* wird ein Kinderspiel! Nach dem, was ich heute erlebt habe, *muß* ich morgen Erfolg haben! Ich scheine die meiste Zeit über voll von Gedanken zu sein, ohne daß ich mir auch nur die geringste Mühe geben müßte!"

Am nächsten Tag gehen Sie also früh morgens wieder in die Höhle, diesmal mit einem gewissen Selbstvertrauen. Doch nachdem Sie dort eine Zeitlang sind, stellen Sie fest, daß die Sache offenbar doch nicht so leicht ist, wie Sie es sich vorgestellt hatten. Sie setzen sich, einige angenehme Gedanken fallen Ihnen ein - also denken Sie darüber nach. Sie stellen die verschiedensten Spekulationen an und verfolgen sie bis zum Ende, doch nach einer Weile fällt Ihnen das gar nicht mehr so leicht. Die Themen, über die Sie nachdenken wollen, werden allmählich knapp, und das ständige Denken wird Ihnen sogar ein wenig langweilig. Sie fragen sich, wo das Vergnügen geblieben ist, das Sie gewöhnlich dabei empfanden, über etwas nachzudenken und Ihren Geist einfach von Thema zu Thema schweifen zu lassen. Bisher konnten Sie problemlos jederzeit stundenlang Tagträumen nachhängen. Doch jetzt, hier in der Höhle, stellen Sie fest, daß die *Struktur* Ihres Denkens anfängt, immer unzusammenhängender zu werden. Die Dinge, über die Sie gewöhnlich gerne nachdachten, erscheinen Ihnen plötzlich gar nicht mehr so wahnsinnig interessant, und obgleich Sie mit aller Kraft versuchen, einigen davon neues Leben einzuflößen, funktioniert dies nicht besonders gut. Das meiste, worüber Sie nachdenken wollen, erscheint Ihnen nach einer Weile ziemlich leer; es mangelt ihm deutlich an Sinn. Ihre Lage wird allmählich beunruhigend, da sogar die wichtigsten Aspekte Ihres Lebens Ihre Aufmerksamkeit nicht mehr über längere Zeit zu fesseln vermögen. Sie bemühen sich verzweifelt, etwas Neues zu finden, worüber Sie nachdenken könnten, oder zumindest einen neuen Blickwinkel - doch auch das gelingt Ihnen nicht. Sie würden gerne eine Wanderung in den Bergen unternehmen, um die Gegend zu erkunden - dabei würde es Ihnen gewiß wesentlich leichter fallen nachzudenken - aber Sie sind dazu verdammt, in dieser verfluchten Höhle zu sitzen! So angenehm die Höhle auch sein mag, sie erscheint Ihnen ungefähr so faszinierend wie jene merkwürdigen Schmutzpartikel, die Sie gelegentlich in Ihrem Nabel finden. Was geschieht weiter? Vielleicht versuchen Sie, sexuelle Phantasien heraufzubeschwören - das ist Ihnen doch bisher immer so leicht gefallen. Doch jetzt scheint Ihnen auch in diesem Bereich nichts genügend Interessantes oder Provozierendes einzufallen, das Sie anzuregen vermöchte - aber auch nicht die Spur!

Schließlich können Sie *Lücken* im Denkprozeß nicht mehr vermeiden, und lange bevor der Tag vorüber ist, müssen Sie sich aus immer länger werdenden Perioden der Abwesenheit von Gedanken gewaltsam herausreißen.

Am Ende des Tages fühlen Sie sich ziemlich elend. Sie haben schon wieder versagt. Sie sind nicht einmal in der Lage, das zu tun, was Sie bisher ständig getan haben. Sie sind sich ziemlich sicher, daß die Gomchenma Ihnen sagen wird, Sie sollten Ihre Tasche packen und es anderswo versuchen. Doch als Sie ihr erzählen, wie es Ihnen ergangen ist, scheint sie sehr davon angetan zu sein - sie nickt und lächelt, während Sie ihr über Ihren Mißerfolg erzählen, und nachdem Sie mit Ihrem Bericht am Ende angelangt sind, lacht sie sich erneut halbtot. Dann gratuliert sie Ihnen und sagt: „Gut! Wunderbar! Jetzt weißt du, wie man übt!"

Sie sind natürlich völlig verwirrt angesichts dieser Reaktion und denken im Stillen: „Ich kann es einfach nicht glauben! Was um alles in der Welt hat das zu bedeuten? Ich bin doch jetzt verwirrter als bei meiner Ankunft!" Aber die Gomchenma hat Ihnen eine wichtige Lehre erteilt. Sie haben die wertvollste Lektion auf die bestmögliche Art gelernt und Sie werden diese Lektion nie vergessen. Etwas in Ihrem Inneren sagt Ihnen, daß alles, was Sie erlebt haben, nicht ganz so ist, wie es in Ihren Augen zu sein scheint. Die gesamte Situation erscheint Ihnen allmählich ziemlich belustigend. Doch nachdem Ihre Ausgelassenheit abgeklungen ist, erklärt Ihnen die Gomchenma genau, was Sie gelernt haben.

Was glauben Sie, ist es?

Die Schlußfolgerung aus der Geschichte, die ich soeben erzählt habe, mag Ihnen recht merkwürdig erscheinen, und sie ist auch tatsächlich sehr merkwürdig.

Manchmal muß jemand anders für uns unsere Erfahrung auf den Punkt bringen. Denken wir an ein Diapositiv in einem Diaprojektor, das nicht scharf gestellt ist: Die gesamte Information ist vorhanden, wir können jedoch nichts damit anfangen, solange wir das Bild nicht scharf sehen. Sobald das Diapositiv scharf gestellt ist, werden wir uns an die unscharfen Formen, die wir gesehen haben, erinnern und sagen: „Natürlich, das hätte ich doch erkennen müssen! Das waren Onkel Erwin und Tante Marianne beim Eisessen in meinem Garten."

Wenn wir die richtigen Erfahrungen gemacht haben und wenn wir zum richtigen Zeitpunkt mit der richtigen Person zusammen sind, genügen manchmal ein paar Worte, um unser Leben zu verändern. Dies ist eine wichtige Lehrmethode. Als die Gomchenma in unserer Geschichte ihren Schüler auf diese Weise belehrte, ließ sie ihn zuerst alle Erfahrungen machen, die notwendig waren, um genau verstehen zu können, was sie ihm sagen wollte. Es ist ein sehr beeindruckender Augenblick, wenn uns klar wird, daß wir etwas „eigentlich schon immer gewußt haben"! Damit wir irgend etwas im umfassendsten Sinne verstehen können, müssen entsprechende Umstände eintreten. Unter den geeigneten Umständen vermögen ein paar einfache Worte *zusammenzufügen,* was uns zunächst verworren erschien, und dies kann uns zu erstaunlichen neuen Realisationen führen.

Der Schüler in unserer Geschichte hatte keine Ahnung, warum die Gomchenma lachte, warum sie über seinen scheinbaren Fehler so erfreut war, und ihm war auch nicht klar, was er aus diesen Erfahrungen lernen konnte. Ein schönes altes Spiel!

Es kann eine ungeheure Einsicht für uns sein, wenn wir einmal erleben, daß wir etwas sehr Wichtiges lernen können, ohne auch nur zu wissen, was da vor sich geht. Es ist ungeheuer hilfreich, mit einem Lehrer zu arbeiten, und ich hoffe, daß dieses Buch Sie dazu ermutigt, sich einen Lehrer zu suchen.

In unserer Geschichte hat die Gomchenma ihren Schüler gelehrt, daß *man den Geist zu nichts zwingen kann.* Wenn man versucht, das Denken auszuschalten, so führt das nur dazu, daß die Gedanken sich wie verrückt vermehren. Wenn man versucht, das Denken zu ständiger Neuproduktion zu zwingen, so führt das nur zum Versiegen des Gedankenflusses. Als die Gomchenma zu ihrem Schüler sagte: „Gut! Wunderbar! Nun weißt du, wie man übt!", meinte sie damit, daß ihr Schüler nun wisse, daß es nutzlos sei, den Geist zu etwas zwingen zu wollen, und daß vollkommen zu üben bedeute, ohne jeden Zwang zu üben.

Wenn wir versuchen, Gedanken zu erzwingen, rebelliert der Geist. Wenn wir versuchen, Gedanken zu verdrängen, rebelliert der Geist ebenfalls. Deshalb gilt für die Shi-ne-Übung - wie übrigens auch für jede andere Übung -, daß *wir loslassen und sein lassen.* Wir fördern das Denken nicht, unterdrücken es aber auch nicht. Wir gehen sehr sanft mit dem Gedankenprozeß um; wir lassen die Gedanken kommen und wir lassen sie wieder los. Shi-ne bedeutet „sich nicht verstricken". Wenn Gedanken kommen, lassen wir sie zu - wenn sie gehen wollen, dann lassen wir auch dies geschehen. Wenn Gedanken da sind, dann lassen wir sie da sein - wir fügen ihnen nichts hinzu und wir ziehen sie auch nicht in die Länge. Wenn Gedanken vergehen, dann hindern wir sie nicht daran, sondern behandeln sie wie willkommene Besucher, die nur für kurze Zeit bleiben werden. Wir behandeln Gedanken wie ein Feuer, das seinen Zweck erfüllt hat - wir geben ihm einfach keine Nahrung mehr. Wenn wir aufhören, unseren Gedanken zu nähren, indem wir uns aktiv in sie verstricken, beruhigen sie sich, und wir treten in einen Zustand der Ruhe ein.

Die Übungen, die wir am Anfang dieses Kapitels besprochen haben, sind wesentlich kürzer als die tagesfüllenden Übungen, die dem Schüler in der Geschichte von der Gomchenma aufgetragen wurden, weil es bei uns in der westlichen Welt nicht möglich ist, eine Umgebung zu schaffen, in der man derartige Lehrmethoden anwenden könnte. Doch wenn wir durch das Experimentieren mit diesen Übungen über einen kurzen Zeitraum ein wenig Erfahrung gesammelt haben, sollten wir *wissen,* daß wir andere Methoden anwenden müssen als Zwang, wenn wir mit dem Geist und an unserer Anhaftung an den Denkprozeß arbeiten wollen.

Wir kommen nun zu unserer alten tibetischen Spruchweisheit zurück:

„*Meditation* ist nicht,
sich gewöhnen - ist."

„*Meditation* ist nicht" bedeutet, daß *Meditation keine* Methode des Tuns *ist*. Bei der Meditation geht es nicht darum, etwas zu tun. Wir setzen nichts in Bewegung, wir erzwingen nichts, wir fügen nichts hinzu, wir entwickeln nichts - wir *sind einfach*. In Großbritannien gibt es ein Getränk mit dem Namen *Just Juice* - „Nur Saft". Der Name soll uns darauf hinweisen, daß dem Saft weder etwas hinzugefügt noch etwas entzogen wurde. Genauso sollte auch unsere Übung sein: *Nur Sein*. Wir halten einfach unsere Wachsamkeit und unsere *motivlose Beobachtung* aufrecht.

Mit dem Satz „*Sich gewöhnen* - ist" ist gemeint, daß diese Übung einfach darin besteht, sich an das Sein zu *gewöhnen*.

Wir machen uns damit vertraut, wie wir wirklich sind.

Unsere eigene Erleuchtung ist uns sehr fremd - unsere Übung ist eine Art, wie wir uns daran *gewöhnen* können. Von unserer tief verwurzelten Anhaftung an das Denken ausgehend „*gewöhnen*" wir uns an das Nicht-Bezugnehmen. Wir *gewöhnen* uns an das *Bezuglos*-Sein.

Wir sollten uns an dieser Stelle einmal genauer damit beschäftigen, was *Bezuglos*-Sein bedeutet. Doch wenn wir nicht zuvor weitere Erfahrung im Sitzen sammeln, werden derartige Erklärungen ein wenig „kopflastig". Ich werde in diesem Buch versuchen, die Methode anzuwenden, die Sie in diesem Kapitel kennengelernt haben - die Methode der imaginären Gomchenma. Ich werde deshalb immer zuerst die praktische Anweisung geben und die Erklärung erst hinterher. Das bedeutet: Wenn Sie die Erklärung (die Theorie) für etwas erhalten, wird Ihnen das Erklärte *aufgrund Ihrer eigenen Erfahrung unmittelbar einleuchten*. Wir werden also mit der grundlegenden Shi-ne-Übung beginnen.

Wenn Sie bereits einige Erfahrung in der Shi-ne- oder Za-Zen-Praxis haben und wenn es Ihnen sehr unter den Nägeln brennt, sich mit der Idee des *Bezuglos*-Seins zu beschäftigen, können Sie sofort zu den Kapiteln 9-12 übergehen. Ich möchte Ihnen jedoch - ganz gleich, wieviel Erfahrung mit dem Sitzen Sie bereits haben - empfehlen, die davorliegenden grundlegenden Kapitel nicht zu überschlagen, weil es durchaus sein kann, daß Sie aufgrund der von mir verwendeten Darstellungsmethode etwas Neues darin finden werden. Die Shi-ne-Übungen der verschiedenen buddhistischen Lehrsysteme sind nicht völlig identisch, und die Methode, die ich hier vorstellen möchte, ist nahe mit dem *Sem-de*-System der Dzogchen-Tradition verwandt. *Sem-de* bedeutet *Sammlung* (von Unterweisungen oder Übungen) *über die Natur des Geistes* (auch: „Die Serie der Natur des Geistes"). Ich möchte Ihnen nachdrücklich empfehlen, alle angegebenen Übungen auszuführen, ganz gleich, wieviel Erfahrung mit dem Sitzen Sie bereits haben, damit Sie wirklich begreifen, daß *Meditation* „nicht ist" und daß *Sich-Gewöhnen* „ist".

Teil II

Dranglak – Einfachheit

3 Nur Sitzen

Um mit unserer Shi-ne-Übung beginnen zu können, müssen wir *wissen,* wie man Sitzt.

Unser *Körper* weiß, wie man Sitzt - doch wir haben es vergessen. Unser *Körper* kann perfekt Sitzen, doch ist er durch die Muster, in denen wir leben, und durch die Ambiguität unserer Wünsche und Konditionierungen verwirrt worden. Die Art, wie wir Konzepte entwickeln, und die Konditionierungen, die wir akzeptiert haben, stehen unserem *Körper-Wissen* im Wege. Unser Körper hat vergessen, wie man Sitzt. Deshalb müssen wir ihn, wenn wir mit dem Üben beginnen wollen, an die Bequemlichkeit und Leichtigkeit seiner *natürlichen Haltung* erinnern.

Viele Probleme, mit denen wir in unserem Leben zu tun haben, entstehen infolge jener „Körper-Amnesie", und dies wiederum stört unser Gleichgewicht. Geist und Körper stehen in einer engen Beziehung zueinander, und jede Disharmonie in einem von beiden wird im anderen gespiegelt. Wenn wir uns also nicht im Zustand des körperlich-geistigen Gleichgewichts befinden, wird es für uns (manchmal) zu einer gewaltigen Anstrengung, einfach nur zu Sitzen und zu Sein. Die Einfachheit des Sitzens erscheint uns wie ein fast hoffnungsloser Kampf gegen die Ruhelosigkeit, Reizbarkeit und Schläfrigkeit. Deshalb müssen wir, um unsere Shi-ne-Übung entwickeln zu können, unser *Körper-Wissen* stärken - unser Körper muß sich an sein natürliches Gleichgewicht und an den Zustand der Ausgeglichenheit *erinnern.*

Es mag überraschend klingen, daß unsere Konzepte über uns selbst und die Welt der Funktionsfähigkeit unseres Körpers im Wege stehen können. Wir könnten uns fragen: „Wie kann die Art, wie ich denke, meine Fähigkeit, auf natürliche Weise zu Sitzen, beeinflussen?" Die Antwort ist gar nicht so „tiefschürfend" oder kompliziert, wie Sie vielleicht erwarten mögen. Schauen wir uns ein konkretes Beispiel dafür an, wie eine Vorstellung unsere Haltung unmittelbar beeinflußt.

Am Beispiel des Skifahrens läßt sich gut demonstrieren, wie eine rigide Vorstellung die Fähigkeit zu sachgerechter körperlicher Aktivität beeinträchtigen kann. Beim Skiunterricht lernt der Schüler, er solle das Körpergewicht nach vorne verlagern, damit der vordere Teil der Skier stärker belastet wird. Dies ist notwendig, damit wir die Kontrolle behalten können. Denn wenn wir auf den Vorderteil der Skier Druck ausüben, werden diese in den Schnee gedrückt, was zur Folge hat, daß wir einfach durch Verlagerung des Gewichts vom einen Fuß auf den anderen zu steuern vermögen. Wenn die Vorderteile unserer Skier *nicht* in den Schnee schneiden, steuern wir nicht, und wenn wir nicht *steuern,* nun ja...

Auch wenn wir vom Verstand her genau wissen, was wir tun sollten, erscheint uns die Vorstellung, daß wir uns vorbeugen sollen, sobald wir draußen im Schnee stehen, irgendwie selbstmörderisch. Wenn wir dann das Gefühl bekommen, wir würden uns zu schnell fortbewegen, lehnen wir uns zurück, anstatt unser Gewicht beim Queren nach vorne zu verlagern und das Tempo auf diese Weise zu verringern. Und bevor wir wissen, was geschehen ist, liegen wir wie ein Häufchen Elend am Boden, während Kinder auf ihren Skiern an uns vorüberjagen, als sei Skifahren die einfachste Sache der Welt.

Das Problem liegt hier darin, daß wir nicht darauf *hören,* was unser Körper uns sagt, sondern daß wir statt dessen auf unsere Angst „hören", die in Wahrheit ein Lügengespinst von Abstraktionen ist. Die meisten Menschen lassen sich durch ihre Angst völlig einschüchtern, auch wenn sie sich gar nicht in einer akut gefährlichen Situation befinden.

Um Skifahren zu lernen, müssen wir lernen, auf die Botschaften unseres Körpers zu *hören,* statt auf das unablässige Geplapper unserer zerebralen Angst, die gewöhnlich jeden anderen sensorischen Input übertönt. Theorien über das Skifahren existierten nicht, bevor der erste Mensch anfing, Ski zu fahren. Der erste Skifahrer mußte diese Dinge durch eigene Erfahrung lernen - mittels seiner persönlichen Verbindung zu seinem *Körper-Wissen.* Wenn man auf

Skiern steht und sich zurücklehnt (das sei für diejenigen gesagt, die dies noch nie versucht haben), ist das ungefähr so, als würde man sich Sorgen über die hohe Geschwindigkeit des Autos machen, das man selbst fährt, und dann beschließen, das Steuerrad loszulassen und gleichzeitig das Gaspedal voll durchzutreten!

Wenn wir Shi-ne üben wollen, müssen wir uns mit unserem konzeptuellen Bild vom Sitzen beschäftigen.

Nun gibt es viele verschiedene Vorstellungen über das Sitzen, die aus unterschiedlichen Quellen stammen. Manche Leute sagen, daß der Lotussitz die einzig akzeptable Möglichkeit sei, wenn man mit der Meditation zu irgendeinem positiven Ergebnis kommen wolle - und in einem gewissen Sinne mag das durchaus korrekt sein. Ich möchte hier keineswegs behaupten, daß der Lotussitz eine völlig unwichtige Haltung ist. Doch meiner Meinung nach sind sich heute viele Menschen darüber im klaren, daß es auch andere Möglichkeiten zu Sitzen gibt. Andererseits sind viele immer noch der Ansicht, daß diese anderen Möglichkeiten weniger „spirituell" und nur für diejenigen akzeptabel seien, die den Lotussitz nicht einzunehmen vermögen. Ich möchte an dieser Stelle ausdrücklich klarstellen, daß ich nicht dieser Meinung bin. Der Lotussitz hat ganz sicher gewisse wichtige Vorzüge, doch ist er keineswegs die „vollendetste" Haltung - einfach deshalb, weil es *keine* „vollendetste" Haltung gibt. Der Lotussitz steht bei vielen buddhistischen Schulen in hohem Ansehen, und in einigen gilt er als *die* vollkommene Haltung schlechthin - für andere hingegen ist er nichts weiter als eine unter mehreren möglichen Meditationshaltungen. In diesem Buch werden Sie verschiedene Sitzhaltungen kennenlernen, derer wir uns nach Belieben bedienen können.

Das Wichtigste beim Sitzen ist, daß *wir bequem sitzen.* Ich habe das Gefühl, daß ich das noch einmal sagen sollte, deshalb werde ich es auch tun, weil es wirklich sehr wichtig ist - wichtiger noch als der berühmte Lotussitz. Also: Das Wichtigste beim Sitzen ist, daß *wir bequem sitzen.*

Das größte Hindernis, das bequemem Sitzen im Wege steht, ist die Vorstellung, daß wir eine Rückenlehne brauchen oder etwas, woran wir uns anlehnen können. Es gibt die unterschiedlichsten Vorstellungen über Bequemlichkeit, und diese behindern häufig die *natürliche Bequemlichkeit und das natürliche Wohlgefühl* – und der Teil unseres Körpers, der unter derartigen Vorstellungen gewöhnlich am meisten leidet, ist unsere Wirbelsäule.

Es sich bequem machen zu können, ist eine *Kunst* – eine Kunst, die voraussetzt, daß wir den Kontakt zu unserem Körper-Wissen entwickeln. Es sich bequem machen zu können, ist wichtig, weil es von keinerlei Nutzen ist, wenn unser Körper (und insbesondere unser Rücken) uns durch Schmerz ablenkt. Deshalb müssen wir lernen, so zu sitzen, daß wir nicht durch unsere Körperhaltung abgelenkt werden. Das bedeutet nicht, daß wir jedes Bewußtsein von unserem Körper verlieren und in einen „kopflastigen" Zustand entschwinden sollen, in dem wir uns unseres Blutes, unseres Fleisches, unserer Sehnen, unserer Haut und unserer Knochen entledigt haben – die ja auch allesamt zu dem gehören, was wir sind. Wir versuchen keineswegs, den Körper zurückzulassen, als sei er eine Art „unspiritueller" Ballast. Patriarchalische religiöse Disziplinen haben den irdischen Aspekt unserer Existenz zu lange verleumdet, und es ist wichtig, daß wir uns jedes Überrests dieser Konditionierung entledigen. Unser Körper und unsere Welt sind ein wichtiger Bestandteil unserer *Mystischen Reise* – Spiritualität bedeutet nicht, daß wir, um Erleuchtung zu erlangen, zum „Geist" werden müssen.

Doch nun zurück zum Sitzen. Die entscheidenden Faktoren sind, daß die Wirbelsäule eine natürliche Position einnehmen sollte und daß wir entspannt sein sollten.

Das erste Bild im nächsten Kapitel zeigt jemanden auf einem gewöhnlichen Stuhl. Ein einfacher Stuhl mit aufrechter Rückenlehne ist sehr gut zum Sitzen geeignet, vorausgesetzt, man kann, wenn man darauf sitzt, Oberschenkel und Wirbelsäule in einen Winkel von 90 Grad zueinander bringen. Einen Stuhl dieser Art zu benutzen, sollte nicht als bloßes Zugeständnis an Menschen im vorgerückten Alter betrachtet werden. Jeder kann auf einem Stuhl Sitzen, ganz gleich, wie alt er ist. Die Haltung, die man auf einem ganz normalen Stuhl einnehmen kann, ist ebenso wertvoll wie jede andere. Obgleich jeder gepolsterte aufrechte Stuhl geeignet ist, ist der ideale Stuhl zum Sitzen der „Kniestuhl" – den die folgende Abbildung zeigt. Sie werden bemerken, daß bei diesem Stuhl

Sitzen und Knien miteinander kombiniert werden und daß dieser Stuhl „keine sichtbare Unterstützung“ für den Rücken bietet. Ich sage „keine sichtbare Unterstützung“, weil der Körper beim Sitzen auf einem Stuhl dieser Art eine Haltung einnimmt, bei der die Wirbelsäule sehr bequem in sich selbst ruht. Derartige Stühle sind ein sehr empfehlenswerter Ersatz für jede andere Art von Stuhl, insbesondere für herkömmliche Bürostühle. Sie verhindern die Entstehung von Rückenschmerzen und verbessern generell unsere Haltung. Sie wurden zwar nicht als Meditationsstühle konzipiert, aber man könnte denken, sie wären es - weil sie der Wirbelsäule die Möglichkeit geben, ihre natürlichste Haltung einzunehmen. Wenn die Wirbelsäule sich in ihrer natürlichsten Position befindet, sitzt sie einfach - zum aufrechten Sitzen ist keinerlei Anstrengung erforderlich, was für die Shi-ne-Übung ideal ist. Manchmal fällt Menschen, die unter Rückenschmerzen leiden, das Sitzen bei der Shi-ne-Übung äußerst schwer. Ein Stuhl dieser Art jedoch ermöglicht es jedem Menschen, ohne Anstrengung eine gute Sitzhaltung einzunehmen (abgesehen von gewissen sehr ungewöhnlichen Fällen).

Man kann jedoch nicht in allen Situationen einen Stuhl speziell zum Sitzen bei sich haben, besonders auf Reisen, wenn man draußen in der Natur ist oder wenn man sich in einer Gruppe befindet. Es ist wichtig, daß wir uns mit den traditionellen Sitzhaltungen für die Übung beschäftigen, einerseits, weil sie wertvoll sind, und andererseits, weil sie die Zahl unserer Möglichkeiten vergrößern. Die traditionellen Meditationshaltungen sind auch Teil des reichen Erbes des tibetischen Yoga, über welches dieses Buch einen Überblick geben will. Da das Buch sich sowohl an diejenigen wendet, die bereits eine gewisse Erfahrung mit buddhistischer Übung und insbesondere mit den tibetischen Traditionen haben, als auch an diejenigen, die sich zum erstenmal mit diesen Dingen beschäftigen, wird den Lesern empfohlen, nach eigenem Ermessen zu experimentieren, um herauszufinden, was innerhalb des Spektrums seiner eigenen Möglichkeiten liegt.

Das Material für fortgeschrittene Übende wird größtenteils gegen Ende des Buches beschrieben, doch auch einige der Bilder und Erklärungen zu den verschiedenen Sitzhaltungen beziehen sich auf

Körperhaltungen, die sich für Anfänger als zu schwierig erweisen könnten. Ich zögere, mich zu detailliert darüber zu äußern, was „Anfänger“ sich zumuten können und was nicht, weil wir alle, wenn wir mit dieser Art des Übens beginnen, unsere ganz individuelle anfangslose Erfahrungsgeschichte mitbringen, und es ist nicht möglich vorauszusagen, wie schnell jeder einzelne von uns sich mit den Erfordernissen der Übung vertraut machen wird. Es kann sein, daß Sie damit zurechtkommen wie ein Fisch mit dem Wasser, es kann aber auch sein, daß Sie sich dabei fühlen wie ein Fisch auf einem sonnenerhitzten Stein.

Beschäftigen wir uns zunächst einmal mit dem Sitzen auf dem Boden. Dies ist die älteste Form des Sitzens, und sie führt uns zurück zum Anfang der menschlichen Geschichte. Wenn wir auf dem Boden Sitzen, sind wir mit der ältesten aller Traditionen verbunden. Der direkte Kontakt mit der Erde hat etwas sehr Grundlegendes und Festes – und selbst wenn wir in einem Hochhausturm oder in einem Wolkenkratzer-Appartement Sitzen, ist der Fußboden in der *Dimension unserer Erfahrung* stets die *Erde*. Kontakt mit der Erde ist in den Schamanenkulturen immer wichtig gewesen. Die Hopi (ein nordamerikanischer Indianerstamm) schneiden heute noch die Sitzfläche aus ihren Levi-Jeans, damit sich, wenn sie Sitzen, nichts zwischen ihnen und der Erde befindet.

Dem Sitzen auf dem Boden ist somit eine spezielle Qualität eigen. Damit ist nicht gesagt, daß dies die beste Art zu Sitzen ist, sondern nur, daß dem Sitzen auf dem Boden eine einzigartige Qualität eigen ist. Sie müssen selbst herausfinden, was diese Sitzhaltung für Sie persönlich bedeutet – Ihr persönliches Experiment ist für Sie das Entscheidende. Meine persönliche Erfahrung ist, daß der besondere Wert des Sitzens auf dem Boden in der Qualität des *Geerdet-Seins* liegt, in der Stabilität und im Gleichgewicht, die uns diese Sitzweise gibt. Manchmal beim Üben am Meeresstrand habe ich mir den Sand zunutze gemacht, um eine bequeme Sitzhaltung einzunehmen. Aufgrund der stützenden Wirkung des Sandes hatte ich keinerlei Probleme mit den gewöhnlichen Druckpunkten an Knien und Fußgelenken. Wenn das Wasser warm genug ist, kann man auch teilweise unter Wasser sitzen, wodurch das Körpergewicht auf angenehme Weise verringert wird.

Die meisten Menschen, die mit der Meditationsübung beginnen, setzen wie selbstverständlich voraus, daß man mit übereinandergeschlagenen Beinen üben sollte. Leider führt genau diese Haltung mit fast hundertprozentiger Sicherheit dazu, daß die meisten Anfänger das Gefühl bekommen, Shi-ne sei nichts für sie. Es scheint fast so etwas wie eine Verschwörung bezüglich des Sitzens zu geben, die eine Atmosphäre der Verwirrung schafft. Es könnte sein, daß irgendjemand Ihnen empfiehlt, Sie könnten, wenn Sie es nicht schafften, im Lotussitz zu üben, einfach den Schneidersitz einnehmen. Daraus könnten Sie nun schließen, Sitzen mit überkreuzten Beinen sei leicht – was ein fataler Irrtum wäre. Ohne sachgerechte Anleitung kann Sitzen mit überkreuzten Beinen äußerst unbequem sein und es könnte zu wachsender Frustration über unser scheinbares Unvermögen, länger als fünfzehn Minuten zu sitzen, führen. Wenn Sie also versucht haben sollten, mit überkreuzten Beinen zu sitzen, und dabei festgestellt haben, daß dies eine der unbequemsten Haltungen ist, die Sie je eingenommen haben, dann möchte ich Ihnen hiermit sagen: *Das ist ganz und gar nicht ungewöhnlich!*

Es *ist* möglich, mit überkreuzten Beinen bequem zu sitzen, doch müssen dazu bestimmte Charakteristika dieser Haltung Teil des Körper-Wissens werden, das wir wiederentdecken wollen. Wenn Sie „einfach so" mit überkreuzten Beinen auf einem Kissen sitzen, wird Ihr Körper Sie unweigerlich auf schmerzhafte Weise ablenken. Schauen wir uns einmal an, was in dieser Position mit dem Körper geschieht. Wenn wir mit überkreuzten Beinen auf einem Kissen sitzen, dann befinden sich unsere Knie in einer höheren Position als unsere Hüften, und das führt zu zwei typischen Problemen. Das Becken wird durch die Haltung der Beine nach hinten gekippt, wodurch wiederum die Wirbelsäule in eine instabile Position gerät. Praktisch bedeutet dies: Wenn wir so bei der Shi-ne-Übung Sitzen, beugen wir uns entweder vornüber, bekommen Rückenschmerzen und werden schläfrig, oder wir versuchen, unseren Rücken gerade zu halten. Die beständige Anstrengung, die mit diesem Geradehalten des Rückens verbunden ist, verursacht ebenfalls Rückenschmerzen, in diesem Fall jedoch in Verbindung mit Verspannungen und Ermüdung. Selbst wenn wir uns beim

Sitzen an eine Wand anlehnen (was in der tibetischen Tradition als sehr ungehörig gilt), treten die gleichen Probleme auf, wenn auch in geringerem Maße. Zweitens hat die höhere Position der Knie im Verhältnis zu den Hüften zur Folge, daß unsere Beine „einschlafen“, und wenn das passiert, haben wir nach Beendigung der Shine-Übung große Schwierigkeiten, wieder aufzustehen, und außerdem haben wir mehrere Minuten lang starken körperlichen Streß durchgemacht. Diese Haltung ist sehr instabil und sie ist eines der größten Hindernisse, denen Sie gerade zu Anfang Ihrer Übung begegnen können.

Wenn Sie also versuchen, Ihre Haltung zu korrigieren, um derartige Probleme auszuschalten, muß sich Ihr Gesäß hoch genug über dem Boden befinden, damit Ihre Knie eine niedrigere Position einnehmen als Ihre Hüften. Ja - so einfach ist es wirklich.

In der Tradition des tibetischen Yoga wird empfohlen, sogar beim Lotussitz einen Holzblock zu benutzen. Das ist eine weniger harte Unterlage, als Sie vielleicht im ersten Augenblick glauben, da man den Block mit einem dicken Stück Teppich polstern kann (in den meisten Teppichgeschäften gibt es billige Verschnittstücke). Der Grund, weshalb speziell ein Holzblock empfohlen wird, ist, daß dieser nicht nachgibt - Sie sitzen stets in einer garantierten Mindesthöhe vom Boden entfernt. Ganz gleich, wieviele Kissen Sie aufeinanderstapeln, damit Sie eine gewisse Höhe erreichen, die Kissen werden stets nach einer Weile in sich zusammensinken; und wenn Sie zu viele Kissen benutzen, können diese leicht seitlich wegrutschen und eventuell sogar auseinanderpurzeln, was bedeuten kann, daß Sie während der Übungszeit hauptsächlich damit beschäftigt sind, die Kissen immer wieder neu zurechtzulegen. Der Holzblock ist die ideale Lösung, weil er Ihnen eine konstante Sitzhöhe garantiert, die Sie nach Ihren persönlichen Bedürfnissen wählen können.

Die Größe des Holzblocks basiert traditionell auf dem Maß der geballten Faust, gemessen von der Spitze des Knöchels des gebeugten Daumens bis zur unteren Handkante, dort, wo der kleine Finger sitzt. Der Holzblock, den ich persönlich benutze, ist 108 Millimeter hoch, und er ist zweimal so lang wie breit beziehungsweise hoch. Vielleicht entschließen Sie sich, eine etwas größere

Höhe zu wählen; experimentieren Sie einfach damit, bis Sie instinktiv das Gefühl haben, die für Sie optimale Höhe gefunden zu haben.

Eine moderne Alternative ist, die Ausmaße des Blocks zu verdoppeln und ihn statt aus Holz aus Schaumstoff herzustellen. Für den Fall, daß Sie Schaumstoff benutzen wollen, möchte ich Ihnen empfehlen, den Schaumstoff mit einem strapazierfähigen Stoff zu verkleiden, weil Schaumstoff die Tendenz hat, bei längerem Gebrauch zu zerwuseln (und weil er außerdem bei vielen Menschen die fast unwiderstehliche Versuchung weckt, immer wieder kleine Bröckchen daraus herauszuzupfen).

Ob Sie sich einen Holzblock oder einen Schaumstoffblock beschaffen, jetzt ist die Zeit gekommen, mit dem Sitzen zu beginnen. Dies ist der Anfang Ihrer Übung. Der Augenblick, in dem wir erkennen, daß es immer so und nicht anders sein wird, wenn wir die Übung entwickeln wollen, hat etwas Zeitloses. Dieser Sitzblock wird uns sehr vertraut werden - er wird zu einem Teil unseres Lebens werden, und das ist ein ziemlich wichtiger Gedanke. Dies ist ein ganz besonderer, aber gleichzeitig auch ganz normaler Augenblick, der vergehen wird, wenn wir versuchen, irgend etwas daraus zu machen. Es ist der Beginn unserer Übung.

Chag – Geste

4 Gesten des Seins

Die Haltung, die man bei der Übung einnimmt, ist eine Geste des Seins – eine Kristallisation der *Geist-Körperlichkeit (Mind-Body)* im gegenwärtigen Augenblick.

Die in diesem Kapitel dargestellten Sitzhaltungen sind eine Auswahl sehr alter sowie auch recht neuer Arten zu Sitzen. Ich habe ganz bewußt darauf verzichtet, die Haltungen als „für Anfänger" oder „für Fortgeschrittene" geeignet zu klassifizieren, weil bei allen beschriebenen Haltungen letztlich vorrangig ist, daß der Körper sich wohlfühlt und daß die Wirbelsäule *eine natürliche Position* einnimmt (siehe hierzu auch Kapitel 3). Bei einigen Sitzhaltungen ist es schwieriger als bei anderen, so weit zu kommen, daß man ein Gefühl der Bequemlichkeit erlebt, doch bedeutet das keineswegs, daß es unmöglich ist, ihren Wert zu erfahren, wenn sich unser Körper erst einmal über ausreichende Zeit an sie gewöhnt hat. Die Haltungen sind auch deshalb nicht nach Schwierigkeitsgraden geordnet, weil wir alle unterschiedlich sind und weil derartige Einteilungen leicht zu dem Schluß verleiten könnten, daß etwas, das besonders schwierig ist, „aus spiritueller Sicht in jedem Fall vorzuziehen" sei. Ich habe nicht vor, Ihnen hier eine Hierarchie der Sitzhaltungen zu präsentieren, so daß es möglich würde, die „Milchbubis" von den ausgekochten „Meditationsprofis" zu unterscheiden.

Mein Vorschlag ist: Probieren Sie die verschiedenen Haltungen selbst aus. Experimentieren Sie damit und versuchen Sie herauszufinden, welche von ihnen speziell für Ihren Körper am besten geeignet sind. Vielleicht kommen Sie zu der Überzeugung, daß es mehrere sind, vielleicht halten Sie aber auch nur eine ganz bestimmte für praktikabel. Vielleicht stellen Sie fest, daß Sie in einer bestimmten Haltung länger Sitzen können als in anderen; lassen Sie sich jedoch durch diese Entdeckung nicht dazu verleiten, Haltungen völlig zu verwerfen, von denen Sie den Eindruck haben,

Sie könnten sie nur über kurze Zeit einnehmen. Einige Haltungen setzen eine gewisse Übung voraus, falls Sie noch nicht daran gewöhnt sind, über längere Zeit zu Sitzen, oder wenn das Sitzen auf dem Boden Ihnen völlig ungewohnt ist. Während längerer Meditationssitzungen oder während einer mehrtägigen Meditationseinkehr (auch „Retreat" genannt) ist es gut, wenn man die Sitzhaltung gelegentlich wechseln kann. Da jede Sitzhaltung irgendwann unbequem wird, ist es schon allein aus diesem Grunde empfehlenswert, sie hin und wieder zu verändern, damit nicht immer die gleichen Bereiche Ihrer Beine belastet werden.

Versuchen Sie, einige der beschriebenen Haltungen einzunehmen, wenn Sie lesen, mit Freunden sprechen oder vor dem Fernseher sitzen, damit sich Ihr Körper an diese Haltungen gewöhnt. Wenn Sie sich an die von Ihnen bevorzugten Sitzhaltungen gewöhnt haben, werden Sie feststellen, daß damit eine wichtige Barriere gefallen ist, die Ihre Übung bis zu diesem Zeitpunkt erheblich behindert hat oder Sie sogar erst gar nicht damit hat vertraut werden lassen.

Kum-nye

Kum-nye ist eine Methode zur Massage des *psychischen Körpers* durch Massage und Bewegung des physischen Körpers. Die Kum-nye-Übungen erzeugen ein Gefühl der tiefen körperlichen Entspannung und der Natürlichkeit des Seins, welches sich in Verbindung mit der *Entspannung* der Emotionen, der Wahrnehmungen und unseres gesamten Seins entwickeln kann.

Man sollte während dieser Übungen lockere und leichte Kleidung tragen und weder Schuhe noch Strümpfe. Beengende Kleidungsstücke wie beispielsweise Büstenhalter sind nicht zu empfehlen, ganz gleich, wie locker oder „bequem" sie Ihnen erscheinen mögen. Vielleicht ziehen Sie es letztlich sogar vor, völlig ohne Kleidung zu üben (falls die Temperatur des Übungsorts dies erlaubt), da diese Übungen Sie mit Ihrem eigenen Körper in Kontakt bringen sollen (und zwar auf der äußeren, der inneren, der geheimen und der höchsten Ebene). Die Tatsache, daß wir *einen*

Körper haben, kann durch die Kum-nye-Übung auf subtile und sensible Weise gewürdigt werden, und wir können lernen, Verspannungen und Streß in die gastliche Raumhaftigkeit unseres Seins hinein *schmelzen* zu lassen.

In den hier beschriebenen drei Kum-nye-Übungen (es gibt wesentlich mehr davon) wird die Sinnesempfindung als Fokus unseres Erfahrens entwickelt. Auf diese Weise können wir entdecken, daß die Quelle unserer eigenen Heilkraft in der unbegrenzten, allerdings auch unerforschten Schatzkammer unseres eigenen Seins liegt. Unser Körper vibriert von Energie, die wir dazu veranlassen können, aufzuwallen und in grenzenlosen Mustern durch die Weite unseres Seins zu strömen.

Die beschriebenen Übungen sind nach dem Geier benannt, einem Vogel, der in Tibet besonderes Ansehen genießt. Viele Menschen sehen in diesem prächtigen Vogel nur einen Aasfresser, doch diese Sicht ist Ausdruck eines elitären gesellschaftlichen Standpunktes. Aus einer Sicht, die Betteln nicht als etwas Minderwertiges ansieht, erscheint der Geier hingegen als in höchstem Maße entspannter Vogel. In der amerikanischen Alternativkultur gilt der Geier als Friedensadler und wird als mächtiges Wesen geehrt. Die Tibeter sahen den Geier als einen Vogel, der niemals tötete, sondern geduldig wartete, bis seine Mahlzeit den letzten Atemzug getan hatte.

Die Geier Tibets ermöglichen die Himmelsbestattung – sie befördern unsere körperliche Form, nachdem wir uns ihrer entledigt haben, in den Himmel, was auf greifbare Weise unseren Eintritt in die Körperlose Dimension des Seins symbolisiert. Vom Großen Adepten, der die Übermittlungslinie begründete, deren derzeitige Inkarnation Ngakchang Yeshe Dorje Rinpoche ist, heißt es, er habe die Form eines großen weißen Geiers annehmen können, wenn er dies für zweckmäßig hielt: die Fähigkeit, in die *Dimension des Himmels* einzutreten und sich mit dem Element Luft zu *vereinigen.* Mein Wurzellama Chhimed Rigdzin Rinpoche trägt bei gewissen Riten drei Geierfedern in seinem Haarknoten. Bei ihm ist dies ein Symbol dafür, daß er eine Geist-Emanation von Padmasambhava, dem Großen Magier und zweiten Buddha ist, der die Tantrischen Lehren in Tibet verbreitete. Die Verwendung von

Vogel- und Tiernamen bei den Beschreibungen der Kum-nye-Übungen leitet sich aus Tibets alten schamanistischen Traditionen her und erinnert uns daran, daß wir von jedem Aspekt der Welt der Phänomene lernen können. Wenn Sie wirklich lernen wollen, wie man im Gähnen und Sich-Strecken zur Perfektion gelangt, dann beobachten Sie doch einmal eine Katze - sie kann in dieser Hinsicht der denkbar beste Lehrer sein!

Bei den folgenden Übungen ist es wichtig zuzulassen, daß sich Gefühle und Empfindungen auf ihre eigene Weise entwickeln - ermutigt durch die PRÄSENZ Ihres Gewahrseins. Hüten Sie sich vor jedem Drang, das, was Sie erfahren, zu manipulieren - lassen Sie einfach zu, daß die Empfindung immer umfassender wird. Bleiben Sie Präsent in Ihrer Bewußtheit von allem, was als Empfindung oder als Gefühl auftauchen mag, doch versuchen Sie nicht, Ihre Erfahrungen zu Ihrem Eigentum zu machen - als könnten Sie das, was wesenseigen vorhanden ist, besitzen oder als könnten Sie daraus vertrieben werden. Es gibt nichts zu verlieren oder zu gewinnen - es gibt nur eine völlig neue Welt, die Sie erfahren können. Freude und Entspannung bleiben stets auf der Strecke, wenn wir versuchen, sie einzufangen und festzuhalten. Die Kunst der Entspannung besteht ganz einfach darin, alle Erfahrungen ungehindert fließen zu lassen - nichts weiter zu tun, als es den Erfahrungen, die wir ohnehin machen, zu ermöglichen, tiefer, weiter und umfassender zu werden. Ermöglichen Sie es Ihrer Bewußtheit, Ihren gesamten Körper zu durchdringen, auf daß nicht mehr „Sie sich selbst" beobachten, sondern auf daß *Sie Sie selbst sind* - ungeteilt.

Entdecken Sie, daß Sie jeder Teil von sich sind - daß Sie von der *Bewußtheit* durchdrungen sind, welche das ist, *was Sie sind.* Die folgenden Übungen sind sehr zu empfehlen vor Meditationssitzungen, besonders dann, wenn die Meditation *einfach* eine Fortsetzung der Kum-nye-Übung ist (ganz gleich, welche Art der Übung Sie gewöhnlich praktizieren).

Die Kum-nye-Übungen können auch nützlich sein, wenn Sie nicht beabsichtigen, dem Pfad der vier Naljors zu folgen, so wie er in diesem Buch beschrieben wird. Die Übungen sind ein unschätzbares Mittel zum Abbau von Streß und Verspannungen, die das Alltagsleben mit sich bringt, und sie können ein intensives Gefühl des Real- und Präsent-Seins in der Welt erzeugen.

Auf dem Wind ruhender Geier

Diese Übung kann helfen, das mit einer rigiden Haltung einhergehende verkrampfte Selbstgefühl zu *lockern* und die Empfindung der Festigkeit aufzulockern, die es schwierig machen, sich in die Meditation zu entspannen und darin heimisch zu werden.

Sie stehen bequem mit leicht gebeugten Knien und verlagern Ihr Gewicht auf die Fußballen / Atmen Sie sanft und gleichmäßig / entfokussieren Sie Ihren Blick – halten Sie jedoch die Augen weit geöffnet / Erheben Sie ganz allmählich die Arme, bis die Fingerspitzen sich auf Schulterhöhe befinden / lassen Sie die Ellbogen ein wenig herabhängen, so daß die Arme nicht mehr angespannt sind / Fangen Sie nun an, mit abwärtsgerichteten Handflächen Ihre Finger auszuschütteln (zunächst sehr sanft, dann stärker, bis Sie das Gefühl haben, an dem Punkt angekommen zu sein, über den hinaus Sie die Bewegung nicht mehr steigern wollen) / lassen Sie zu, daß das Schütteln Ihrer Finger die Hände hin und herbewegt / lassen Sie zu, daß die Bewegung Ihrer Hände Ihre Handgelenke lockert / lassen Sie das Schütteln sanft und wellenartig durch Ihre Arme fließen / Die wellenartigen Bewegungen erfassen und lockern auch Ihre Schultern / Fangen Sie nun an, Ihren Kopf langsam von der einen zur anderen Seite zu bewegen, als wollten Sie den gesamten Horizont mit Ihrem Blick erfassen / Wenn Sie sich an diese „Hin-und-Her-Bewegung“ gewöhnt haben, dann lassen Sie Ihren Kopf, während er sich von der einen zur anderen Seite bewegt, allmählich nach vorne sinken / Wenn Sie sich ausruhen wollen, dann legen Sie sich in Rückenlage und mit nach oben gerichteten Handflächen auf den Boden / Registrieren Sie während der Übung alle auftauchenden Empfindungen und lassen Sie zu, daß die Empfindungen sich ausdehnen / Treten Sie, während Sie auf dem Rücken liegen, in die auftauchenden und sich ausdehnenden Empfindungen ein / Lassen Sie zu, daß Sie mit der Ausdehnungstendenz der Empfindungen, die Sie hervorgebracht haben, verschmelzen.

Wiederholen Sie diese Übung fünfmal oder so oft, wie Sie es als angenehm empfinden.

Der Geier putzt sich

Diese Übung hilft, die klaustrophobische Beengtheit aufzulösen, die durch Streß und Verspannung entsteht. Erst durch die Auflösung jener Anspannung wird es uns wieder möglich, uns in genügendem Maße auszuruhen.

Knien Sie sich bequem hin / lassen Sie die Hände sanft direkt über den Hüften ruhen / Halten Sie die Taille sehr leicht zwischen dem Daumen, der nach hinten gerichtet ist, und den übrigen Fingern, die nach vorne gerichtet sind und auf dem Bauch ruhen / Atmen Sie sanft und gleichmäßig / Entfokussieren Sie Ihren Blick, doch halten Sie die Augen weit geöffnet / Fangen Sie an, Ihre Ellbogen im Kreis rotieren zu lassen – entgegen dem Uhrzeigersinn und auf einer vertikalen Ebene (orientieren Sie sich an Ihrem rechten Arm) / Lassen Sie alle Finger außer den Zeigefingern und Daumen von der Taille „hochwandern", während Sie die Ellbogen kreisen lassen / Lassen Sie die Schultern sich heben und senken, während die Ellbogen kreisen / Sobald diese Bewegungen angenehm und natürlich zu fließen beginnen, bewegen Sie zusätzlich den Kopf im Uhrzeigersinn auf der vertikalen Ebene / Führen Sie alle diese Bewegungen sehr sanft aus / Achten Sie darauf, daß Sie sich in keiner Weise anstrengen oder verspannen / Stellen Sie sich vor, Ihre Nase und Ihre Ellbogen würden Kreise mit einem Durchmesser von nicht mehr als sieben bis zehn Zentimetern beschreiben / Wenn Sie dies eine oder zwei Minuten lang getan haben (oder so lange, wie es Ihnen angenehm ist), dann legen Sie eine Pause ein und lenken Sie Ihre Aufmerksamkeit in die Empfindungen und Gefühle, die durch die Übung entstanden sind / Beginnen Sie nach einer Weile erneut mit den Bewegungen, jedoch diesmal in umgekehrter Richtung / Legen Sie immer wieder Pausen ein und wechseln Sie die Richtung so oft, wie es Ihnen angenehm ist / Wenn Sie sich schwindelig fühlen, dann pausieren Sie und beginnen nach einer Weile ein wenig langsamer und sanfter / Legen Sie sich nach ungefähr zehn Minuten hin und begeben Sie sich ebenso wie bei der vorigen Übung in Ihre Gefühle hinein.

Aufsteigender Geier

Diese Übung ist nützlich zur Lockerung von Verspannungen in der Brust und zur allgemeinen Revitalisierung. Sie ist hilfreich bei nervöser Erschöpfung, besonders, wenn der Bauchbereich angespannt ist und Entspannung schwierig macht.

Sie stehen bequem, und Ihre Füße befinden sich mindestens sechzig Zentimeter voneinander entfernt / Atmen Sie sanft und gleichmäßig / entfokussieren Sie Ihren Blick, halten Sie jedoch die Augen weit offen / Lassen Sie die Hände sanft auf dem Unterbauch ruhen (Für diese Übung müssen Sie den Oberkörper freimachen und Hose oder Rock lockern, damit der gesamte Bauchbereich nicht behindert wird / Fangen Sie nun an, sich über den Bauch zu streichen, so sanft, wie Sie können, doch halten Sie unbedingt den Handkontakt aufrecht (Üben Sie bei der Wiederholung dieser Übung einen stärkeren Druck mit der Hand aus und verstärken Sie diesen Druck bei jeder Wiederholung, bis die Bewegung zu einer kräftigen Handmassage geworden ist) / Bewegen Sie die rechte Hand im Uhrzeigersinn und die linke im Gegenuhrzeigersinn, und wechseln Sie bei jeder Wiederholung der Übung die Hand / Sobald Sie in die auftauchenden Gefühle und Empfindungen einzutreten beginnen, fangen Sie an, Ihre Hände ganz allmählich spiralförmig aufwärtszubewegen (versuchen Sie, auf diese Weise einen möglichst großen Bereich Ihres Bauchs und Ihrer Brust zu erreichen) / Setzen Sie dies fort, bis Sie bei den Schultern angekommen sind / Wenn Ihre Hände die Schultern erreicht haben und nicht mehr höher steigen können, dann lassen Sie sie den Kontakt zum Körper lösen und immer größer werdende Kreise aufwärts und nach außen beschreiben, bis Ihre Arme vollständig gestreckt sind / Koordinieren Sie dieses „immer größer werdende Kreisen“ mit immer tiefer werdendem Atmen - die Atemzüge sollen im gleichen Maße tiefer werden, wie die Kreise größer werden / Wenn Ihre Arme vollständig ausgestreckt sind, dann lassen Sie die Kreise allmählich wieder kleiner werden (ohne den Kontakt mit der Brust oder dem Bauch herzustellen, bevor die Hände auf dem Unterbauch - dem Ausgangspunkt - zur Ruhe kommen / Halten Sie einen Augenblick inne, begeben Sie sich in die Gefühle und Empfindungen hinein, die entstanden sind, und fangen Sie dann wieder von vorne an / Setzen Sie diese Übung so lange fort, wie es Ihnen angenehm ist, legen Sie sich danach hin und begeben Sie sich wie zuvor in die Empfindungen hinein / Wenn Sie ein gutes Gleichgewichtsgefühl haben, können Sie diese Übung erweitern, indem Sie sich auf Zehenspitzen erheben, sobald Ihre Arme völlig ausgestreckt sind.

1. Sitzen auf einem Stuhl mit Rücklehne, in dem man aufrecht sitzen kann. Eventuell kann man Kissen hinter den Rücken stecken, damit der Oberkörper nicht zusammensackt.

2. Knien auf einem abgeschrägten Meditationshocker (von der Seite gesehen).

3. Knien auf einem abgeschrägten Meditationshocker (von vorne gesehen).

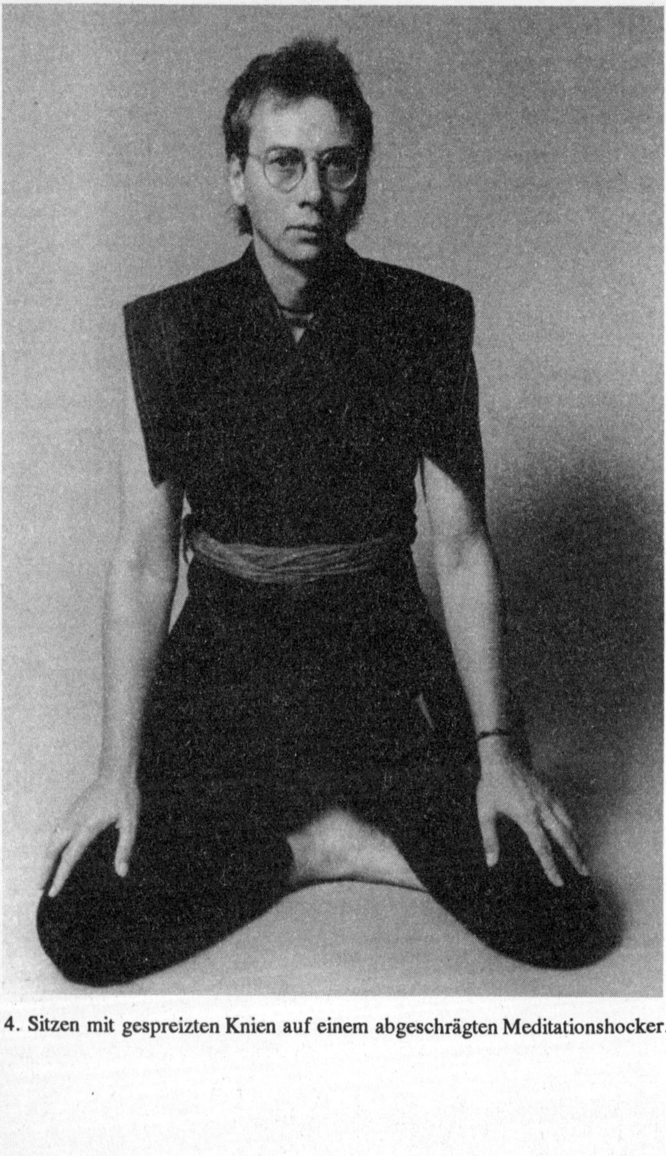

4. Sitzen mit gespreizten Knien auf einem abgeschrägten Meditationshocker.

5. Beim *Lotussitz* braucht man keinerlei Stützhilfen. Allerdings ist es nicht einfach, diese Haltung auf angenehme Weise aufrechtzuerhalten. Um in dieser Sitzhaltung das physische und mentale Gleichgewicht zu behalten, muß man:
(a) die Beine ineinander verschränken / jeder Fuß ruht mit nach oben gerichteter Fußsohle auf dem anderen Bein;
(b) die Arme entspannen / sie hängen in geringer Entfernung zum Körper herab / die Hände ruhen auf dem Schoß / die linke Hand umfaßt die rechte Hand / die Daumen berühren einander.
(c) Die Wirbelsäule befindet sich in ihrer natürlichen Haltung (Kapitel 3).
(d) Die Augen teilweise öffnen, damit ein wenig Licht hereinfällt / der Blick ist abwärts gerichtet.
(e) Mund: Kinnladen entspannen / Ober- und Unterkiefer leicht voneinander entfernen / Lippen ruhen locker aufeinander.
(f) Zunge: die Spitze berührt den Gaumen hinter der oberen Zahnreihe.
(g) Kopf: leicht vorgebeugt.

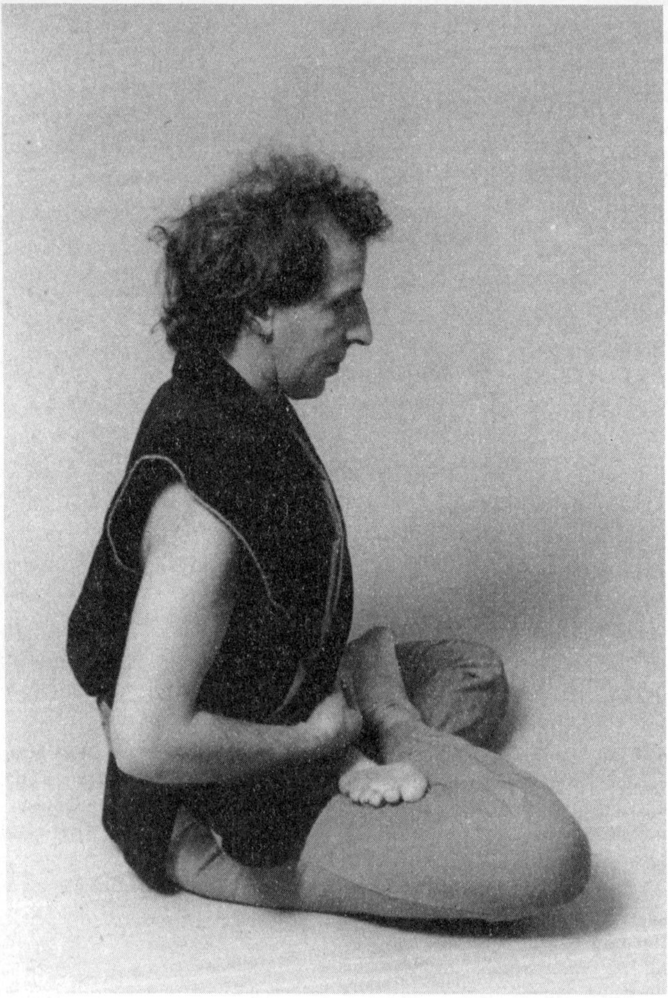

6. *Lotussitz* (von der Seite gesehen)

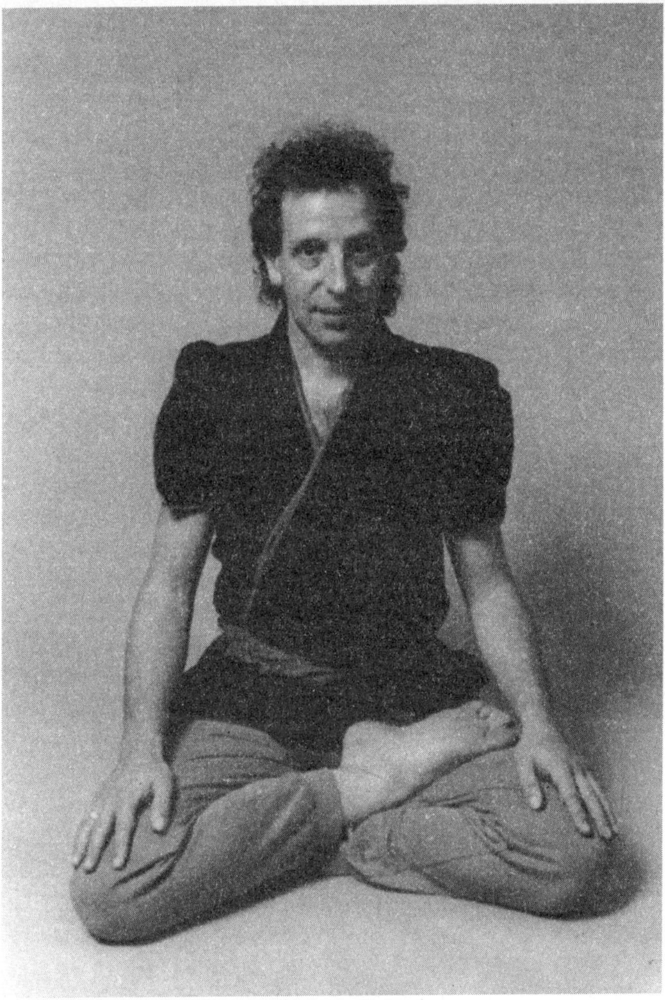

7. Eine „relaxtere“ Version des „vollen Lotussitzes“ ist der *halbe Lotussitz* doch wenn beim Einnehmen dieser Haltung ein Knie in die Luft ragt, ist e eine sehr unausgeglichene Haltung, die man besser meiden sollte.

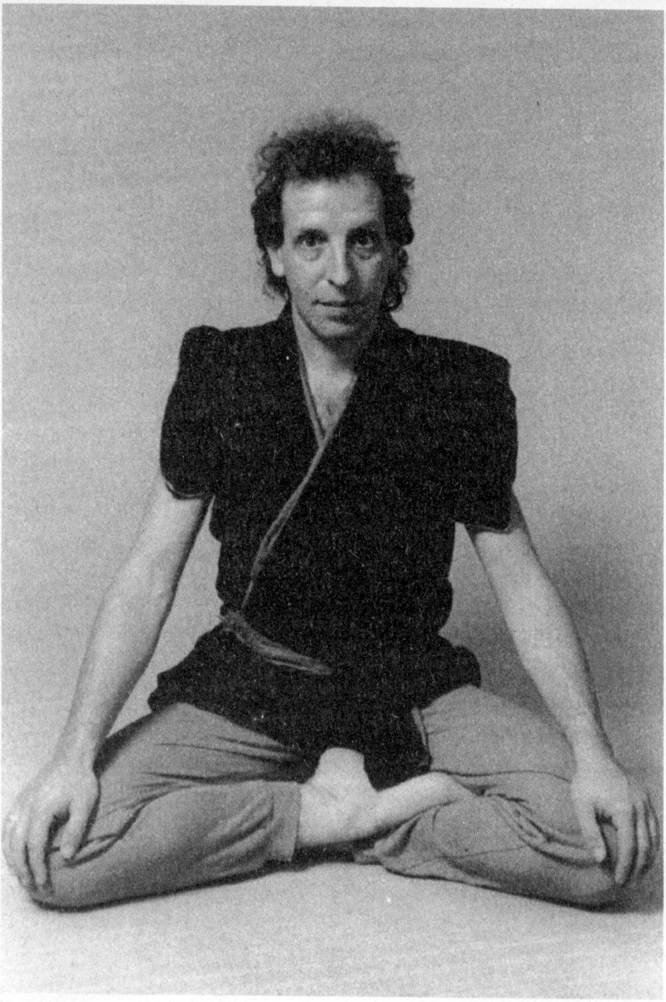

8. Die *Sitzhaltung der Zauberer* ist eine bequemere Version des Lotussitzes, die unter Yogis sehr beliebt ist. Die Hände befinden sich in der Haltung des „Geistes im Zustand der Entspannung".

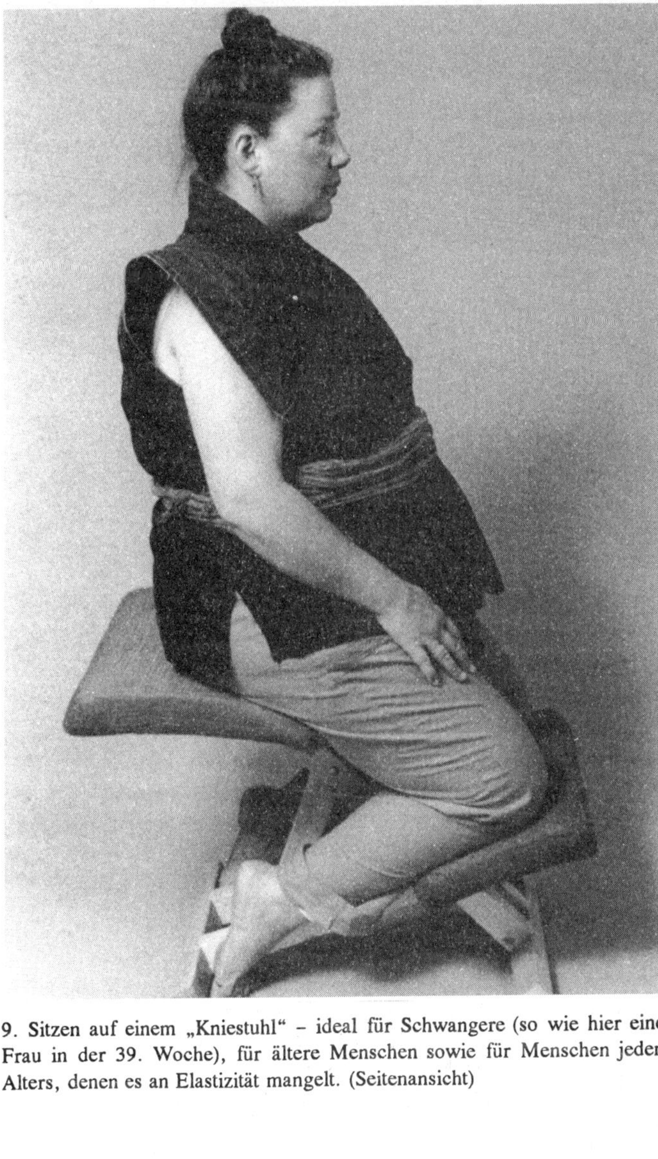

9. Sitzen auf einem „Kniestuhl“ – ideal für Schwangere (so wie hier eine Frau in der 39. Woche), für ältere Menschen sowie für Menschen jeden Alters, denen es an Elastizität mangelt. (Seitenansicht)

10. Sitzen mit Unterstützung eines Meditationsgurtes – *Gom-tag* – (Vorderansicht). Diese Haltung ist ein Abkömmling einer Haltung, die in der Long-de-Serie des Dzogchen (der „Serie des Raumes") beschrieben wird. Obgleich die Long-de-Serie in diesem Buch nicht in ihrer vollständigen Form beschrieben wird, kann uns diese Abwandlung einer der bei diesen Übungen verwendeten Sitzhaltungen bei unserer eigenen Übung sehr nützlich sein. Der Gurt besteht aus dickem Material (am besten näht man ihn aus mehreren Schichten zusammen). Das Maß für den Gurt (seine Gesamtlänge) beträgt zweimal die Entfernung von der Mitte der Brust bis zu den ausgestreckten Fingerspitzen. Oder der zweifache Umfang Ihres Kopfes (so gemessen, wie man für einen Hut maßnimmt) zuzüglich zwei Handbreit (dies kann man mit Hilfe eines doppeltgeschlagenen Stücks Schnur abmessen, das man um den Kopf legt und vor der Stirn mit beiden Fäusten umgreift). Der Gurt muß die Breite Ihrer Hand haben und er muß so dick sein, daß er unter Spannung nicht nachgibt.

11. Sitzen mit Unterstützung eines *Gom-tag* (von der Seite gesehen)

12. Auf dem Wind ruhender Geier

13. Der Geier putzt sich

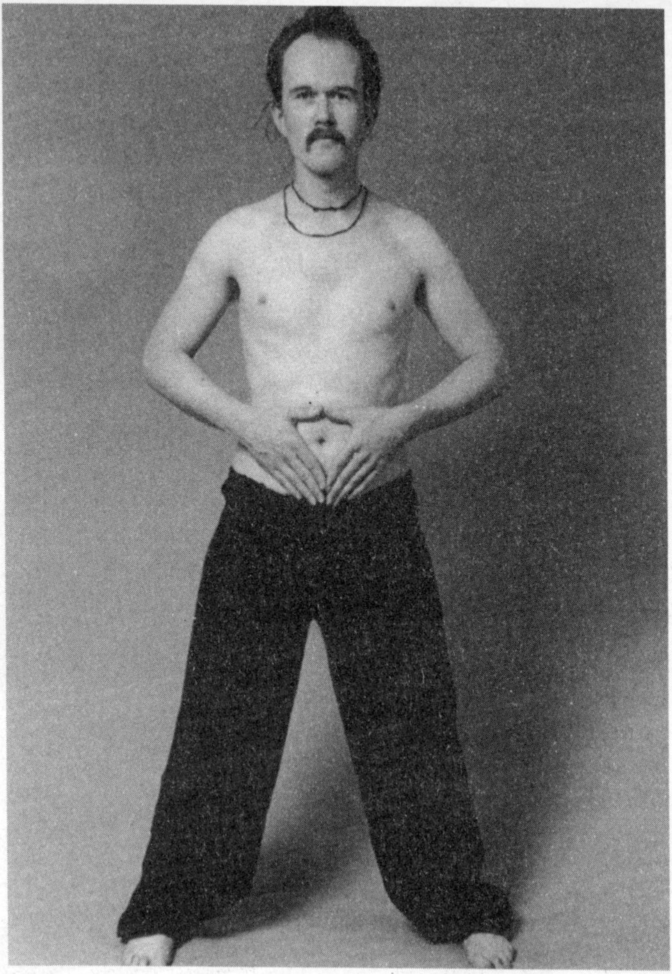

14. Aufsteigender Geier

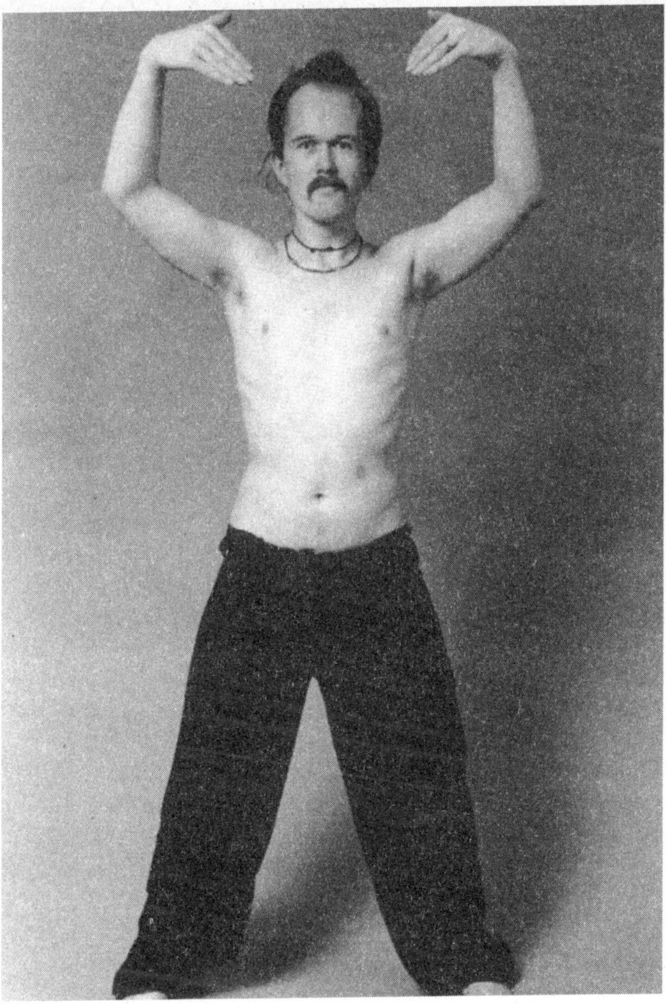

15. Aufsteigender Geier

Lham – jetzt

5 Zeit ohne Inhalt

Die berufliche Belastung und die Dramen unseres sozialen Lebens erwecken manchmal in uns die Sehnsucht, still zu sein und eine Zeitlang „nichts" zu tun. Doch wenn wir uns dann in diesem Zustand befinden, haben wir meist nichts Eiligeres zu tun, als den entstandenen Raum wieder auszufüllen. Der Wunsch nach Raum und der Wunsch, Raum auszufüllen, lösen einander in unserem Leben ständig ab, und wenn wir das eine haben, scheint sich häufig unser gesamtes Bestreben wieder auf das andere zu richten. Dies ist kennzeichnend für unsere menschliche Natur; es ist eine sehr merkwürdige Sache, und vielleicht ist es noch merkwürdiger, daß so wenige Menschen sich jemals Rechenschaft darüber geben. Es scheint, als hätten wir unrealistische Erwartungen sowohl hinsichtlich des „Tuns" als auch hinsichtlich des „Nicht-Tuns", Erwartungen, die es unmöglich machen, das eine wie das andere zu akzeptieren oder zu verwerfen – und so springen wir ständig zwischen beidem hin und her.

Unser Verhältnis zu Aktivität und Inaktivität ist fast immer von dem oben beschriebenen „vom einen Extrem ins andere fallen" geprägt. Deshalb können wir uns diesen beiden Zuständen nie unvorbelastet oder wirklich frei nähern. Wenn wir uns einmal genauer mit der Geschichte unserer romantischen Liebschaften beschäftigen würden, könnten wir eine Menge auch über die Art unserer anderweitigen Beziehungen lernen. Vergleichen wir die „Dialektik" unserer Beziehungen damit, wie wir ein Buch zur Hand nehmen und ein anderes zur Seite legen, so werden wir sicherlich gewisse Ähnlichkeiten entdecken. Wenn wir uns anschauen, wie wir von einer Aktivität zu einer anderen übergehen oder von Aktivität zu Inaktivität und umgekehrt, werden wir feststellen, daß wir ständig den Ballast vorangegangener Eindrücke mit uns herumschleppen. Wir halten an der Idee der perfekten Beziehung fest, doch erscheinen uns Beziehungen nur so lange perfekt, bis wir sie tatsächlich eingehen. Wir sehen „Tun“ und „Nicht-Tun“ als polare Gegensätze und leben in der künstlichen Spannung, die zwischen beidem zu bestehen scheint. Doch „Tun“ und „Nicht-Tun“ sind Aspekte des Seins, und aus der Perspektive des Seins ist der *Geschmack* von „Tun“ und „Nicht-Tun“ identisch. Aus der verzerrten Perspektive von „Tun oder Nicht-Tun“ entspringt das Problem der Gegensätze. Unser Leben scheint generell vom „Tun“ beherrscht zu sein - und zwar so sehr, daß wir „Nicht-Tun“ gewöhnlich nur als äußerst flüchtige Erfahrung kennen.

Das Bedürfnis nach „Nicht-Tun“ manifestiert sich ständig in uns, auch wenn wir es unentwegt zurückweisen. Immer wenn wir *Raum zum Nicht-Tun* finden, fängt unsere Definition dessen, wer wir sind, zu verschwimmen und zu schmelzen an, was uns signalisiert, daß wir uns in den Bereich der „Aktivität“ versetzen müssen, damit wir wieder das Gefühl haben können, wir wüßten, wer wir sind.

„Nicht-Tun“ *ist* jedoch ein Teil unserer Kultur, obgleich wir es vielleicht nicht als solchen erkennen mögen. Wenn wir vor einem offenen Holzfeuer sitzen und Pfeife rauchen, so ist dies eine ziemlich altehrwürdige Annäherung an „Nicht-Tun“. Sonnenbaden ist eine verbreitetere Art von „Nicht-Tun“, die besonders unter jungen Menschen sehr beliebt ist. Auch Angeln ist eine Art von „Nicht-Tun“, weil es nicht allen Anglern in erster Linie darum geht, einen Fisch zu fangen. Lama Sogyal Rinpoche sagte einmal: „Wenn der Fisch unsportlich genug ist, sich fangen zu lassen, könnte dies den Angler - nun, wie sagt man? - ... in Unannehmlichkeiten bringen.“

Als ich ein kleiner Junge war, saß ich manchmal einfach da und starrte vor mich hin. Mein armer alter Vater ärgerte sich immer sehr darüber. „Was machst du da?“ schnauzte er mich dann gewöhnlich an. Ich antwortete: „Ich denke nach.“ Natürlich hoffte ich, daß er nicht fragen würde, worüber ich nachgedacht hatte. Aus irgendeinem Grunde glaubte ich wohl, daß Nachdenken eine akzeptable Begründung für mein Nichtstun sei. Doch leider hatte ich unrecht. Mein Vater fuhr nämlich fort: „Kannst du denn nicht ordentlich spielen oder etwas Nützliches tun!“ Darauf fiel mir keine Antwort mehr ein. Deshalb entschuldigte ich mich etwas verwirrt, so gut ich konnte, und trollte mich in den nahen Wald. Ich hatte das Glück, daß hinter dem Haus, in dem ich in meiner Kindheit wohnte, ein Wald lag. In diesen Wald ging ich oft, wenn ich allein sein wollte. Ich setzte mich dann an einen Bach und beobachtete die endlosen funkelnden Muster des fließenden Wassers. Das plätschernde Geräusch des Wassers nahm mich völlig gefangen, was zur Folge hatte, daß ich oft zu spät nach Hause kam und dann noch einmal ausgeschimpft wurde. Wenn ich mich zuhause hinsetzte und vor mich hin starrte, mußte ich sehr wachsam sein, um rechtzeitig zu hören, wenn sich mein Vater näherte. Mir war klar, wenn ich nicht wachsam genug war, würde er mich erwischen. Im Laufe der Zeit entwickelte ich deshalb eine beachtliche Kunstfertigkeit darin, kurz bevor er in den Raum trat, ein Spielzeug in die Hand zu nehmen.

Manchmal muß ich dabei wohl doch ein bißchen zu langsam gewesen sein, denn einmal habe ich gehört, wie mein Vater in der Küche sagte: „Irgend etwas stimmt nicht mit dem Jungen, er ist nicht normal!“ Ich mußte zwar grinsen, als ich das hörte, doch fing ich seitdem auch an, mich zu fragen, was es wohl bedeutete, normal zu sein. Dann begann meine Schulzeit, und ich lernte, was es mit dem Normalsein auf sich hatte – offenbar eine ziemlich qualvolle Angelegenheit. Das Leben war wesentlich komplizierter geworden. Ich verlor den Kontakt zu meiner Stille, und erst viele Jahre später unterwiesen mich meine tibetischen Lehrer darin, wie ich meine Praxis des Sitzens wiederaufnehmen konnte. Doch zu diesem Zeitpunkt war es gar nicht mehr so leicht für mich zu Sitzen, weil ich sehr kompliziert geworden war. Das, was leicht und einfach hätte sein sollen, war ziemlich kompliziert und schwierig geworden. Das Sitzen war nun durch persönliche Schwierigkeiten belastet – Schwierigkeiten von der Art, wie Sie sie vielleicht selbst schon in den vorangegangenen Übungen erfahren haben.

Heute sind die Kindheitserinnerungen, die mir noch am deutlichsten vor Augen stehen, jene, die mit meinem stillen Sitzen in Zusammenhang stehen. Ich habe als Kind viel Zeit allein im Wald verbracht. Es gab dort eine alte Eibe, auf die ich oft kletterte, um mich in eine Astgabel zu setzen. Ich nannte sie den „Musikbaum“, weil einige seiner Äste abgesägt worden waren und weil man Töne erzeugen konnte, indem man mit einem Stock auf die Stümpfe schlug - ein lebendiges Xylophon. Die stillen Zeiträume zwischen dem Verklingen der Töne waren für mich magische Augenblicke. Für mich waren sie „Räume hinter den Sternen“. Oft, wenn ich eigentlich schlafen sollte, schaute ich mir von meinem Schlafzimmerfenster aus die Sterne an. Die Erinnerung an den „Musikbaum“ kam mir wieder, als ich zum erstenmal eingeladen wurde, auf einem von Dr. John Crooks Zen-Seminaren in Mid Wales zu lehren: das Klacken des Zen-Holzfischs - der wiederholte Klang, der plötzlich unterbrochen wird, wodurch ein Augenblick ohne Inhalt entsteht.

„Nicht-Tun“ ist nicht leicht. Bevor Sie begonnen haben, die in diesem Buch beschriebenen Übungen zu erproben, haben Sie vielleicht gedacht, daß „Nicht-Tun“ einfach darin bestünde, nichts zu tun - als ob das so einfach wäre. Doch wenn wir versuchen, das Unterlassen von Aktivität bewußt zu üben, wird uns klar, daß dies nicht ganz so entspannend ist, wie wir vielleicht erwartet haben.

Zeit ohne Inhalt erscheint uns fremdartig und unbehaglich. Was wir gewöhnlich als „nichts tun“ bezeichnen, ist in Wahrheit ebensosehr eine Aktivität wie alles andere, was wir tun. Die Art von „nichts tun“, die uns vertraut ist, ist nichts weiter als eine Zeit, die durch einen Inhalt ausgefüllt ist, den die Gesellschaft oder wir persönlich nicht als „produktiv“ ansehen. An Inhalten anderer Art jedoch mangelt es auch in solchen Zeiten nur selten.

Es wird Sie vielleicht überraschen zu hören, daß aus der Sicht der Shi-ne-Praxis kaum ein Unterschied zwischen „wertvoller“ und „wertloser“ Aktivität besteht - beide werden durch zwanghaftes Verhalten genährt. Unsere Anhaftung an Aktivität jeder Art - ganz gleich, wie absichtlich oder zufällig, wie kreativ oder destruktiv, wie organisiert oder unorganisiert sie sein mag, verleiht jeder Art von Aktivität zwanghaften Charakter. Solange wir aus dieser Zwanghaftigkeit heraus handeln, vermögen wir keine echte Beziehung zum Leben aufzunehmen.

Weil *unentschuldigtes* Loslassen (aller Aktivität) etwas sehr Ungewöhnliches für uns ist, brauchen wir eine Möglichkeit, *fast* nichts zu tun. In der buddhistischen Tradition ist die verbreitetste Methode des (Fast-)Nichts-Tuns, *mit wortloser Beobachtung dem eigenen Atem zu folgen.*

Es gibt verschiedene Arten, dem Atem zu folgen, und die Art, die ich beschreiben werde, ist dem Dzogchen-Lehrsystem verbunden. Shi-ne selbst ist zwar keine Dzogchen-Übung, doch diese besondere Art, Shi-ne zu üben, ist eine Annäherung an die Dzogchen-Übung. Im Zusammenhang dieser Methode ist Shi-ne die erste der *Vier Naljor,* die in Dzogchen gipfeln, der Großen Vollendung, in welcher die Übung selbst die Erleuchtung *ist.* Wir werden uns in Kapitel 14, *Jenseits der Übung,* mit dieser Thematik beschäftigen. Zunächst werden wir uns jedoch weiter mit Shi-ne befassen und damit, wie wir Shi-ne als tägliche Übung weiterentwickeln können.

Die vielen Methoden der Atembeobachtung erfordern verschiedene Grade der *Aufmerksamkeit.* In einigen Fällen wird empfohlen, man solle sich auf das Heben und Senken der Bauchdecke in Verbindung mit dem Atem konzentrieren, während andere empfehlen, sich auf die Empfindung des Atems am Eingang der Nasenlöcher zu konzentrieren. Diese Methoden haben den Vorteil, daß man bei der Konzentration auf den Atem einen spürbaren Orientierungspunkt hat, und vielleicht werden Sie es vorziehen, eine dieser Methoden zu benutzen, falls Ihnen die in diesem Kapitel beschriebenen Methoden zu unkonkret oder zu abstrakt erscheinen.

Die Methode, die ich im Folgenden vorstellen werde, erfordert völlige Aufmerksamkeit auf den Atem. Diese Aufmerksamkeit wird beschrieben als: *die Präsenz des Gewahrseins in der Atembewegung finden.*

Die Präsenz unseres Gewahrseins in der Atembewegung zu finden ist eine spezielle Art, diese Technik zu beschreiben. Der genaue Wortlaut, den ich benutzt habe, ist ziemlich wichtig, weil er auf einen Zustand hinweist, der nicht durch dualistische Erwägungen eingeschränkt ist. Wir konzentrieren uns also nicht und beobachten auch nicht. Bewußtheit *ist* und ist *gegenwärtig* in der Atembewegung. Man könnte sagen, daß Bewußtheit und Atembewegung untrennbar miteinander verbunden sind.

Die Atmung ist in allen buddhistischen Schulen ein wichtiger Fokus für die Übung. Wir benutzen die Atmung, weil sie so fein ist – weil sie nur sehr fein spürbar ist. Atem kann fast unmerklich sein, doch solange wir atmen, sind wir lebendig, und wenn wir nicht mehr atmen, sind wir tot. Abgesehen von der Visualisierung von Bewußtheits-Wesen, die in der Praxis des Tantra als Fokus dient, und abgesehen von den noch subtileren Praktiken des Dzogchen ist der Atem der subtilste Fokus für die Aufmerksamkeit, der uns zur Verfügung steht, und gleichzeitig auch einer, der uns ständig begleitet.

In gewissem Sinne ist der Atem sehr langweilig. Er ist immer da, er kommt und geht wie der nie endende Wellenschlag des Meeres – er ist fast unpersönlich. Doch in einem anderen Sinne ist der Atem höchst interessant und sehr persönlich. Ich möchte an dieser Stelle darauf hinweisen, daß aus der Sicht der Shi-ne-Übung der interessante Aspekt des Atems möglicherweise auch nichts anderes ist als eine weitere Art, uns vom *Einfach nur Sein* abzulenken. Wir können auch den interessanten Aspekt des Atems dazu benutzen, uns zu definieren, indem wir uns mit einer Art von „Tun" beschäftigen. Wenn wir Sitzen, ist der interessante Aspekt des Atmens für uns bedeutungslos – wir benutzen den Atem lediglich als spürbaren Fokus. Bei der Shi-ne-Übung *tauchen wir ein* in die Erfahrung des Atems, jedoch nicht so stark, daß wir uns dem Kontext, in dem wir uns befinden, verschließen.

Wir können uns den Atem so vorstellen wie das Kabel, das einen Astronauten, der frei im Raum schwebt, mit seinem Raumschiff verbindet. Der Atem ist unser Lebenskabel, jedoch nicht der Gegenstand unserer Faszination, denn wir können in die Weite des Raums blicken.

Vierte Übung

Setzen Sie sich in einer bequemen Position hin, mit teilweise geöffneten Augen / Achten Sie darauf, daß die Position von Knien, Becken und Wirbelsäule den Anweisungen in Kapitel 3 entspricht, und nehmen Sie eine der in Kapitel 4 beschriebenen Sitzhaltungen ein / Finden Sie die Präsenz Ihres Gewahrseins in der Bewegung Ihres Atmens / Zählen Sie still jedes Ausatmen, bis Sie die Zahl einundzwanzig erreicht haben / nachdem Sie einundzwanzig Ausatem-Züge gezählt haben, zählen Sie in umgekehrter Reihenfolge wieder bis eins / Wiederholen Sie diese Übung, solange Sie Sitzen / Wenn Sie merken, daß Sie sich in einer „Gedankengeschichte" verlieren, und wenn Sie feststellen, daß Sie aufgehört haben, Ihre Ausatem-Züge zu zählen, dann beginnen Sie mit dem Zählen wieder bei der Zahl eins.

Versuchen Sie dies etwa fünfzehn Minuten lang / Wenn Sie bereits eine gewisse Erfahrung in der Shi-ne-Übung haben und wenn Sie in der Lage sind, über längere Zeit zu Sitzen, dann fahren Sie so lange mit dieser Übung fort, wie Sie normalerweise auch Sitzen würden.

Ergänzende Anmerkungen zur vierten Übung

Sie haben nun eine einleitende Übung des *Shi-ne mit Form* erprobt. Vielleicht bevorzugen Sie diese Methode gegenüber der ersten Übung, die als *Shi-ne ohne Form* bezeichnet wird. Vielleicht bevorzugen Sie aber auch die erste Übung, weil Ihnen die vierte Übung aus irgendeinem Grunde nicht liegt. Es ist wichtig, daß Sie registrieren, welche Art der Übung Sie bevorzugen, denn dadurch können Sie etwas über sich selbst herausfinden. Denken Sie über die folgenden Fragen nach und registrieren Sie genau, was sie Ihnen im Hinblick auf Ihre Erfahrung offenbaren.

1 Falls Sie Shi-ne mit Form bevorzugen: Ist das so, weil Sie dabei etwas zu tun haben, oder weil Sie das Gefühl haben, durch diese Art der Übung etwas Neues über sich selbst zu lernen? Was fällt Ihnen sonst noch dazu ein?

2 Was hat Shi-ne mit Form Ihnen über Sie selbst gezeigt und über Ihre Reaktionsweise?

3 Falls Sie Shi-ne mit Form bevorzugen: Ist das so, weil es Ihnen als weniger bedrohlich oder weil es Ihnen als weniger abstrakt erscheint?

4 Falls Sie Shi-ne ohne Form bevorzugen: Ist das so, weil es Ihnen weniger künstlich oder weil es Ihnen ruhiger und nicht so anstrengend vorkommt?

5 Was hat Shi-ne ohne Form Ihnen über Sie selbst und über Ihre Art zu denken, zu fühlen und zu handeln gezeigt?

Schreiben Sie soviel wie möglich über diese beiden unterschiedlichen Erfahrungen auf, bevor Sie weiterlesen. Versuchen Sie die Übungen 1 und 4 mehrmals zu wiederholen, um Ihre Eindrücke über die beiden Techniken zu überprüfen sowie auch, wie sie sich auf Ihre Erfahrung auswirken.

Shi-ne ohne Form ist eine höhere Stufe der Übung als Shi-ne mit Form. Wenn wir Shi-ne ohne Form üben, bleiben wir einfach so, wie wir sind. Bei dieser Methode gibt es keinen Fokus für die Aufmerksamkeit. Deshalb ist sie oft ungeeignet für Menschen, die noch keine Erfahrung darin haben, wie man die Anhaftung an den Gedankenprozeß durch andere Mittel verringern kann. Nun werden Sie sich wahrscheinlich wundern, warum ich dann Shi-ne ohne Form als erste Übung beschrieben habe. Die Antwort lautet, daß der *Anfängergeist* häufig offener für Einsichten ist als der Geist eines Menschen, der bereits begonnen hat, Vorstellungen zu einem Thema zu entwickeln. Deshalb ist die erste Erfahrung besonders wichtig – sie kann sehr starken Einfluß haben.

Obgleich die Übungen in diesem Buch in einer bestimmten Reihenfolge vorgestellt werden, ist das nicht als Aussage darüber zu verstehen, womit ein Anfänger am besten beginnen sollte. Wenn Sie alle in diesem Buch beschriebenen Übungen kennengelernt haben, wird Ihnen möglicherweise gerade die zuletzt erprobte Übung für den Anfang am geeignetsten erscheinen. Wahrscheinlich werden Sie lernen, die Übungen insgesamt als unterschiedliche Werkzeuge anzusehen, mit denen Sie je nach Ihrer Situation zu bestimmten Zeiten arbeiten können. Wenn Sie über mehrere Methoden zur Annäherung an Shi-ne verfügen, so hat das den

Vorteil, daß Sie sich den Fluktuationen Ihrer Energie von Tag zu Tag anpassen können. Sie werden feststellen, daß sich Ihre Energie sogar im Laufe eines Tages stark verändern kann. Im einen Augenblick fühlen Sie sich ziemlich schläfrig, im nächsten merkwürdig lebendig. Sie werden feststellen, daß Ihre Fähigkeit zu üben nicht immer gleich ist, und Sie müssen in der Lage sein, mit derartigen Veränderungen auf sinnvolle Weise umzugehen.

Die Methode, die Ausatem-Züge bis einundzwanzig zu zählen, mag Ihnen als ziemlich weit hergeholt und künstlich erscheinen – oder aber als hilfreich, da Sie Ihnen die Möglichkeit gibt, eine gewisse Anhaftung aufrechtzuerhalten. Doch hat die Methode des Zählens der Atemzüge unabhängig von den beiden erwähnten Betrachtungsweisen einen ganz bestimmten Zweck. Vielleicht hat sie Ihnen beim Ausprobieren etwas Interessantes über Sie bewußt gemacht. Falls Sie nicht bereits über eine außergewöhnliche Konzentrationsfähigkeit verfügen, hat Ihnen die Methode des Atemzählens sicherlich gezeigt, daß Sie nicht in der Lage sind, ohne ein beträchtliches und gewissermaßen „entschiedenes" Loslassen bis einundzwanzig zu zählen. Dies ist äußerst interessant, weil es die Frage aufwirft, wie es wohl ansonsten um unsere Konzentrationsfähigkeit bestellt sein mag. Bei unseren alltäglichen Aktivitäten achten wir gewöhnlich nicht so genau auf das Nachlassen unserer Aufmerksamkeit, weshalb uns unsere „Blackouts" und Abschweifungen in das Reich der Tagträume und Phantasien nie so kraß auffallen wie beim Üben. Gewöhnlich steht uns nur bei äußerst riskanten Aktivitäten ganz klar vor Augen, daß es uns das Leben kosten könnte, wenn wir auch nur einen einzigen Augenblick lang abschweifen. Deshalb ist ein so hohes Maß an Konzentration so erschöpfend, und deshalb wäre es für Rennfahrer durchaus keine Zeitverschwendung, ein wenig Shi-ne zu üben. Wenn wir versuchen, beim Sitzen das Abschweifen unserer Aufmerksamkeit zu verhindern, können wir sehr genau feststellen, wie schlecht es um unsere Konzentrationsfähigkeit bestellt ist. Doch durch die Praxis des Zählens können wir unsere Fähigkeit entwickeln, bei dem zu bleiben, was wir tun – was es auch sein mag –, und die Präsenz unseres Gewahrseins darin zu finden. Wenn wir die Fähigkeit, unsere Aufmerksamkeit aufrechtzuerhalten, entwickelt haben und wenn wir ein wenig Vertrauen zu dieser Fähigkeit gefaßt haben, brauchen wir nicht mehr zu zählen.

Der Wert des Zählens liegt darin, daß es unsere Bindung an die Verstrickung in den Gedankenprozeß aufspaltet: Wir müssen uns plötzlich mit dem Atem, mit dem Zählen und mit den auftauchenden Gedanken beschäftigen. Aufgrund dieser Aufspaltung in drei Teile können die auftauchenden Gedanken weniger als die Hälfte der uns zur Verfügung stehenden Aufmerksamkeit in Anspruch nehmen.

Die Zählmethode ist ein Barometer, das uns Aufschluß gibt über unsere (derzeitige) Fähigkeit, uns in der Shi-ne-Übung heimisch zu machen. Deshalb sollte der Wert der Zählmethode auch nicht zu dem einer bloßen Anfängerübung reduziert werden - diese Methode kann uns über lange Zeit genau anzeigen, wie es um uns steht. Auch wenn wir schon längst mit der formlosen Übung begonnen haben, kann es sein, daß wir uns zeitweise in einem Zustand befinden, der uns das Zählen oder die Arbeit mit der Atmung als geeignetere Form des Übens erscheinen läßt. Wir müssen bereit sein, jede uns verfügbare Übungsform zu nutzen, wenn unsere Situation dies erfordert. Kommen wir bei der Zählübung nicht über die Zahl fünf hinaus, so wissen wir, daß jede fortgeschrittenere Art der Übung zu diesem Zeitpunkt reine Zeitverschwendung wäre. Wenn wir also jedes Sitzen damit beginnen, unseren Ausatem bis einundzwanzig zu zählen, wissen wir stets, in welchem Zustand wir uns befinden, und dies ermöglicht uns, die uns zur Verfügung stehende Zeit jeweils auf die sinnvollste Weise zu nutzen.

Die Praxis des Rückwärtszählens nach Erreichen der Zahl Einundzwanzig soll verhindern, daß das Zählen zu einem merkwürdigen Singsang wird, der sich verselbständigt, ohne daß Sie mit dem Bewußtsein dabei sind - d.h., daß Sie den Zählvorgang sozusagen auf „Autopilot“ stellen, während Sie mit dem Hauptanteil Ihrer Energie in irgendeine erfreuliche oder beängstigende phantasierte Gedankengeschichte verstrickt sind. Nachdem Sie ein paarmal vorwärts bis einundzwanzig und wieder rückwärts bis eins gezählt haben, können Sie zur fünften Übung übergehen. Doch wenn Sie feststellen sollten, daß Sie durch die fünfte Übung in längere Tagträume verfallen, dann zögern Sie nicht, zur vierten Übung zurückzukehren.

Vielleicht haben Sie sich beim Zählen über sich selbst geärgert, weil Sie unfähig waren, etwas scheinbar so Einfaches auszuführen. Vielleicht haben Sie Ihren Ärger auch für ein wertvolles Gefühl gehalten, weil Sie der Meinung sind, daß Sie über diesen offensichtlichen Mißerfolg *völlig zu Recht* verärgert sind. Diese Art von Logik ist Teil der gesellschaftlichen Konditionierung, von der wir uns befreien sollten. „Gerechte" Ungehaltenheit über das eigene „Versagen" ist für die Shi-ne-Übung in keiner Weise hilfreich. Akzeptieren ist der Anfang aller Dinge. Wir müssen lernen, uns so zu akzeptieren, wie wir sind. Selbst wenn wir das Gefühl haben, wir müßten unser derzeitiges Sein verändern, um irgendeinem „buddhistischen Ideal" zu genügen, wird uns dies kaum gelingen, solange wir nicht akzeptieren, wie wir im Augenblick sind. Wenn wir nicht akzeptieren, wie wir sind, wie sollen wir dann jemals einen realistischen Ausgangspunkt finden? Wo immer Sie beginnen mögen, ist eben da, wo Sie beginnen – es ist der Ort, der einzigartig für Sie ist, und dies ist es, was Ihnen als Grundmaterial für Ihre Übung zur Verfügung steht.

So etwas wie eine „schlechte" oder „unbefriedigende" Shi-ne-Sitzung gibt es nicht. Wenn wir das Gefühl haben, daß unsere Übung nicht unseren Erwartungen entsprechend verlaufen ist, können wir daraus lernen, daß wir Erwartungen gehabt haben. Beim Sitzen sollten wir keinerlei Erwartungen hegen – sie sind uns nur im Wege und liefern uns subtile Definitionen der Existenz, zu denen wir uns in Beziehung setzen können, statt *einfach nur zu Sitzen*. Es ist sehr wichtig, daß wir in der Lage sind, angesichts unserer von Augenblick zu Augenblick unterschiedlichen Fähigkeit, in die Übung einzutreten, einen gewissen Gleichmut entwickeln. Das Bedürfnis, bei allem, was wir tun, nach Fortschritten und Verbesserungen zu suchen, ist in uns allen sehr tief verwurzelt, und es mag uns zunächst als sehr merkwürdig erscheinen, daß wir versuchen sollen, uns sämtlicher Vorstellungen darüber zu entledigen, irgendwohin gelangen zu wollen. Es ist zwar paradox, doch obgleich das Ziel der Übung für uns als menschliche Wesen äußerst wichtig ist, müssen wir bei der Shi-ne-Übung selbst dennoch *frei von Zielsetzungen* sein. Jede Empfindung von Zielgerichtetheit während unserer Shi-ne-Übung bedeutet, daß wir nicht wirklich Shi-ne üben.

Fünfte Übung

Sie Sitzen in einer bequemen Position, die es Ihnen ermöglicht, wach zu sein, mit halbgeöffneten Augen / Finden Sie die Präsenz Ihres Gewahrseins in der Bewegung Ihrer Atemzüge / Wenn Sie merken, daß Ihre Aufmerksamkeit in Gedankengeschichten abgeglitten ist, dann kehren Sie zur Präsenz Ihres Gewahrseins in der Bewegung Ihres Atems zurück / Vermeiden Sie es, sich dem Ärger oder einem aus Frustration entspringenden inneren Dialog darüber hinzugeben, daß Sie sich wieder einmal beim Abgleiten in „Gedankengeschichten" ertappt haben, ganz gleich, wie oft dies passieren mag / Sobald Sie bemerken, daß Sie Ihre Präsenz verloren haben, haben Sie sie bereits wiedererlangt; verweilen Sie also einfach weiter in dieser Präsenz, ohne jeden Kommentar und ohne jedes Urteil / Ganz gleich, welche Gedanken kommen mögen, lassen Sie sie kommen / Ganz gleich, welche Gedanken vergehen mögen, lassen Sie sie vergehen / Lassen Sie Ihr Gewahrsein auf der Bewegung Ihres Atems reiten / Lassen Sie zu, daß Sie mit Ihrem Atem eins werden / Vermeiden Sie, in Schläfrigkeit oder in Nicht-Präsenz abzugleiten.

Probieren Sie diese Übung zwanzig Minuten lang aus / Wenn Sie daran gewöhnt sind, über längere Zeiten zu Sitzen, dann Sitzen Sie auch bei dieser Übung länger.

Ergänzende Anmerkungen zur fünften Übung

Mit der hier vorgestellten Art von Shi-ne-Übung werden Sie über längere Zeit arbeiten – Sie wird zu Ihrer täglichen Praxis werden. Wie haben Sie es empfunden, nicht mehr zählen zu müssen? Sind Sie wütend auf sich selbst geworden, weil Sie ständig in Gedankengeschichten abgeglitten sind? Schreiben Sie Ihre Gefühle und Beobachtungen auf, damit Sie später in Ihren Notizen nachlesen und auf diese Weise prüfen können, welche Veränderungen nach längerer Zeit des Übens eingetreten sind. Falls es zu Veränderungen kommt, so werden diese sehr subtil sein; versuchen Sie aber, nicht darüber nachzudenken, während Sie Sitzen - das tun Sie besser, wenn Sie von Zeit zu Zeit in Ihren Aufzeichnungen nachlesen.

Denken Sie daran, daß Sie zu jedem Zeitpunkt Ihres Übens die Arbeit mit der Zählmethode wieder aufnehmen können. Möglicherweise müssen Sie bereits mitten in der Übungssitzung, in der Sie eben erst damit aufgehört haben, wieder mit dem Zählen anfangen. Versuchen Sie, ein Gefühl dafür zu entwickeln, was notwendig ist und wann es notwendig ist. Es gibt nicht den geringsten Grund, verbissen an einer bestimmten Methode festzuhalten, wenn sie nicht dem momentanen Zustand Ihrer Energie entspricht. Wenn Sie ständig in minutenlange Gedankengeschichten abgleiten, sollten Sie vielleicht besser erneut auf die Zählmethode zurückgreifen, bis Sie sich wieder genügend stabilisiert haben. Bitte bringen Sie sich nicht selbst in den inneren Konflikt, daß dies ein Rückschritt sei, und verstricken Sie sich auch nicht in Gedanken über Leistungen oder zu geringe Leistungen. Es gibt keinen Maßstab, um Ihre Leistung in der Shi-ne-Übung zu messen. Erfolg ist vielmehr daran abzulesen, ob Sie in der Lage sind, selbständig zu entscheiden, welche Methode zu einem bestimmten Zeitpunkt die geeignetste ist. Am wichtigsten für die Entwicklung Ihrer Übung ist, daß Sie in der Lage sind, Ihr Wissen über den Nutzen verschiedener Methoden mit Ihrer Sensibilität Ihrem aktuellen Zustand gegenüber zu verbinden.

Wenn Sie sich dabei erwischt haben, daß Sie in eine Gedankengeschichte abgeglitten sind, dann versuchen Sie sich daran zu erinnern, daß dies kein Grund zur Entmutigung sein sollte. Der Augenblick, in dem Sie aufwachen und merken, was geschieht, ist ein Augenblick der *wiederauftauchenden Präsenz*. In Wahrheit sind dies Ihre erfolgreichsten Augenblicke und sicherlich sind sie kein Grund für Verzagtheit. Augenblicke wiederauftauchender Präsenz sind plötzliche Augenblicke des *Erwachens,* in denen Ihnen wieder zu Bewußtsein kommt, wo Sie sich befinden und womit Sie beschäftigt sind. Wenn Sie zwanzig Minuten damit verbracht haben, sich immer wieder beim Hinübergleiten in Gedankengeschichten zu ertappen, dann wäre das keineswegs „Zeitverschwendung“. Sie haben dann ganz und gar nicht „versagt“, sondern viele Augenblicke wiederauftauchender Präsenz erlebt.

Es ist wichtig, daß Sie diese wiederauftauchende Präsenz *ermutigen,* indem Sie *loslassen,* indem Sie sich völlig entspannen, sobald Sie *aufwachen* und Ihnen klar wird, wo Sie sind. Wenn wir auf diese Weise üben, wird unsere wiederauftauchende Präsenz zu einem Funkeln - zu einer erleuchtenden Erfahrung, die sich für flüchtige Augenblicke der Weite öffnet. Das Funkeln der wiederauftauchenden Präsenz ist die Essenz des Sitzens, und die Präsenz unseres Gewahrseins in jenem Funkeln zu finden, *ist* Sein - *Hier und Jetzt.*

Die fünfte Übung sollte nach dem Lesen jedes Kapitels bis zum zehnten Kapitel jeweils mehrmals geübt werden. Wenn die Übungen in diesem Buch Ihre bisher einzige Erfahrung mit der Shi-ne-Praxis sind, dann versuchen Sie, zwischen dem Lesen der einzelnen Kapitel möglichst viel zu üben; andernfalls könnten Sie Schwierigkeiten haben, die erfahrungsorientierten folgenden Kapitel zu verstehen. Dies gilt übrigens auch für Leser, die Shi-ne oder ähnliche Übungsmethoden schon vor dem Lesen dieses Buches kannten, die jedoch noch nicht lange geübt haben. Es ist unmöglich, hier eine allgemeingültige Regel aufzustellen, weil wir von unserem Wesen her Offen dafür sind, alles zu verstehen. Doch wenn Sie beim Lesen feststellen, daß Sie den Faden verlieren, sollten Sie, bevor Sie weiterlesen, mehr Erfahrung mit dem Sitzen machen. Es kann auch hilfreich sein, vorangegangene Kapitel noch einmal zu lesen, um sich über Punkte klar zu werden, die Ihnen vorher nicht klar gewesen sind. Experimentieren Sie mit diesem Handbuch und benutzen Sie es so flexibel, wie es Ihnen gut erscheint. Tun Sie, was Ihre Erfahrung Ihnen als richtig erscheinen läßt, und kümmern Sie sich nicht darum, wie lange es wohl dauern wird, bis Sie das Buch zuende gelesen haben.

Ra-ro – Trunkenheit

6 Hier und Jetzt Sein

Wenn wir Sitzen und üben, werden wir *von Angesicht zu Angesicht* mit der rohen Dynamik unseres Seins konfrontiert. Dies ist eine unvergleichliche Erfahrung, die nicht unbedingt angenehm ist. Wenn wir uns der Shi-ne-Übung widmen, werden wir zwangsläufig auf Eigenschaften stoßen, die wir gar nicht gerne an uns sehen. Aber obwohl wir bei diesem Prozeß nicht gerade ständig etwas zu lachen haben, lernen wir allmählich, unser reales Sein auf neuartige Weise zu akzeptieren.

Das ist unser Ausgangspunkt. Alles, was wir beim Sitzen entdecken, gehört zu unserem Sein, und diesen ganzen Plunder schleppen wir (im Grunde freiwillig) ständig als Gepäck mit uns herum.

Wenn wir eine Weile Sitzen geübt haben, wissen wir: *Dies ist es, was wir sind.* Weil wir die vierundzwanzigstündige Unterhaltungsshow losgelassen haben, die uns von uns selbst entfremdet, lauert nichts mehr in unserer „Tiefe“, das uns Schrecken einjagen könnte. Wenn wir erst einmal diese permanente Theatervorführung, mittels derer wir uns vor uns selbst verstecken, durch unser Sitzen bewältigt haben, bleibt nichts mehr übrig, das uns quälen könnte – allerdings dauert dieser Prozeß oft länger, als uns lieb ist. Uns dem zu öffnen, wie wir tatsächlich sind, kann Tage, Wochen, Monate oder sogar Jahre dauern – wie lange genau, ist unmöglich zu sagen, weil wir alle verschieden sind. Die Fähigkeit zur Verwirklichung ist bei uns allen unterschiedlich, und wir alle zehren von unserer individuellen Erfahrungsgeschichte.

Wenn wir das Spektrum unserer von uns bisher nicht anerkannten negativen Gefühle zuzulassen und „auszusitzen“ vermögen, erreichen wir einen sehr stabilen und geerdeten Zustand. Dies ist das erste Ergebnis unserer Bemühungen – daß wir in der Lage sind, das gesamte Spektrum der Verhaltensvarianten zu erkennen, mit denen wir auf die Existenz antworten.

Somit ist Shi-ne anfangs *„Sich-Gewöhnen"* an die *Tatsache* unserer Existenz. Im Stillen Raum von Shi-ne sterben die Phantasien und Illusionen, die wir über uns selbst haben, mangels Nahrung ab. Sie werden ganz einfach ausgehungert, weil wir aufhören, sie mit der Energie unserer Verstrickung zu nähren. Das mag uns vielleicht als etwas bedauerlich erscheinen, und in gewisser Hinsicht ist es das wohl auch, denn Phantasieren kann Spaß machen. Ich bin mir darüber im klaren, daß diese Aussage einige Leser schockieren könnte, besonders diejenigen, die bereits mit einer Meditationspraxis in der buddhistischen Tradition begonnen haben. Wir werden oft dazu aufgefordert, unsere „Phantasien" loszulassen, damit wir die „Wirklichkeit" finden, doch in der Ungeteiltheit des Erleuchteten Geistes sind die Konzepte der Phantasie und der Wirklichkeit ohne jede Bedeutung. Ich sage dies nicht, um auf diese Weise für die Phantasie einzutreten, sondern weil ich nicht glaube, daß eine puritanische Einstellung einem *Lebens-Weg* förderlich ist, der auf der Erfahrung der Übung basiert. Problematisch wird Imagination nur, wenn wir ständig darin schwelgen, um das Sein im Hier und Jetzt zu meiden.

Imagination kann sowohl aktiv als auch passiv sein. Passive Imagination ist Tagträumen – ein Zustand, in dem wir nicht präsent sind, auch nicht im Tagtraum selbst. Dieser schläfrige, vage Seinszustand läßt nicht einmal eine klare Erinnerung daran zurück, wovon unser Tagtraum handelte. Aktive Imagination hingegen ist ein Zustand des Gegenwärtig-Seins – dies ist eine kreative Fähigkeit, die wir für die Selbst-Heilung, für die *Visionäre Untersuchung* und für künstlerische Kreativität nutzen können.

Was Phantasie und Imagination angeht, so stützt sich alle Kunst auf Leere. Einem Gemälde liegt eine leere Fläche zugrunde. Eine Skulptur beruht auf leerem Raum. Musik beruht auf dem Raum der Stille. Literatur beruht auf der Abwesenheit von Ideen, Themen, Beschreibungen und Bedeutungen. Wenn wir die Kunst der Freiheit verwirklichen und unser kreatives Potential entdecken wollen, müssen wir auf die Erfahrung unserer wesenseigenen Vibrierenden Leere bauen – auf den Anfangslosen Grund dessen, was wir sind.

Das Tor zu dieser Erfahrung ist die Shi-ne-Übung – unsere Methode der Rückkehr zur weißen Leinwand des Seins. In der Shi-ne-Übung machen wir uns frei vom Prozeß der Imaginationen und Phantasien jeder Art – dies liegt in der Natur der Übung. Wir sind frei von jeder manipulativen Tendenz und werden durch nichts beeinflußt. Arbeit mit Aktiver Imagination wird später folgen, wenn wir die Verbindung zur Raumhaftigkeit unseres Seins hergestellt haben.

Die Shi-ne-Erfahrung mag unbequem sein – wir würden diese Erfahrung am liebsten meiden, weil sie uns in Verlegenheit bringt. Wenn wir auf diese Weise Sitzen, lokalisieren wir uns exakt in Zeit und Raum. Uns ist klar, daß wir in gewisser Weise unsere Möglichkeiten begrenzt haben. Wir wissen, daß wir, während wir Shi-ne üben, ausschließlich da sind, wo wir sind, da, wo wir Sitzen. Wir wissen, daß wir dort so lange sein werden, wie wir zu Sitzen beschlossen haben. Es ist, als bliebe die Welt stehen – als wäre plötzlich die Zeit stehengeblieben. Eben noch lief ein Film, ein Epos, eine Komödie oder ein Melodrama, doch dann plötzlich bleibt es stehen und zeigt SIE, in einem Zimmer Sitzend. Plötzlich werden Sie durch keinerlei Bewegung mehr von diesem Bild abgelenkt. Sie sehen jedes Detail des Bildes so, wie es ist, und wenn Sie sich noch nie zuvor auf diese Weise gesehen haben, kann das sehr schockierend wirken. Nicht jeder schaut sich gerne Bilder von sich selbst an, und wir alle kennen wahrscheinlich Menschen, die stets sagen: „Nein, bitte kein Foto von mir – ich bin nicht fotogen“, und die dann irgendeine Grimasse schneiden, um ihre Ansicht über sich selbst zu „beweisen“. Doch was zeigt dieses merkwürdige Verhalten wirklich? Das Wort „fotogen“ beschreibt eher ein Temperament oder eine Haltung als einen körperlichen Zustand. Niemand ist entweder fotogen oder nicht fotogen von seiner Erscheinung her – höchstens von seiner Persönlichkeit her. Wir fühlen uns entweder wohl in unserer eigenen Haut oder nicht. Die Kamera mag uns gelegentlich in einem unglücklichen Augenblick erwischen, doch auch solche Augenblicke gehören zu unserem Sein; zumindest gehören sie eindeutig nicht zu irgendjemand anders! Wenn wir Kameras meiden, so ändert das nicht das Geringste daran, daß wir sind, was wir sind. Wenn wir es vermeiden zu Sitzen, vermeiden wir die direkte Konfrontation mit uns selbst, doch können wir nicht die schmerzhaften Muster der

Frustration vermeiden, die gelegentlich in unserem Leben auftauchen, wenn die Umstände es diktieren. Wenn wir Shi-ne üben, beginnen *wir,* unser Leben zu leben, und wenn wir dies nicht tun, werden wir weiterhin von *unserem Leben* gelebt. In gewisser Weise gleicht Shi-ne dem Augenblick, in welchem der Zentralverschluß der Kamera betätigt wird. Der Verschlußmechanismus setzt den Film dem von uns reflektierten Licht aus, und das ist das Bild, das wir erhalten. Das sind wir, genau in diesem Augenblick. Ob es uns gefällt oder nicht - so sind wir.

Wenn wir also Sitzen und Shi-ne üben, erfahren wir uns in diesem Augenblick der Zeit. Wir können versuchen, jenen Zeitpunkt zu verwischen, indem wir mental die Vergangenheit wiederbeleben, indem wir uns mögliche zukünftige Ereignisse ausmalen oder indem wir in selbstvergessene Schläfrigkeit versinken. Doch können wir auch Sitzen und *Sein, was wir in diesem Augenblick sind.* Wir können Sitzen und *ohne Zielsetzung* beobachten, wie unser gegenwärtiger Geistesaugenblick aus dem Tode unseres vorherigen Geistesaugenblicks auftaucht. Dies wird als *Hier-und-Jetzt-Sein* bezeichnet.

Immer wenn ich über *Hier-und-Jetzt-Sein* spreche, mag das, was ich sage, ein wenig magisch und mysteriös klingen und möglicherweise Verwirrung stiften. Vielleicht denken Sie: „Wo soll ich denn sonst sein, wenn ich nicht hier und jetzt bin?" Das ist eine sehr gute Frage - eine Frage, die ich gerne beantworten möchte. In gewissem Sinne habe ich diese Frage bereits in früheren Kapiteln beantwortet, doch häufig bleiben Fragen, die nur auf der Ebene intellektueller Schlußfolgerung beantwortet werden, weiterhin bestehen - uns bleibt dann nichts als irgendein abstrakter Gedanke, zu dem wir keine konkrete Beziehung herstellen können. Das Problematische an jeder Art von intellektueller Analyse ist, daß sie, falls es uns nicht gelingt, ihren Sinn auf einer Erfahrungsebene zu integrieren, eine bloße Abstraktion bleibt, die nicht einmal unser intellektuelles Interesse aufrechtzuerhalten vermag. Antworten auf Fragen dieser Art müssen im Zusammenhang unserer Alltagserfahrung Sinn machen, sonst können wir nicht viel damit anfangen. Deshalb halte ich es für wichtig, einen Blick auf ein *Echo* des Hier und Jetzt zu werfen, das im Leben der meisten Menschen entweder als Erinnerung oder als dauerhafte Realität existiert.

Alkohol ist ein natürlich vorkommender Stoff, der normalerweise gültige Konzepte außer Kraft setzen kann. Man kann die Auswirkungen des Alkohols an warmen Herbstnachmittagen beobachten, wenn von Vögeln angepicktes Obst schwer und überreif an den Obstbäumen hängt. Die Früchte beginnen an den Picklöchern zu verfaulen, und durch Kontakt mit natürlicher Hefe, die sich in der Luft befindet, fängt ihr Saft zu gären an. Das Brummen der Wespen klingt etwas merkwürdig. Ja, Sie haben richtig geraten: Die Wespen sind betrunken! Ihre Flugbahn wird ziemlich bizarr, und wer weiß, wie es ihnen später ergeht - ich habe sie nie lange genug beobachtet, um das herauszufinden, und ich habe ihnen auch noch nie schwarzen Kaffee angeboten. Trunkenheit oder auch nur ein leichter Schwips ist ein Zustand, an den sich die meisten von uns zumindest erinnern können. Schauen wir uns also diesen Geisteszustand einmal genauer an.

Auch ohne uns ausführlich mit den chemischen Auswirkungen von Alkohol auf das menschliche Gehirn und auf das zentrale Nervensystem auseinanderzusetzen, können wir einige interessante Beobachtungen machen. Ob wir uns „Mut antrinken" oder unsere Sorgen herunterspülen wollen, der Alkohol selbst ist für diese Resultate nicht die Ursache. Alkohol enthält keine abgepackten und leicht assimilierbaren menschlichen Qualitäten und Fähigkeiten. Alkohol enthemmt uns, und was immer sich anschließend manifestiert, ist ein Bestandteil dessen, wie wir sind, kein Bestandteil des Alkohols. Einer der Hauptfaktoren, die uns hemmen, ist unsere Angst vor den Konsequenzen dessen, was wir hier und jetzt tun, was immer es sein mag. Diese Angst kann nur entstehen, wenn wir eine starke Verbindung zur *vergangenen Zeit* und zur *zukünftigen Zeit* haben. Wenn wir weniger intensiv mit der vergangenen und zukünftigen Zeit verbunden sind, wird unsere Hemmung verringert, und genau das bewirkt Alkoholkonsum. Alkohol läßt unser Gefühl für jeden anderen Ort und für jede andere Zeit als das Hier und Jetzt verschwimmen. Alkohol befähigt uns nicht dazu, uns im Hier und Jetzt zu finden (zumindest nicht in dem Sinne, wie wir im

Zusammenhang mit der Shi-ne-Übung darüber gesprochen haben), doch haben der Zustand der Trunkenheit und die Shi-ne-Übung gewisse Ähnlichkeiten, was uns bei unserem Versuch, das wahre Hier und Jetzt zu verstehen, behilflich sein könnte.

Das durch Alkohol erzeugte irreale Hier und Jetzt ist eine Art Tunnelsicht. Unser alkoholisiertes Hier und Jetzt ist häufig ein so winzig kleiner Raum und eine so winzig kleine Zeit, daß es uns im Zustand der Trunkenheit völlig an jeder Ähnlichkeit mit Panoramischem Gewahrsein mangelt. Wenn die Fähigkeit zu Panoramischem Gewahrsein in erheblichem Maße beeinträchtigt ist, vergessen wir alles, was sich nicht in unserer unmittelbaren Umgebung befindet. Wir werden dann leicht unsensibel für alles, was sich jenseits des unmittelbaren Wirkungsbereichs unserer Sinne ereignet. Nehmen wir an, wir befinden uns in einem Restaurant und unterhalten uns sehr zwanglos mit Freunden. Wir erzählen eine sehr unheimliche, prächtig ausgemalte Geschichte - dagegen ist eigentlich nichts zu sagen. Doch wenn wir so laut sprechen, daß alle anderen Gäste sich gestört fühlen, wird unser Mangel an Hemmungen wahrscheinlich seinen Preis fordern. Wenn man uns bittet, das Lokal zu verlassen, oder wenn diejenigen, mit denen wir zusammensitzen, über unser Benehmen schockiert sind, ist unserer Wahrnehmung offensichtlich etwas entgangen. Vielleicht lag es gar nicht in unserer Absicht, irgendjemanden durch unser Verhalten zu stören, doch waren wir uns des größeren Panoramas unserer Situation nicht bewußt. Die Attraktion, die Alkohol für uns hat, besteht darin, daß er *in der Tat* etwas von unserer Anfangslosen Erleuchteten Natur spiegelt - obwohl uns nicht klar ist, daß wir genau danach suchten, als wir die Flasche öffneten.

Wenn Menschen Alkohol trinken, entspannen sie sich. Gewöhnlich sind wir die meiste Zeit unseres Lebens im Wachzustand in mehr oder weniger großem Maße steif und verspannt. Und Alkohol ist ein beliebtes Mittel, mit dessen Hilfe man sich das Gefühl verschaffen kann, von dieser Angewohnheit (zumindest zeitweilig) befreit zu sein. Wir können beim Trinken beobachten, wie wir körperlich locker werden - unser Körper ist dann irgendwie unbeschwerter. Hier ist natürlich von den Auswirkungen eines leichten Rausches die Rede, nicht von einem Vollrausch, bei dem unser Körper nicht mehr in der Lage ist, unseren Anweisungen zu folgen. Im letzteren Zustand ist jegliche Bewußtheit, die wir zuvor gehabt haben mögen, völlig ausgelöscht, und abgesehen davon, daß man sich auf diese Weise betäuben kann, gibt es nichts, was dafür spricht. Wir alle erfahren in unserem Leben Freude leider keineswegs permanent. Oft fällt es uns schwer, glücklich zu sein, weil wir eine Last von Hoffnungen und Ängsten mit uns herumtragen, die andere Situationen betreffen als diejenige, in der wir uns aktuell befinden. Deshalb müssen so viele Menschen sich berauschen, um eine Art Glückszustand zu erleben, und deshalb werden Partys gewöhnlich erst dann zum „Erfolg", wenn alle Anwesenden ein paar Gläser getrunken haben.

Ich möchte hier den Alkoholkonsum weder kritisieren noch möchte ich dafür eintreten - ich beschreibe nur, wie wir als Menschen beschaffen sind und wie wir „funktionieren". Ich möchte an diesem Beispiel lediglich die Tatsache veranschaulichen, daß Entspannung und Spontaneität behindert werden, weil wir nicht im Hier und Jetzt leben. Wenn wir nicht im Hier und Jetzt leben, fällt es uns schwer, uns zu entspannen. Die Folge ist, daß wir in den Zustand der Eingeengtheit zurückfallen - unfähig, mit der Natur dessen, was sich um uns herum entfaltet, zu fließen. Nicht im Hier und Jetzt zu leben schneidet uns von der Unmittelbarkeit und der Kraft dessen, wo wir uns befinden, ab, und es kann dann leicht passieren, daß wir mißverstehen, was in unserer Situation geschieht.

Das chemisch induzierte „Hier und Jetzt" beeinflußt nicht nur unseren Geist, sondern auch unseren Körper. Wenn wir darüber nachdenken, daß ein Rausch die Gefahr körperlicher Verletzungen verringern kann, so erkennen wir, daß Konzepte je nach den Umständen, in denen wir uns befinden, einen beträchtlichen Einfluß auf uns haben können. Manchmal hat ein leichter Fall eine schwere Verletzung zur Folge. Andererseits überstehen Betrunkene ziemlich schwere Unfälle oft relativ unversehrt. (Natürlich muß man das auch im Zusammenhang damit sehen, daß die Gefahr eines Unfalls im betrunkenen Zustand erheblich größer ist als im nüchternen.) Unsere Anfälligkeit für Unfälle hängt damit zusammen, wie verkrampft und nervös wir sind, und ein Rausch setzt natürlich die Verkrampfheit und Nervosität zumindest zeitweilig in einem gewissen Maße außer Kraft, indem er das begriffliche Denken hemmt. Es ist wohlbekannt, daß der Körper eines Lebewesens, wenn er im entspannten Zustand fällt, weniger schwere Verletzungen als im „Normalzustand" oder möglicherweise gar keine davonträgt. Damit möchte ich keineswegs Trunkenheit als Schutz gegen Verletzungen empfehlen, insbesondere nicht Autofahrern, sondern ich möchte am Zustand der Trunkenheit lediglich demonstrieren, wie wir sind - einen Aspekt des Lebens aufzeigen, den wir häufig erleben.

Die einzig *reale* Art, sich zu entspannen, die auf längere Sicht positive Auswirkungen hat, besteht darin, die Rigidität unserer geistigen Muster loszulassen - zu lernen, im Hier und Jetzt zu leben, statt im „Irgendwo und Irgendwann".

Viele Aspekte des Lebens enthalten *Echos* oder *Spiegelungen* unseres Anfangslosen Erleuchteten Zustandes. Der Alkoholrausch ist ein solcher Aspekt - deshalb haben wir uns soeben ein wenig mit diesem Zustand beschäftigt. Ich bin mir darüber im klaren, daß es einigen - speziell denjenigen, die am Konzept der Entsagung haften - nicht behagen wird, daß ich den Rauschzustand als Echo des Zustandes der Erleuchtung bezeichne. Doch wenn man sich im Hinblick auf Vergleiche keinerlei Beschränkungen auferlegen will, gehört es in gewissem Maße zu den „Berufsrisiken", Ärgernis zu wecken. Jedem, dem hierbei nicht ganz wohl zumute ist, sei empfohlen, sich die folgenden Worte des berühmten tibetischen Meisters der Verrückten Weisheit, Drugpa Künleg, vor Augen zu führen:

> Der Berg ist mit Wald bedeckt,
> trotzdem ist das Feuerholz im Hause knapp.
> Unten fließt der breite Fluß,
> trotzdem ist Wasser für Dschang[1] schwer aufzutreiben.
> Die Stadt ist voll von Gerste,
> trotzdem gibt selten jemand einen Becher Dschang aus.

---

[1] *Dschang* ist der Name des berühmten tibetischen Gerstenbiers.

Der Markt ist voll von Mädchen,
trotzdem gibt es kaum eine begehrenswerte Möse.
Die Lehre hat sich im ganzen Land verbreitet,
trotzdem sind Weisheit und Erkenntnis selten.[1]

In den verschiedenen tibetischen Traditionen besteht eine auffällige Ambivalenz hinsichtlich des Themas Alkohol. Vermutlich ist den meisten Lesern bekannt, daß Alkohol innerhalb der buddhistischen Mönchsorden allgemein verboten ist. Weniger bekannt ist hingegen, daß dieses Verbot für den nicht-klösterlichen tantrischen oder Ngakpa-Orden, der in Tibet als Weißer Sangha bezeichnet wird, nicht existiert. Um Mißverständnisse zu vermeiden, muß man sich über die Grundlage dieser unterschiedlichen Auffassungen klar sein. Es besteht kein *grundsätzlicher* Widerspruch zwischen ihnen, weil beide ihren Wert haben und innerhalb ihres jeweiligen Bezugsrahmens sinnvoll sind. Es geht hier nicht um richtig oder falsch, sondern es handelt sich einfach um zwei Methoden, die auf unterschiedliche Weise wirken und die für verschiedene Arten von Menschen entwickelt worden sind.

Die Mönchsorden folgen den Regeln und Prinzipien des Sutra-Pfades. Die Regeln werden *Vinaya* genannt und sie wurden von Buddha Shakyamuni entwickelt, damit Gemeinschaften von Menschen, die zusammenleben und sich gemeinsam der Übung widmen, dies ohne unnötige Probleme und Komplikationen tun können. Diese Regeln basieren auf dem Prinzip der Entsagung, welches das Funktionsprinzip der Sutren ist. Dem tantrischen Pfad hingegen liegt das Funktionsprinzip der Transformation zugrunde, und deshalb bedient er sich auch anderer Methoden. Die Nonnen und Mönche, die innerhalb des tibetischen Systems Tantra praktizieren, tun dies ebenfalls in Verbindung mit der äußeren Vinaya-Disziplin. Der Weiße Sangha jedoch ist nicht unbedingt an die Vinaya-Regeln gebunden, es sei denn, Mitglieder dieses Sangha treffen bewußt die Wahl, sich diese Vorschriften für ihre Übung

---

[1] zitiert nach Keith Dowman (Hrsg.): *Der heilige Narr*, O.W. Barth, München 1982.

zunutze zu machen. Innerhalb des Weißen Sangha wird Alkohol mit Gewahrsein konsumiert, und seine Auswirkungen werden in Energie umgewandelt. Dies ist jedoch keineswegs, wie manche nun vielleicht glauben mögen, eine Entschuldigung, um sich nach allen Regeln der Kunst zu besaufen. Mit Gewahrsein zu trinken, ist eine schwierige Prozedur, die mit der Methode, die Lebensumstände für den Pfad zu nutzen, in Zusammenhang steht. Keineswegs trinken Übende, die dem tantrischen Pfad folgen, jeden Tag oder auch nur jede Woche Alkohol - oft tun sie es nur zweimal im Monat an den Tagen, die Buddha Padmasambhava geweiht sind, und auch dann trinken sie häufig nur kleine Mengen. Wieviel ein Übender trinkt, hängt von seiner persönlichen Transformationsfähigkeit ab. Ist diese gering, so muß sich der Alkoholkonsum diesem Umstand anpassen, damit kein Schaden entsteht. Natürlich haben wir es hier mit einer Frage persönlicher Verantwortlichkeit und persönlichen Gewahrseins zu tun, doch hat jeder seine eigene Art, mit dieser Methode umzugehen.

Ich erinnere mich noch gut daran, wie ich mich einmal mit Lama Chhimed Rigdzin Rinpoche auf die Teilnahme an der Visualisations- und Bewußtheits-Zauber-Übung von Buddha Padmasambhava vorbereitete. Bei dieser Gelegenheit forderte er mich auf, ein Gläschen Brandy mit ihm zu trinken - um die Präsenz und Realisation zu stärken, die mich mit Padmasambhava vereinigen sollten.

Die meisten Übenden der Weißen Linie trinken in Maßen, doch gibt es einige Lamas, die berühmt sind, weil sie aus medizinischer Sicht unglaubliche Mengen Alkohol trinken können, ohne dadurch nennenswert beeinträchtigt zu werden. Lama Sangchen Dorje Rinpoche war solch ein Ngakpa, und über ihn wird eine wirklich erstaunliche Geschichte erzählt, die ich selbst von Chhimed Rigdzin Rinpoche gehört habe. Chhimed Rigdzin Rinpoche lernte Sangchen Dorje Rinpoche (der bereits in vorgerücktem Alter war) kennen, als er selbst als junge Inkarnation durch den Himalaya wanderte. Er war von Anfang an äußerst beeindruckt von ihm. Chhimed Rigdzin Rinpoche ist ein sehr bescheidener Mensch (was keineswegs auf Mangel an Fähigkeiten beruht), und dies verleiht seiner Erzählung um so mehr Bedeutung.

Sangchen Dorje Rinpoche war ein großer Dzogchen-Meister, der hauptsächlich in Sikkim lebte, allerdings wie so viele Adepten seiner Art zwischen Sikkim, Tibet und Bhutan umherzog und seine Riten an unzugänglichen und verborgenen Orten praktizierte. Er war als Wundertäter bekannt; angeblich konnte er das Wetter beeinflussen und es nach Belieben regnen oder die Sonne scheinen lassen. Sangchen Dorje Rinpoche war einer jener außergewöhnlichen Ngakpas von extrem wildem Äußerem, die heute kaum noch zu finden sind, und er hatte etwas, das ich nur umschreiben kann: Er wirkte, als komme er aus einer anderen Welt. Leider bin ich selbst zu spät geboren, um diesen Lama noch kennenlernen zu können, doch sein Bild steht mir so klar vor Augen, als würde ich ihn persönlich kennen. Im Gegensatz zu meinen eigenen Lehrern, die entweder Haupthaarknoten, Zöpfe oder Hinterhauptknoten trugen, trug Sangchen Dorje Rinpoche sein langes Haar auf dem Kopf aufgewickelt, gekrönt von weiteren Knäueln seines eigenen, lebenslang gesammelten und geflochtenen Haars, die dazu dienten, seine aufgewickelten Zöpfe an ihrem Platz zu halten. Auf einer Fotografie dieses Lamas, die Chhimed Rigdzin Rinpoche mir zeigte, trägt er seinen merkwürdigen Ngakpa-Hut in einem „verwegenen" Winkel, so wie er es nach Chhimed Rigdzin Rinpoches Worten stets zu tun pflegte. Er trug einen einfachen handgemachten *Chuba*-Mantel und den rot, blau und weiß gestreiften Schal, den Meister seiner Art tragen. Er hatte einen silbrigen Rauschebart, was unter Tibetern äußerst selten ist, und an seinen Ohren baumelten Ohrringe aus Muschelschalen mit einer Spiralform herab, wie die großen tantrischen Adepten sie zu tragen pflegen.

Sein Blick war von Furchtloser Präsenz und Durchdringender Einsicht geprägt. Ich war so beeindruckt von dem Bild, daß ich Chhimed Rigdzin Rinpoche fragte, ob er wüßte, wer dieser Lama sei. Und dies ist eine der Geschichten, die er mir über ihn erzählte:

> Der Chögyal (der spirituelle König) von Sikkim hatte von Sangchen Dorje Rinpoche gehört und war erpicht darauf, eine Unterweisung von diesem Ngakpa zu erhalten, für den kaum etwas unmöglich zu sein schien – es hieß, er könne sogar

über Wasser gehen! Der Chögyal war sehr neugierig darauf, was für eine Art von Unterweisung dieser außergewöhnliche Meister ihm wohl geben würde. Also lud er ihn in seinen Palast ein und unterhielt ihn auf königliche Weise. Der Chögyal bat den Ngakpa um eine Unterweisung in Dzogchen (der Lehre von der Großen Vollendung), der grundlegendsten und direktesten Lehre unter allen buddhistischen Lehrsystemen. Er war sowohl höchst verwundert als auch tief bewegt von Sangchen Dorje Rinpoches Erklärungen. Der Chögyal kredenzte dem Lama unter anderem von seinem ausgezeichneten schottischen Whisky, und der Lama sprach diesem edlen Getränk in erstaunlichem Maße zu. Indischen Spirituosen mangelt es leider notorisch an vielen der Qualitäten, die den Konsum von importiertem Whisky zu einem besonderen Genuß machen. Doch dies war kein gewöhnlicher Whisky, sondern Whisky von erlesener Qualität – der Chögyal hatte ihn persönlich aus Schottland importiert. Natürlich war dieser Whisky dem Chögyal sehr lieb und teuer. Doch seine Hochachtung vor dem Lama war so groß, daß er ihm zum Abschied einige Flaschen davon schenkte. Von nun an nahm der Chögyal jedesmal, wenn er Sangchen Dorje Rinpoche aufsuchte, um sich von ihm unterweisen zu lassen, als Zeichen seiner Dankbarkeit eine Flasche von diesem Whisky mit. Je mehr der Chögyal den Lama verehrte, um so häufiger wurden auch seine Whisky-Geschenke, bis der Lama schließlich eine Flasche pro Tag von ihm erhielt, ganz gleich, ob er ihn besuchte oder nicht. Das waren zwar pro Jahr nicht ganz 365 Flaschen, weil Sangchen Dorje Rinpoche manchmal durch Bhutan reiste, doch als der Chögyal starb, war die Ration, die er dem Lama täglich zukommen ließ, auf sieben Flaschen pro Tag angestiegen. Zu jener Zeit hatte Sangchen Dorje offenbar aufgehört zu essen und zu trinken und ernährte sich ausschließlich von Whisky. Wie Beobachter berichteten, schien diese wahrhaft beängstigende Menge jedoch keinerlei erkennbare Wirkung auf ihn zu haben – er war in der Lage, alles, was er trank, vollständig zu transformieren und die Essenz zu persönlicher Macht zu *destillieren.*

Es gibt in der ganzen Welt unzählige Geschichten über scheinbar unmögliche Vorgänge, und die meisten davon - wie übrigens auch die obige Geschichte - werden über Menschen erzählt, die vor langer Zeit und an weit entfernten Orten gelebt haben. Doch damit Sie nicht meinen, daß solche Dinge nur in ferner Vergangenheit passiert sind, möchte ich Ihnen sagen, daß ich über eine ganze Sammlung ähnlicher Geschichten verfüge, und ich möchte Sie nun mit ein paar davon unterhalten.

Die erste habe ich von Dr. John Crook gehört - einem Lehrer der Zen- und Ch'an-Meditation, der aber auch an der Universität Bristol Psychologie lehrt, in hohem Ansehen steht und allgemein als sehr nüchterner Mensch gilt. Die Geschichte handelt von Dr. Crooks Zusammentreffen mit Khamtag Rinpoche und ihrer gemeinsamen Reise durch die Wildnis Ladakhs. Während dieser atemberaubenden Reise pflegte Khamtag Rinpoche gelegentlich die täglichen Wanderungen abzuschließen, indem er John auf eine etwas andere Art atemlos machte: Er ließ Schalen feurigen Araks kreisen, eines sehr scharfen und hochprozentigen Schnapses. Khamtag Rinpoches persönlicher Diener, der dafür sorgte, das stets genügend Nachschub da war, trank immer ein wenig mit dem Lama, war jedoch gewöhnlich in kürzester Zeit sternhagelvoll. John, der ein wenig vorsichtiger war, opferte seinen Arak heimlich den *Sa-dag* (lokalen Erdgeistern), wenn er merkte, daß er genug getrunken hatte. Dadurch war er in der Lage, den Diener vor dem Ertrinken in einem der reißenden Flüsse zu bewahren, die sie während der Reise häufig durchqueren mußten. Bei Khamtag Rinpoche jedoch zeigte das hochprozentige Getränk abgesehen von einem rosigen Glühen seiner Haut keinerlei Wirkung. Er erklärte, wenn man nicht betrunken werden und wenn man schädliche Auswirkungen vermeiden wolle, müsse man unbedingt mit dem Trinken aufhören, bevor man Kopfschmerzen bekäme - allerdings schien Khamtag Rinpoche selbst diesen Punkt niemals zu erreichen.

Ich selbst habe einmal mit Könchog Rinpoche zusammengesessen und getrunken, einem in Tso Pema lebenden großen tantrischen Meister, der seine Übung der Visualisierung des Bewußtheits-Wesens Dorje Tröllo widmet. Meine Erfahrung mit diesem Lama ähnelt derjenigen von Dr. John Crook, abgesehen davon, daß ich als initiierter tantrischer Übender keinesfalls heimlich meinen Schnaps den Erdgeistern hätte opfern können, denn damit hätte ich ja ein Geschenk von einem Lama zurückgewiesen.

Nachdem Lama Sonam Zangpo, Könchog Rinpoche und ich uns an einem Abend viele Stunden lang angeregt unterhalten hatten und nachdem im Verlaufe dieser Unterhaltung der Inhalt mehrerer Flaschen indischen „Old-Monk"-Rums auf rätselhafte Weise verschwunden war, legten wir uns um Viertel nach drei zum Schlafen nieder, mußten allerdings kurz darauf schon wieder aufstehen, weil die Riten zu Ehren von Buddha Padmasambhava um fünf Uhr früh begannen. Könchog Rinpoche befand sich in auffällig heiterer Stimmung und war in bester Verfassung, während ich mich, gelinde gesagt, ziemlich schwach fühlte. Über Lama Sonam Zangpo kann ich nicht viel mehr sagen, als daß er mir etwas besser zurechtzukommen schien als ich selbst. Später am Tag, während der meditativen Tänze, mit denen die Geburt von Buddha Padmasambhava gefeiert wird, wurden Lama Sonam Zangpo und ich gebeten, Könchog Rinpoche in dem tantrischen Musik-Ensemble auf den Rolmos (den „grimmigen Zimbeln") zu begleiten. Das Ensemble koordiniert die Bewegungen der schamanischen Tänzer, während diese die Natur der acht Manifestationen von Buddha Padmasambhava darstellen. Die Zimbeln geben ein unbeschreibliches Geräusch von sich (es ähnelt sowohl dem einer Glocke als auch dem einer Trommel). Dieser Klang hat schon dann erstaunliche Auswirkungen auf den psycho-physischen Organismus, wenn man sich im „gewöhnlichen Bewußtseinszustand" befindet – in meinem „geschwächten" Zustand jedoch wurde dieser Klang zu einer Erfahrung, die ich wohl niemals vergessen werde. Ich schreibe dies der Anwesenheit und dem Einfluß von Könchog Rinpoche zu und bleibe ihm in tiefer Dankbarkeit verbunden für seine vollkommene und ungehinderte Güte.

Ich könnte noch viel über dieses Erlebnis sagen, doch möchte ich hier nur noch erwähnen, daß mir jedes Zeitgefühl verlorenging. Obgleich wir fünf Stunden damit verbrachten, jene mystische Musik zu erzeugen, erschien uns der Zeitraum sowohl wesentlich länger als auch gleichzeitig wesentlich kürzer. Während er andauerte und während wir uns darin befanden, schien es mir so, als hätte ich nie etwas anderes getan, als zusammen mit Könchog Rinpoche diese Rolmo zu spielen. Nachdem wir schließlich aufgehört hatten, schien es mir, als hätte das Ganze nicht länger als eine Sekunde gedauert. Ich fühlte mich durch dieses Erlebnis so stark mit Energie aufgeladen, daß ich mich zusammen mit Lama Sonam Zangpo an den anstrengenden zweistündigen Aufstieg zu Buddha Padmasambhavas Höhle hoch über Tso Pema machte. Viele Stunden später kehrten wir im Stockfinstern zurück, wobei wir uns von den glitzernden Lichtern von Könchog Rinpoches Kloster leiten ließen, die sich in Phantomformen auf der kräuselnden Oberfläche des Lotus-Sees spiegelten. Wie es uns gelungen ist, fast blind den Berg hinunterzukommen, war mir damals völlig rätselhaft, doch betrachte ich es heute als Auswirkung von Könchog Rinpoches Unterweisung über die Natur des Seins im Hier und Jetzt.

Lhod – Entspannung

7 Zeit, Ort und Person

Um in die Praxis des Übens einzutreten – um das Sitzen zu einem festen Bestandteil Ihres Lebens zu machen, müssen Sie beobachten, wie es Ihnen in verschiedenen Situationen geht und wie Sie Ihren Tag strukturieren. Sie müssen sich damit beschäftigen, wie Sie Ihre Zeit nutzen und wie Sie sich zu unterschiedlichen Tageszeiten fühlen. Dies ist eine sehr persönliche Sache – wir sind alle verschieden, und es gibt keine feste Regel, die für jeden Gültigkeit hat. Wenn ich hier irgendeine konkrete Angabe darüber machen würde, welche Tageszeit sich am besten zum Sitzen eignet, könnte es sein, daß diese Zeit für einige ausgezeichnet geeignet ist, während sie für andere geradezu ungünstig ist. Das Wichtigste ist, daß Sie für sich persönlich herausfinden, wie Sie Ihre Zeit am sinnvollsten nutzen können.

Für viele eignet sich die Zeit am Morgen unmittelbar nach dem Aufstehen ausgezeichnet zum Sitzen. Doch wenn Sie zu denjenigen gehören, die erst nachts so richtig wach werden und die sich morgens schrecklich fühlen, könnte der Rat, am besten früh morgens zu sitzen, Sie völlig vom Üben abbringen. Wenn Sie so ein „Nachtschattengewächs“ sind, haben Sie zwei Möglichkeiten: Entweder Sie stellen Ihre Körperuhr wieder um (tun Sie dies vorsichtig und allmählich, und nehmen Sie sich für den Umgewöhnungsprozeß mehrere Monate Zeit), oder Sie akzeptieren, wie Sie sind, und versuchen selbst herauszufinden, welche Zeit sich unter den gegebenen Umständen für Sie am besten zum Sitzen eignet. Der Versuch, die Körperuhr auf den normalen Rhythmus umzustellen, ist der Mühe wert, denn eine Fehlanpassung an den natürlichen Zyklus der Dunkelheit und Helligkeit schwächt häufig die Lebenskraft. Wenn wir während zu vieler Stunden der Dunkelheit wach sind und während zu vieler Stunden des Tages schlafen, führt das zu einem Ungleichgewicht unserer Energien, und dies kann Depression und Reizbarkeit zur Folge haben – eine Tatsache, die

Sie sich vor Augen führen sollten, wenn Sie nachts arbeiten. Wir *brauchen* es tatsächlich, das volle Spektrum des Sonnenlichts zu sehen, damit unsere Lebenskraft und Intelligenz erhalten bleibt. Wenn Sie nachts arbeiten, sollten Sie sich zumindest zu Hause Vollspektrum-Licht installieren lassen, damit Sie nicht so stark unter Lichtentzug leiden. In jedem Fall sollten Sie bei der Wahl der Übungszeit respektieren, wie Sie sind, und davon ausgehen, statt sich zu sehr zu zwingen. Wenn es Ihnen zu schwer fällt, früh morgens zu sitzen, werden Sie wahrscheinlich nicht viel davon haben. Und wenn Sie den Eindruck gewinnen, daß beim Sitzen nicht viel herauskommt, werden Sie es wahrscheinlich bald wieder aufgeben. Deshalb ist es in jedem Fall besser zu Sitzen, wenn Sie sich frisch und wach fühlen.

Sitzen am Morgen unmittelbar nach dem Aufstehen ist in den meisten Fällen empfehlenswert, weil dieser Zeitpunkt ein einzigartiger Verbindungspunkt in unserem täglichen Erfahrungsstrom ist. Die Zeit des Aufwachens ist eine ganz besondere Zeit, denn obwohl unsere Gedankenproduktion im Traumzustand möglicherweise verrückt gespielt hat, sind während des Schlafs doch zumindest die gewohnheitsmäßigen Muster unserer Gedankenproduktion im Wachzustand für einige Zeit außer Kraft gesetzt worden. Wenn wir aufwachen, existiert keine Anhäufung von „Gedankenmustern für den heutigen Tag", vielmehr befinden wir uns dann zunächst in einem Raum zwischen zwei langen Perioden starken „Denkverkehrs". Wenn wir in diesem Raum zu *Sein* vermögen, so ist das *schon an sich* Meditation. Die Zeit des Aufwachens erleichtert es, die Empfindung der Raumhaftigkeit sich auf natürlichere Weise ausbreiten zu lassen.

Doch das morgendliche Aufstehen ist für viele Menschen nicht leicht. Eine der Hauptschwierigkeiten beim Aufstehen ist der Zustand geistiger Verschwommenheit, der zwischen dem Wachwerden und dem Verlassen des Betts auftritt. Wenn wir uns erst einmal in diesem Zustand der Verschwommenheit befinden, kann sich dieser leicht in die Länge ziehen, falls wir keinen dringenden Grund zum Aufstehen haben. Dieser Zustand wohligen Dösens scheint sehr angenehm zu sein, und ich bin mir sicher, daß es vielen meiner Leser schwerfallen wird zu akzeptieren, daß ein

Verweilen in diesem Zustand nicht wünschenswert ist. Gewöhnlich, wenn ich den Zustand verschwommenen Dösens als negativ bezeichne, werden meine Zuhörer sehr besorgt und bringen alle möglichen Rechtfertigungen vor. Oft heißt es: „Aber ich brauche diese Zeit, sonst fühle ich mich nicht richtig ausgeruht“, worauf ich entgegnen könnte: „Damit sagst du praktisch, du müßtest so angespannt bleiben, wie du nun einmal bist, um dich entspannen zu können“. Oft sind meine Zuhörer äußerst überrascht, wenn ich sage, daß der Zustand des morgendlichen Dösens in Wirklichkeit ganz und gar nicht erholsam ist und daß er uns der Frische beraubt, die wir empfinden könnten, wenn wir nach dem Aufwachen entschiedener und klarer aufstehen würden.

Die *einzig* ratsame Art aufzustehen, ist, sich unmittelbar nach dem Aufwachen aus dem Bett zu erheben. Allmähliches Aufwachen zehrt unsere Energie auf und gibt uns oft das Gefühl, wir könnten sofort noch eine weitere Nacht Schlaf gebrauchen. In diesem verschwommenen Zustand produzieren wir die bizarrsten und frustrierendsten Träume - Träume, die ständig durch Elemente des Wachzustandes gestört werden. Das Traumbewußtsein dringt in das Wachbewußtsein ein, und das Wachbewußtsein dringt in das Traumbewußtsein ein. Wir versuchen immer wieder, den unterbrochenen Traum fortzusetzen, um ihn auf eine für uns befriedigende Weise „abzuschließen“. Doch dies gelingt uns nicht, und statt dessen taucht ein neuer Traum auf, welcher in einem ebenso unangenehmen und beunruhigenden Augenblick abrupt abgebrochen wird. Es ist so, als hätte jemand einen Haufen Filmschnipsel in einem Schneideraum wahllos zusammengerafft und die Stücke ohne jeden Sinn und Verstand aneinandergeklebt. Dieser zusammenhanglose - obzwar zusammenhängende - Haufen illusionären Unbehagens ist die Verbindungsstelle, die durch das Überlappen von Schlaf und Wachzustand entsteht. In diesem ausufernden Zustand vergeuden wir unsere Energie mit dem Versuch, die nicht miteinander zu vereinbarenden Teile, die durch das Aufeinandertreffen zweier unterschiedlicher Bewußtseinsstrukturen entstehen, in einen sinnvollen Zusammenhang zu bringen. Die Rationalität des Traumzustandes und die des Wachzustandes geraten im Zustand des morgendlichen Halbschlafs miteinander in

Konflikt und verzerren den Sinnmodus des jeweils anderen Zustands. Und wenn wir nicht über ein hohes Maß an Bewußtheit verfügen, das uns ermöglicht, diese Zustände als gleichermaßen illusorisch zu erkennen, wühlen wir nur Wellen der Verwirrung auf und fühlen uns am Ende geschwächt.

Wenn Sie jemals morgens „zu früh" aufgewacht sind und dann beschlossen haben, noch ein wenig weiterzuschlafen, haben Sie sicher eine Vorstellung davon, was ich mit „richtigem" und „falschem" Aufstehen meine. Beim ersten Aufwachen fühlt man sich klar und wach. Sie fühlen sich ausgeruht und bereit, den Tag mit frischer Energie zu beginnen. Doch wenn Sie zu der Überzeugung kommen, es sei noch „zu früh" und dann versuchen weiterzuschlafen, befinden Sie sich beim zweiten Wachwerden in einem völlig anderen Zustand. Das zweite Aufwachen bringt stets eine ziemliche Unklarheit mit sich und hat nichts von der Frische des ersten Aufwachens. Trotz des zusätzlichen Schlafs fühlt man sich nicht ausgeruhter, sondern zerschlagen. Ich bin mir ziemlich sicher, daß die meisten meiner Leser diese Erfahrung in ihrem Leben schon einige Male gemacht haben und daß sie deshalb mit dem, was ich gesagt habe, etwas anfangen können. Sollten Sie sich jedoch nicht an einen solchen Zustand erinnern können, so werden Sie ihn nun vielleicht erkennen, falls Sie ihn erleben sollten. Wenn Sie diese Erfahrung einmal gemacht haben, und Sie sind aufgestanden, statt sich wieder dem Schlaf hinzugeben, wird dies Ihre Einstellung zum Schlaf und zum Bedürfnis nach Ruhe völlig verändern.

Die beste Art aufzuwachen, ist, aufzustehen, sobald man zum erstenmal die Augen öffnet. Eine Spruchweisheit aus der Zen-Tradition besagt, daß wir am Morgen aus dem Bett springen sollten, als ob das Bett voller giftiger Schlangen sei! Ich persönlich möchte ein so gewaltsames Verfahren nicht empfehlen, sondern nur anraten aufzustehen, sobald man bei klarem Bewußtsein ist. Wenn Sie so aufwachen, vermeiden Sie die schwächende Erfahrung des schlaftrunkenen Verweilens zwischen Schlaf und Wachzustand, und Sie werden sich dann ausgeruhter fühlen.

Es ist durchaus möglich, ohne Wecker aufzustehen, und es ist sogar sehr zu empfehlen, dies zu lernen. Viele „gewöhnliche"

Menschen, die an „mystischen Dingen nicht interessiert“ sind, tun das, ohne viel Aufhebens darum zu machen. Für sie ist das nichts weiter als „Selbstdisziplin“. Der Begriff „Selbstdisziplin“ gefällt mir zwar nicht sonderlich, und ich habe auch nicht viel für das rigide „Sechs Uhr aufstehen und kalt Duschen“ übrig, was allerdings nicht ausschließt, daß diese Einstellung für bestimmte Menschen unter entsprechenden Bedingungen durchaus von Nutzen sein kann. Zu lernen aufzustehen, wenn man aufstehen muß, um rechtzeitig zur Arbeit zu kommen, kann sehr dabei helfen, Bewußtheit auch im Bewußtseinszustand des Schlafs aufrecht zuerhalten. Doch wenn Sie feststellen, daß Sie sich ohne Wecker ständig „verschlafen“ und daß Sie nur mit Wecker rechtzeitig aufwachen, dann benutzen Sie einen Wecker. Auch unter denjenigen, die seit Jahren regelmäßig üben, benutzen viele einen Wecker. Sollten Sie allerdings einen Wecker besitzen, der mehrmals weckt (zum Beispiel zwanzig Minuten lang alle fünf Minuten und dann zehn Minuten lang in einminütigen Abständen, bis Sie aufstehen), und sollten Sie der Versuchung nicht widerstehen können, diese Möglichkeit zu nutzen, dann bleibt Ihnen nur eine Möglichkeit: Nehmen Sie den Wecker mit auf die Straße oder in den Garten und schlagen Sie mit einem Stein so lange darauf ein, bis nicht mehr zu erkennen ist, daß dieser Gegenstand einmal ein Wecker war. Wenn Sie auch nur die Spur von Erbarmen mit dem armen Wecker zeigen, sind Sie verloren. Das einzige, was Ihnen anschließend noch zu tun bleibt, ist, sich einen ganz gewöhnlichen Wecker zu besorgen, einen, der so lange weckt, bis Sie ihn abstellen. Wenn Sie diesen Wecker so aufstellen, daß Sie sich aus dem Bett erheben müssen, um ihn abzuschalten, haben Sie die Schlacht praktisch gewonnen. Mehr brauchen Sie nicht zu tun, um aufzustehen. Ihr Mehrfachwecker mag Ihnen als Wunder der Technik erscheinen, doch ist er in Wirklichkeit eine äußerst heimtückische Erfindung – eine Ursache für Erschöpfung, bleierne Müdigkeit und Verwirrung.

Wenn Sie neun Stunden Schlaf pro Nacht brauchen, statt acht oder sieben Stunden, hilft es Ihnen nicht im geringsten, wenn Sie sich die eine Stunde, die Sie zu wenig geschlafen haben, durch einen Mehrfachwecker zu verschaffen versuchen. Wenn Sie neun Stunden Schlaf brauchen, sollten Sie sich wirklich neun Stunden ununterbrochenen Schlafs gönnen und dann sofort aufstehen, wenn der Wecker läutet. Wenn Sie den Wecker auf sechs Uhr stellen und dann noch bis sieben Uhr dösen, fühlen Sie sich nicht ausgeruhter, auch wenn Ihnen dieses Verfahren als eine „sanftere" und „weniger brutale" Methode erscheinen mag, als sofort aufzustehen. Die „Sanftheit" des Hineindösens in den Wachzustand ist völlig illusorisch, weil das Bewußtsein im Zustand des Dösens mit gestörten Mustern angefüllt ist - unzusammenhängende Bruchstücke von Minidramen ohne befriedigendes Ende - und das ist keinesfalls sanft oder auf irgendeine Weise förderlich.

Die buddhistische Übung jeder Tradition ist auf das *Erwachen* gerichtet; deshalb schaffen wir eine machtvolle *Koinzidenz* bei der Entwicklung unserer Übungspraxis, wenn wir die Übung des *Aufwachens* aus dem „Schlaf" des Mißverstehens mit dem *Erwachen* aus dem nächtlichen Schlaf verbinden. Alles, was wir tun können, um unsere Präsenz und Wachheit zu stärken, ist von Wert. Eine kurze Gesichtswäsche und ein kräftiges Trockenreiben des Gesichts können sehr nützlich sein, doch ist es ratsam, so wenig Zeit wie möglich zwischen dem Aufwachen und dem Sitzen vergehen zu lassen. Wenn es kalt ist, ist es besser, sich in eine warme Decke zu hüllen, statt die Heizung anzustellen, weil Sitzen in einem überheizten Raum mit stickiger Luft schläfrig macht und manchmal sogar dazu führt, daß wir wieder einschlafen. Viele Übende haben speziell für ihre Übung eine Decke oder einen Meditationsumhang, die oder den sie für keinen anderen Zweck benutzen. Kastanienbraun oder rot sind gute Farben für solch einen Umhang, weil nach der Tradition alle Rottöne Farben der Energie sind. Wenn wir uns eine Decke oder einen Umhang in einer dieser Farben zulegen und uns mittels unserer visuellen Fähigkeiten mit dieser Farbe verbinden, so unterstützen wir dadurch die Entwicklung von Energie auf der Ebene der Übung. Doch ist dies auch eine individuelle Frage, und Sie können einen Umhang natürlich auch entsprechend Ihrer persönlichen Farbsymbolik wählen. Je mehr Sorgfalt und Sensibilität Sie auf Ihre Praxis verwenden, um so mehr *Gefühl* werden Sie für den Zeitpunkt entwickeln, zu dem *Sie* Sitzen und Sein können. Ebenso wie der Meditationsblock oder -stuhl wird Ihnen auch der Umhang nach längerer Übung sehr vertraut werden. Die Sorgsamkeit, mit der Sie diese Gegenstände behandeln und sie nach dem Gebrauch wieder wegpacken, wird ebenfalls zu einem Bestandteil Ihrer Übung werden. Objekte, die man so behandelt, werden zu wertvollen *Stützen* für die Übung, und wenn wir sie benutzen, fällt es uns leichter, in den Geist der Übung einzutreten.

Übungsgewänder, Kleidung, Besitztümer und Ritualgegenstände der tibetischen Meister gelten als in hohem Maße *gesättigt* mit der *Atmosphäre* oder der persönlichen Energie jener Lamas. Manchmal geben Lehrer bei besonderen Gelegenheiten ihren vertrautesten Schülern solche Gegenstände, um deren Übung zu fördern. Es ist eine große Ehre und ein höchst inspirierender Einfluß, ein Geschenk eines eigenen Lehrers bei sich zu tragen, und da mir selbst einmal ein Yogi-Schal geschenkt wurde (den einer meiner Lehrer während eines dreijährigen Einsiedlerlebens getragen hat), kann ich aus eigener Erfahrung berichten, daß dieser Schal mir bei vielen Schwierigkeiten während meiner eigenen längeren Einkehrzeiten geholfen hat (bzw. daß er mich dazu inspiriert hat, mir selbst zu helfen). Ich empfinde es als besondere Ehre, daß mir mehrere große Meister Kleidungsstücke und Ritualgegenstände geschenkt haben, und ich fühle mich der Güte und Freigebigkeit dieser Meister unendlich verpflichtet. Mein Wurzellama Chhimed Rigdzin Rinpoche hat mir vor einiger Zeit eine tibetische Sonnenbrille geschickt, die er in Tibet als Erbe seiner vorherigen Inkarnation erhalten hatte. Derartige Sonnenbrillen waren in Tibet äußerst rar, da sie nicht aus Glas, sondern aus Bergkristall hergestellt wurden. Die beiden „Gläser“ sind randlos, werden durch lotusförmige Bronzestücke und durch zwei miteinander verbundene Brillenbügel gehalten, welche in dunklen bernsteinfarbenen Scheiben enden, die sich beim Tragen der Brille hinter die Ohren legen. Ich erhielt sie in einem wunderschönen alten chinesischen Kästchen, das mit Eidechsenhaut bezogen war. Beide Gegenstände sind große Schätze für mich. Seine Heiligkeit Dudjom Rinpoche, Oberhaupt der Nyingma-Schule, sprach einmal über solche Sonnengläser, als er anläßlich einer Unterweisung in England war. Er sagte, daß seine Gläser ihn in Tibet drei Pferde gekostet hätten! Solche Linsen aus Bergkristall herzustellen, muß in einem Land, in dem es keinerlei Ansätze einer Technologie gab, die unserer heutigen westlichen vergleichbar wäre, äußerst hoch entwickelte handwerkliche Fähigkeiten sowie einen unglaublichen Zeitaufwand beim Schneiden, Schleifen und Polieren erfordern. Abgesehen vom praktischen Wert dieser Sonnenbrille ist es für mich eine wundervolle und inspirierende Erfahrung, mit Chhimed Rigdzin Rinpoches Sonnenbrille meditative Himmelsbetrachtung zu praktizieren.

Meine Augen sind sehr empfindlich für Sonnenlicht, und die Linsen aus Kristall, von denen es heißt, sie würden die Augen kühlen, sind so groß, daß sie meine Augen vollständig vor jeder unangenehmen Lichteinstrahlung schützen.

Entscheiden Sie sich möglichst für eine Zeitspanne zum Sitzen, die Sie jeden Tag beibehalten können. Erliegen Sie nicht der Versuchung, länger zu sitzen, als Sie wirklich können. Denn das führt nur dazu, daß Sie nach einer Weile Entschuldigungen dafür suchen werden, weshalb tägliches Sitzen für Sie nicht möglich ist, und dann das Gefühl entwickeln, versagt zu haben. Dabei wäre es so wichtig, Vertrauen statt des Gefühls der Unfähigkeit und des Versagens zu entwickeln. Suchen Sie also Ihr eigenes Maß beim Üben. Kümmern Sie sich nicht darum, ob andere sagen, sie würden eine Stunde oder länger täglich Sitzen. Wenn *Sie* fünf Minuten täglich Sitzen und dabei *wirklich* loslassen und sein lassen, dann ist das möglicherweise mehr, als was ein ganzer Haufen jener Meditationsweltmeister zuwege bringt. Ganz gleich, wie lange Sie oder andere sitzen mögen, denken Sie stets daran: Es geht nicht um einen Weltrekord. Wenn das Sitzen zu einem Wettstreit wird, ist es keine Übung mehr.

Nehmen Sie sich nichts vor, was Sie nicht erfüllen können, sonst sind Sie irgendwann nicht mehr in der Lage, auch nur irgend etwas auszuführen, das Sie sich vorgenommen haben. Beginnen Sie mit einer Zeitspanne, die Sie ohne große Schwierigkeiten einhalten können, und geben Sie sich selbst das Versprechen, daß Sie wirklich jeden Tag so lange sitzen werden. Es ist besser, täglich fünf oder zehn Minuten zu Sitzen, als hin und wieder eine volle Stunde. Es ist *sehr* wichtig, wirklich täglich zu üben, und solange es Ihnen nicht gelingt, täglich zu üben, werden Sie stets große Schwierigkeiten haben, völlig in die Erfahrung des Sitzens einzutreten. Das Sitzen muß zu einem Teil des natürlichen Flusses und der Struktur unseres Lebens werden, andernfalls wird es immer den Charakter des „Besonderen“ behalten. Diese Aussage mag in Anbetracht der vielen „besonderen“ Dinge, die ich über das Sitzen gesagt habe, merkwürdig klingen, doch die *Besonderheit* des Sitzens ist nicht außerhalb seiner *Gewöhnlichkeit* zu finden. Solange wir nicht täglich Sitzen, wird das Sitzen nie zu etwas *Gewöhnlichem* werden, sondern immer etwas *Besonderes* bleiben. Die *besondere* Qualität des Sitzens sollte nicht auf die Zeit beschränkt bleiben, in der wir Sitzen. Wenn Sitzen diese *besondere* Qualität hat, so sollte diese auch den Rest des Tages durchdringen und uns den Zugang zu einer raumhafteren Qualität des Seins eröffnen. Abgesehen von der Form des täglichen Sitzens ist es wichtig, auch andere Augenblicke zu nutzen, die sich uns bieten. Im Tagesverlauf entstehen zwischen verschiedenen Aktivitäten oft kurze Zeit-Räume, in denen wir *innehalten* können - um nichts weiter zu tun als loszulassen und sein zu lassen. Diese kurze Übung des Loslassens und Sein-Lassens bereichert unsere tägliche Lebenserfahrung um eine Qualität der Offenheit. Auf diese Weise können wir besser *sehen*, wie wir unsere Verwirrung und Frustration selbst verursachen.

Unser tägliches Sitzen ist also unsere Basis für andere Augenblicke des Raums im Tagesverlauf. Solche Augenblicke können eintreten, wenn wir in einer Schlange stehen und auf den Bus warten, wenn wir im Zug sitzen, wenn wir einkaufen gehen oder wenn wir in der Badewanne liegen. Solche Augenblicke können in allen Situationen auftauchen - sie sind unbegrenzt, und wenn wir uns darin befinden, werden wir offen für die Unbegrenzte Natur dessen, was wir sind.

Auch der Ort, den wir zum Sitzen wählen, ist ein wichtiger Faktor, denn obwohl wir im Prinzip überall Sitzen können, hat letztlich der Ort und die Atmosphäre des Orts einen Einfluß auf uns. Nicht jeder hat einen besonderen Raum ausschließlich für das Sitzen und für andere Arten der Übung zur Verfügung. Deshalb ist es wichtig, daß Sie in Ihrem Haus, in Ihrer Wohnung oder in Ihrem Zimmer einen Ort für das Sitzen einrichten, der Ihnen hierfür besonders geeignet erscheint. Es ist nicht gerade förderlich, zwischen chaotischen Haufen von Haushaltsgegenständen zu Sitzen. Wenn wir einfach *irgendwo* Sitzen, ohne jegliche Sensibilität für unsere Umgebung, erzeugen wir in uns eine unklare Energie. Es *ist* möglich, überall und unter allen erdenklichen Umständen zu Sitzen, doch um dazu in der Lage zu sein, benötigen wir die *Höchste Ansicht*. So lange wir nur über eine relative Sicht der Dinge verfügen, sind einige Situationen förderlich, andere hingegen nicht. Wenn der Ort, an dem wir Sitzen, unsere Zerstreutheit spiegelt statt unserer auf die Verwirklichung *Eingestimmten* Absicht, ist die *Atmosphäre* unserer Übung der Öffnung nur bedingt förderlich.

Es ist wichtig, daß wir unsere Übung sowie auch unsere Absicht respektieren. Wenn Sie jemanden in Ihr Haus einladen (weil Sie eine starke Zuneigung zu dieser Person verspüren und weil Sie gerne eine Liebesbeziehung zu ihr beginnen möchten), müssen Sie günstige Umstände schaffen. Wenn Ihnen die betreffende Person sehr wichtig ist und wenn Sie mit Ihrem Vorhaben Erfolg haben wollen, hat es keinen Sinn, sie in eine völlig unaufgeräumte Wohnung einzuladen und ihr auf einem schmierigen Teller eine angebrannte Scheibe Toast mit Bohnen frisch aus der Dose zu servieren. Sicherlich würden Sie auch das Kaminfeuer nicht so weit herunterbrennen lassen, daß Sie beide die Mäntel anbehalten müßten, halbblind vom Licht einer zu starken Glühbirne, die ohne Schirm mitten im Raum hängt. Natürlich stehen manchen von uns nur sehr begrenzte Mittel zur Verfügung – doch ganz gleich wie arm wir sind, wir alle können ein wenig Sorgsamkeit und Mühe darauf verwenden, unsere Umgebung angenehm zu gestalten. Die tibetischen Flüchtlinge im Himalaya halten ihre häusliche Umgebung stets in einem sauberen und ästhetischen Zustand, ganz gleich, wie arm sie sind. Sie tapezieren die Lehmwände ihrer Behausungen mit Zeitungen und wenn möglich mit Farbbildern aus dem *National Geographic*-Magazin. Sie bemalen Blechdosen und benutzen sie als Blumentöpfe, und auch sonst versuchen sie stets das Beste aus dem wenigen zu machen, was sie haben. In den Behausungen dieser Tibeter hat man immer ein Gefühl von Raum und Farbe – ein Gefühl natürlicher Vornehmheit. Selbst wenn wir gesellschaftlich benachteiligt und aufgrund der Politik eines korrupten und unmenschlichen Regimes nicht in der Lage sind, unsere Lebensumstände zum Positiven hin zu verändern, können wir dennoch unsere angeborene menschliche Würde zum Ausdruck bringen. Wie ein Schwein zu leben, obwohl man sehr reich ist, ist für die *Atmosphäre* der Übung nicht förderlich.

In der tibetischen Tradition benutzen die Übenden die verschiedensten komplizierten sensorischen Hilfsmittel und Bilder, um förderliche Umstände für die Übung zu schaffen. Ich möchte hier keineswegs dafür plädieren, daß jeder Übende sich einen tibetischen Tempel bauen soll, bevor er mit der Sitzübung beginnt, oder daß man unbedingt einen speziellen Raum zum Sitzen braucht. Es ist jedoch wichtig, in Anerkennung der Natur der Übung, in die Sie eintreten wollen, eine gewisse Anstrengung zu unternehmen, um eine der Übung zuträgliche Situation zu schaffen. Manche Leser dieses Buches sind möglicherweise begeistert von den tantrischen Bewußtheits-Bildern, andere wiederum nicht. Ich will damit sagen, daß jeder für sich entscheiden muß, wie er sich auf das Sitzen vorbereiten und es auf förderliche Weise in sein Leben integrieren will.

Ein Fokuspunkt für den Ort, an dem Sie Sitzen wollen, ist sehr nützlich. Ein Bild, das uns zum Üben inspiriert, ist ein ausgezeichneter Fokus. Als Erinnerung an die vergängliche Natur aller Phänomene und an die Flüchtigkeit unserer Gedanken, die in der Weite des Geistes auftauchen und wieder vergehen, könnte ein Foto von einem tiefblauen Himmel mit ein paar zarten Wolken dienen – dies ist einerseits ein meditatives Bildnis der tibetischen Tradition, gleichzeitig aber auch ein völlig kultur-unspezifisches. Wenn Sie sich von der Tradition Padmasambhavas inspiriert fühlen, so finden Sie im Anschluß an dieses Kapitel ein Bild von ihm, das Sie kopieren und in Augenhöhe dort an die Wand hängen können, wo Sie Sitzen.

Bilder wie jenes sind von Wert, wenn Sie sich „zerstreut" fühlen und wenn Ihr Geist von zügellosen Gedanken überschwemmt zu sein scheint, die den ganzen Raum ausfüllen. Es gilt als sehr hilfreich, mit geöffneten Augen das Bewußtheits-Bild von Buddha Padmasambhava anzuschauen. Sie sollen allerdings nicht über dieses Bewußtheits-Bild nachdenken oder ihm gegenüber willentlich irgendeine innere Haltung einnehmen, sondern Sie sollen Ihre Augen ein wenig entfokussieren und ganz einfach *wortlos schauen*, bis sich das Schwirren der Gedanken ein wenig beruhigt hat. Wenn ein Bild vom Himmel oder ein Bewußtheits-Bild von Buddha Padmasambhava Sie nicht zu inspirieren vermag, könnten Sie auch eine Blume vor sich hinstellen oder irgend etwas anderes, dessen Schönheit Sie *berührt*.

Vielleicht ziehen Sie es vor, eine Kerze anzuzünden - auch ein Räucherstäbchen kann die Atmosphäre für die Übung verbessern. Nichts von all dem ist letztlich unverzichtbar, doch da unser Leben auch eine „rituelle“ Seite hat, können *kreative Rituale* uns in einen Zustand versetzen, der unsere Offenheit fördert. In den tibetischen Traditionen hat das Schaffen eines Fokus für die Übung vielerlei Aspekte, die ich jedoch nicht alle in diesem Buch behandeln werde. Was ich hier sagen möchte, ist für jedermann geeignet, ganz gleich, ob er sich einer der tibetischen Traditionen anschließen möchte oder nicht. Sie können als Fokus jede Abbildung (oder jeden Gegenstand) benutzen, der sie inspiriert: Bilder von Jesus Christus, Maria, Odin, Freya, Krishna, von einem taoistischen Heiligen, ein Sufi-Ornament oder einen indianischen Medizinschild. Es gibt keinen Grund, die äußeren Formen Ihrer eigenen Tradition abzulehnen, um mit der Praxis des Sitzens zu beginnen. Ich persönlich finde Inspiration in den Symbolen vieler verschiedener spiritueller Pfade, doch das Herz aller Inspiration ist für mich Buddha Padmasambhava. Ein Bild vom Himmel oder eine bildliche Darstellung der Schönheit der Natur mag für Sie persönlich inspirierender sein als jedes religiöse Bildnis jedweder Tradition - doch ganz gleich, was für Sie persönlich eine Quelle der Inspiration sein mag, es sollte Sie zum Sitzen inspirieren! Wenn Sie Sitzen als tägliche Übung praktizieren, werden Sie vielleicht feststellen, daß Sie jene Empfindung der Inspiration aus dem Quell Ihrer eigenen Erfahrung mit dem Sitzen zu *nähren* vermögen. Wenn Sie auf diese Weise fortfahren, spielt es letztlich keine Rolle, was Sie an die Wand hängen - ob es ein Bild von Buddha ist oder eines von Daniel Düsentrieb. Doch wenn man die *Höchste* und die *relative Ansicht* der Hilfsmittel für die Übung betrachtet (so wie ich es hier getan habe), sollte man sich nicht von

„Gedanken“ an das Höchste verführen lassen. Wir mögen Gefallen an dem Gedanken finden, wir könnten aus der Höchsten Perspektive operieren, doch wenn wir nicht *tatsächlich* durch unsere Entwickelte Offenheit an jener Ansicht teilhaben, bringen wir uns auf diese Weise nur um Unterstützung und Inspiration.

Jede Übung ist auf der Grundlage von Zeit, Ort und Person wirksam sowie dem, was jeweils möglich ist, wenn jene Faktoren zusammenwirken. Sobald wir eine genaue Vorstellung davon haben, wie wir uns in die Übung hineinbegeben können, können wir unsere konkrete Situation untersuchen und herausfinden, was diesbezüglich möglich ist. Wir können uns beobachten und sensibel für das werden, was zu unseren einzigartigen Umständen paßt.

Führen Sie ein Tagebuch darüber, wie Sie sich beim Üben an jedem einzelnen Tag in bezug auf Ihre *Persönlichkeit* fühlen, und versuchen Sie, sich als Übender besser kennenzulernen. Wenn Sie sich mit Schwierigkeiten konfrontiert sehen, die in diesem Buch nicht ausreichend besprochen werden, sollten Sie den Rat eines Lamas oder eines Lehrers suchen, der mit dieser Art der Übung vertraut ist. Welche Erfahrungen Sie mit der einfachen Sitzübung auch machen mögen, nehmen Sie sie nicht zu schwer und machen Sie Ihren natürlichen Humor zu Ihrem Freund.

Zhu – Auflösung

8 Sein und Allein-Sein

Es kann lange dauern, jemanden kennenzulernen.

Manchmal kennen wir einen Menschen seit Jahren und verstehen ihn immer noch nicht so ganz. Manchmal reicht nicht einmal ein ganzes Leben aus, jemanden kennenzulernen, und selbst wenn wir uns so sehr bemühen, wie wir nur können, bleiben uns bestimmte Bereiche der Persönlichkeit des anderen immer noch verschlossen. Dies ist eine der Frustrationen, die das Menschsein mit sich bringt. Andere Menschen halten gewisse Bereiche ihrer selbst vor uns verborgen, und auch wir halten gewisse Bereiche unseres Lebens vor anderen verborgen. Es fällt uns schwer, gegenüber anderen Menschen offen zu sein, und obgleich wir dringend echten Kontakt zu anderen menschlichen Wesen brauchen, scheint es nicht sehr oft dazu zu kommen.

Manchmal lernen wir Menschen kennen, denen wir uns von Anfang an nahe fühlen - etwas in ihnen und etwas in uns scheint auf der gleichen Wellenlänge zu schwingen. Wenn wir Menschen kennenlernen, mit denen wir uns von Anfang an vertraut fühlen, mögen wir vielleicht glauben, daß sie uns keine Überraschungen mehr bereiten werden - doch die größte Überraschung erwartet uns oft gleich hinter der nächsten Wegbiegung. Ich bin mir sicher, daß die meisten Menschen entweder schockiert oder hocherfreut sind, wenn ihre Freunde einmal „aus der Rolle fallen". Wenn so etwas passiert, werden wir mit der Tatsache konfrontiert, daß wir offensichtlich etwas Wichtiges bei einem anderen Menschen übersehen haben, obwohl wir fest davon überzeugt waren, ihn gut zu kennen. Wenn „neue" Facetten der Persönlichkeit eines Menschen auftauchen, heißt es oft: „Mein Freund hat sich so verändert, ich verstehe das einfach nicht - es erscheint mir ziemlich sinnlos, weiterhin den Kontakt zu ihm aufrechtzuerhalten." Oder aber: „Ach, das wird schon wieder vorübergehen - er macht nur gerade eine schwierige Phase durch." Wir neigen dazu zu glauben, daß wir den wahren Charakter unserer Freunde kennen und daß diese, wenn sie sich nicht unserem Bild entsprechend verhalten, nur mehr oder weniger von dem abgekommen sind, wie sie „eigentlich“ sind. Wenn sich plötzlich Facetten der Persönlichkeit eines Menschen manifestieren, die wir zuvor nie bemerkt hatten, kann sich unser gesamtes Bild von ihnen verändern, und dies wiederum kann dazu führen, daß wir glauben, ihnen die Freundschaft aufkündigen zu müssen. Stellen Sie sich einen wirklich guten alten Freund aus Ihrer Kindheit vor - jemanden, von dem Sie immer angenommen haben, Sie würden ihn durch und durch kennen. Stellen Sie sich nun vor, dieser Freund würde sich plötzlich einer sehr merkwürdigen religiösen Sekte anschließen; er würde, nachdem Sie ihn mehrere Jahre lang nicht gesehen hätten, an Ihrer Tür stehen und versuchen, Sie zu „bekehren“. Er würde Sie mit Sprüchen bearbeiten wie eine Art Vertreter, der Ihnen „Nirvana“, den „einzigen wahren Gott“, Doppelglasfenster, Strukturtapete, eine Deckenverkleidung oder irgendein anderes dubioses Produkt andrehen will. „Buddhisten“ können derartige Verhaltensweisen ebenso entwickeln wie die Anhänger jeder beliebigen Sekte, die glaubt, sie hätten „Die Wahrheit“ für sich gepachtet. Sie mögen nun denken, daß Ihr Freund sich niemals so verhalten würde. Aber sind Sie sich da *wirklich* so sicher? Praktisch täglich fallen irgendwo Menschen aus allen Wolken, weil ihre Freunde plötzlich zu wiedergeborenen Venusbewohnern oder etwas Ähnlichem werden.

Wenn wir Bekannte nur gelegentlich für kurze Zeit treffen und wenn wir unsere gemeinsame Zeit in relativ orthodoxen Formen geselligen Beisammenseins miteinander verbringen, lernen wir diese Menschen niemals richtig kennen. Wenn wir nie ehrlich über unsere Gefühle gesprochen haben sowie darüber, was uns wirklich wichtig ist, wird uns niemand je richtig kennenlernen. Doch *wer* kennt uns? Kennen wir uns denn selbst gut? Wie oft begegnen wir uns wirklich selbst? Und wieviel Zeit verwenden wir darauf, wirklich herauszufinden, wer wir sind? Die meisten von uns sind sich selbst ein völliges Rätsel. Durch regelmäßiges Sitzen können wir herausfinden, wer wir sind. Doch wenn wir nie ein Wochenende oder einen Urlaub *mit uns zusammen* verbringen, wie vertraut können wir dann mit uns werden? Und erst wenn wir *zusammen* leben, können wir einige jener unsichtbaren Barrieren durchbrechen, die uns daran hindern, zu sehen, wer wir sind. Wenn wir also über das übliche unverbindliche Geplauder hinauskommen wollen, über das Austauschen von Artigkeiten und über den unzulänglichen Ausdruck unserer wahren Gefühle, müssen wir allein sein mit dem, was wir sind. Wir müssen uns Zeit nehmen und die Ablenkungen zurücklassen, die darin bestehen, daß wir an wohlbekannten Mustern festhalten. Auf diese Weise kann Chögyam herausfinden, was Chögyam *ist*, wenn er nicht „chögyamt".

Wenn Sie das Sitzen einmal zu einem festen Bestandteil Ihres Lebens gemacht und erfahren haben, was Sitzen für Sie bedeutet, werden Sie anfangen, sich dafür zu interessieren, wie Sie diesen Prozeß des Untersuchens durch zusätzliche *Dimensionen der Erfahrung* weiterentwickeln könnten. Ich weiß nicht, wie lange Sie brauchen werden, um diesen Punkt zu erreichen, doch wenn Sie täglich üben, werden Sie sich irgendwann eine Frage stellen, auf die es im Grunde nur eine Antwort gibt. Die Antwort besteht in der Erweiterung und Intensivierung der Erfahrung des Übens.

Wahrscheinlich werden Sie irgendwann in der Lage sein, eine Stunde täglich zu Sitzen, und wenn Sie sich dies einmal zur Gewohnheit gemacht haben, werden Sie vielleicht anfangen, sich zu fragen, welche Möglichkeiten der Erfahrung Ihnen Sitzen über längere Zeiträume eröffnen würde. Eine Stunde am Tag mag, im Gesamtzusammenhang des Lebens gesehen, als eine relativ kurze Zeit erscheinen. Doch kann es sein, daß es aus rein praktischen Gründen unmöglich ist, über wesentlich längere Zeit täglich zu Sitzen, ohne zum Einsiedler zu werden. Ich möchte hier keineswegs das Einsiedlerleben anpreisen - nicht, weil es kein sinnvoller spiritueller Pfad ist, sondern weil ich dieses Buch für Menschen der westlichen Welt schreibe, die einen Beruf und andere Verpflichtungen haben, welche man nicht unbedingt und in jedem Fall aufgeben sollte, um das Leben eines Einsiedlers zu führen. Insbesondere die Ansicht des Dzogchen zielt auf Integration der Übung in den normalen Alltag, und jene Ansicht ist für den Westen in der heutigen Zeit besonders wichtig. Um zu einem wahrhaft Übenden zu werden, muß man *nicht* unbedingt Beziehungen, Wohnsitz und Beruf aufgeben und in die Berge irgendeines fernöstlichen Landes verschwinden - einmal ganz abgesehen davon, wie „spirituell romantisch“ uns dies erscheinen mag. Ich empfehle die Flucht *in* die Realität, statt einer Flucht *vor* der Realität.

Das Problem, wie wir unsere Übung über eine gewisse Schwelle hinaus weiterentwickeln können, stellt sich uns allen irgendwann. Einige von uns mögen sich dafür entscheiden, ihre sozialen Kontakte zugunsten einer intensiven mystischen Praxis einzuschränken oder sogar völlig aufzugeben, doch ist das manchmal ganz und gar nicht von Nutzen. Ich bin generell nicht für Extremismus, sondern vielmehr von der Möglichkeit begeistert, daß jeder, aber auch jeder diese Art von Übung in sein Leben zu integrieren vermag. Doch damit ist immer noch nichts über das Zeitproblem gesagt sowie über die Tatsache, daß wir eigentlich nie genügend Zeit zu haben scheinen. Wenn wir unsere Übung weiterentwickeln wollen, ohne uns aus dem Leben zurückzuziehen, wie es in unserem gesellschaftlichen Umfeld üblicherweise praktiziert wird, was können wir dann tun? Nun, wir können unsere Situation entweder akzeptieren und zulassen, daß sich unsere Erfahrung der Übung in ihrer eigenen Geschwindigkeit entwickelt, oder wir können uns von Zeit zu Zeit zu speziellen Phasen der Einkehr zurückziehen.

Wenn wir die Grenzen unserer Möglichkeiten beim täglichen Üben akzeptieren, so ist dies keineswegs eine minderwertige Art des Lebens und Wachsens als menschliches Wesen. Ich habe zu oft miterlebt, daß Menschen sich hinsichtlich ihrer Übung zuviel aufluden und dann zu einem späteren Zeitpunkt die ganze Sache aufgaben, weil sie in einer Fantasiewelt gelebt hatten. Es ist nicht schwer, ein Großer Übender sein zu *wollen* - wir alle können solche Wünsche, Obsessionen oder Inspirationen entwickeln. Doch wenn wir nicht in der Lage sind, wir selbst zu sein und *das* zu üben - werden wir möglicherweise gar nichts verwirklichen.

Wir müssen also anerkennen, wie wir im Augenblick sind, und dies zur Grundlage unserer Übung machen. Wenn andere Übende, denen wir begegnen, „Meditationsgenies“ sind oder zumindest diesen Eindruck zu erwecken versuchen, dann lassen Sie sich dadurch nicht stören. Lassen Sie ihnen das Vergnügen, ihrem eigenen Schwanz hinterher zu jagen und sich so viele Initiationen und Belehrungen einzuverleiben, bis es ihnen an den Ohren herauskommt. Machen Sie die Neurosen solcher Leute nicht zu Ihrem Problem. Sie verhalten sich wirklich so wie Menschen, die sich so viel Essen auf den Teller laden, daß sie einfach nicht alles aufessen können. Falls sie doch versuchen, es herunterzuschlingen, bekommen sie eben eine „Dharmarrhoe".

Eine andere Haltung, die ich kennengelernt habe, sieht ungefähr so aus: „Wenn ich nicht in der Lage bin, wirklich ernst zu machen und ‚hauptberuflich' zu üben, lasse ich es lieber gleich bleiben. Entweder ich werde Mönch oder Nonne, oder ich stürze mich in das Gewühl des Lebens." Diese Haltung ist nicht besonders intelligent. Sie ähnelt der Anschauung: „Wenn ich nicht gleich von Anfang an in der Ski-Gruppe für Profis mitmachen kann, werde ich überhaupt nicht Ski fahren." Ich habe erlebt, daß Leute ihre Fähigkeiten beim Skifahren nicht entsprechend ihren Möglichkeiten entwickelten, weil sie an Trainingsgruppen teilnahmen, welche für sie einfach eine oder mehrere Nummern zu weit fortgeschritten waren, und die dann von anderen eingeholt wurden, die in einer ihren Fähigkeiten angemessenen Trainingsgruppe geübt hatten. Natürlich gibt es auch den umgekehrten Fall. Ich meine damit spirituelle Schulungswege, bei denen Menschen das ABC lernen und dann angehalten werden, es Tag für Tag zu wiederholen, selbst dann noch, wenn sie eigentlich schon recht gute Gedichte schreiben könnten. Lehrer wie Schüler müssen sich dieser Dinge bewußt sein und sich dementsprechend verhalten. Ein Lehrer, der seine Schüler zu stark oder zu wenig fordert, ist kein guter Lehrer. Einen Schüler, der an einem zu „hohen" oder an einem zu „niedrigen" Punkt beginnen will, kann man nicht auf sinnvolle Weise lehren.

Wenn wir ein Erfahrungsplateau überwinden wollen, das wir als ein Hindernis für die Weiterentwicklung unseres Sitzens empfinden, können wir uns zu einer Zeit der Einkehr zurückziehen. Das tibetische Wort *Tsam*, das gewöhnlich als „Zeit der Einkehr" (engl.: *retreat*) übersetzt wird, bedeutet wörtlich „Grenzen". Dahinter verbirgt sich die Vorstellung, daß wir die *Grenzen* festlegen, innerhalb derer wir üben. Eine solche Zeit intensiven Übens kann man alleine oder in einer Gruppe verbringen. Die Einkehr kann eine Stunde, einen Tag, eine Woche, einen Monat, ein Jahr oder drei sowie jede beliebige andere Zeitspanne dauern. Sie können während der Einkehr die Verbindung zur Außenwelt in irgendeiner Form aufrechterhalten oder sich für die gesamte Zeit völlig von der Außenwelt zurückziehen. Bei jeder Einkehr legen Sie also zunächst die Grenzen fest, innerhalb derer Sie üben wollen, und halten sich dann an diese Entscheidung.

Zusammen mit einer Gruppe zu Sitzen ist eine hilfreiche Erfahrung, die Sie in Ihrer individuellen Übung bestärken kann. Vielleicht können Sie sich einer Meditationsgruppe in Ihrer Umgebung anschließen, die sich wöchentlich zur gemeinsamen Meditation trifft. Meditationsgruppen können der Übung sehr förderlich sein - falls sie nicht von Buchstabengläubigen, Sektierern, Dogmatikern und ähnlich traurigen Gestalten dominiert werden. Manche buddhistischen Gruppen sind vorwiegend praxisorientiert, andere weniger. Allgemein kann man wohl sagen, je weniger geredet und je mehr geübt wird, um so besser. Es ist gut, wenn die Möglichkeit besteht, über die Ansicht, die die Übung begleitet, zu sprechen, doch müssen Diskussionsgruppen sachkundig geleitet werden, wenn irgend etwas Sinnvolles dabei herauskommen soll. Wenn Sie feststellen, daß Sie in eine Gruppe geraten sind, in der im zwischenmenschlichen Bereich merkwürdige Dinge vorgehen oder deren Hauptzweck Indoktrination zu sein scheint, dann sollten Sie Allein-Üben unbedingt vorziehen. Es ist traurig, daß ich dies sagen muß, aber Gruppen und Zentren sind *manchmal* nichts weiter als eine Plattform, auf der ein paar Menschen unter dem Deckmantel spirituellen Eifers ihre persönlichen Neurosen ausleben. Benutzen Sie also Ihren gesunden Menschenverstand, ohne dabei zu skeptisch oder zu leichtgläubig zu sein. Menschen sind Menschen, wo sie auch sein mögen und was immer sie tun mögen. Verlassen Sie sich mehr auf die *Stille* einer Gruppe als auf die Geräusche, die sie beim gemeinsamen Teetrinken produziert. Ich will damit nicht sagen, daß Konversation Teufelswerk ist, doch ihre Qualität ist sehr davon abhängig, worüber geredet wird. Dharma-Klatsch und „spirituelle“ Dispute sind eine Krankheit, die nichts weiter bewirkt, als andere zu stören, und die nichts als negative Gefühle und Borniertheit hervorbringt. Man sollte sich auch stets darüber im klaren sein, daß die unterschiedlichsten Arten von Menschen sich vom Buddhismus angezogen fühlen und daß es nicht möglich ist, die Ansicht oder Methode *irgendeines* Pfades zu beurteilen, indem man sich das Handeln und Reden derjenigen anschaut, die diesem Pfad folgen Wenn Sie also irgendwo auf „Dharma-Faschisten" treffen sollten, dann versuchen Sie, aus dieser Erfahrung zu lernen, statt sich dadurch von der Sache selbst abbringen zu lassen. Das Sprichwort, man solle das Kind nicht mit dem Bade ausschütten, gilt heute und in diesem Bereich genauso wie überall sonst und zu allen Zeiten.

Wenn Sie beabsichtigen, dem in diesem Buch beschriebenen Übungsweg zu folgen, werden Sie vielleicht feststellen, daß die buddhistische Gruppe in Ihrer Stadt oder in der näheren Umgebung Ihres Wohnortes Ihnen für Ihr Vorhaben nicht die geeignete Unterstützung bietet. Bitte verstehen Sie dies nicht als Werturteil: Es ist lediglich eine Beobachtung der Tatsache, daß es zwischen den verschiedenen buddhistischen Schulen grundlegende Unterschiede hinsichtlich der Methode und der Art der Herangehensweise an die Lehre gibt. Gruppen oder Zentren, die besonderes Schwergewicht auf das Rezitieren von Mantren legen (oder auf das Studium der Philosophie und Psycho-Mythologie der Sutras), sind für Ihre Zielsetzung (die Shi-ne-Übung und die übrigen in diesem Buch beschriebenen Übungen) in wesentlich geringerem Maße von Nutzen als Gruppen, die hauptsächlich Stilles Sitzen praktizieren. Es könnte sogar sein, daß eine Gruppe von Zen- oder Theravada-Anhängern Ihren Vorstellungen eher entspricht als eine tibetische Gruppe. Wenn Ihnen aus irgendeinem Grunde diese Hinweise nicht weiterhelfen sollten, haben Sie immer noch die Möglichkeit, selbst eine Gruppe für Stille Sitzmeditation zu gründen; allerdings benötigen Sie dafür Zeit, Raum und Energie. Falls Sie interessiert sein sollten, eine Gelegenheit für andere Menschen zu schaffen, Sitzmeditation zu üben, kann *Sang-ngak-chö-dzong* Ihnen ein paar Ideen liefern, wie Sie dabei vorgehen könnten. (Siehe Anhang 3) *Sang-ngak-chö-dzong* kann Ihnen auch Informationen über Kurse und über die Möglichkeit, Meditationslehrer zu Vorträgen einzuladen, geben. Doch wenn Sie in Ihrer Umgebung nicht die richtige Gruppe (oder überhaupt keine Gruppe!) finden und Sie auch nicht die Möglichkeit sehen, selbst eine Gruppe zu organisieren, dann ist das immer noch kein Weltuntergang! Schließlich können Sie für sich allein Sitzen und sich die gewünschte Unterstützung durch gelegentliche Teilnahme an Wochenendgruppen suchen (siehe Anhang 3).

Wochenend-Meditationskurse können sehr förderlich sein. Sie bringen neue Einsichten und stärken die Motivation zur täglichen Übung. Mit einer Gruppe von Menschen zusammen zu sein, die sich der Übung verpflichtet haben, kann sehr starke Auswirkungen auf unsere ständige persönliche Übung haben. Die Idee des spirituellen Genährtwerdens wird wichtiger, je weiter wir in der Übung fortschreiten, und dabei kann es sehr wertvoll für uns sein, wenn wir uns dem Gedanken widmen, andere zu nähren. Haben wir die Notwendigkeit erkannt, die Wärme, die wir selbst entdekken, an andere weiterzugeben, so sollten wir uns zugestehen und uns dazu ermutigen, uns ständig durch diese Absicht *bewegen* zu lassen. In diesem Geiste können wir die Entwicklung unserer eigenen Übung der Befreiung aller widmen, die von ihrer Anfangslosen Erleuchtung abgelenkt worden sind. Obgleich wir - von der Höchsten Ansicht aus betrachtet - auf diesem Pfad allein sind und obwohl wir von jenem *einsamen Gipfel* aus operieren müssen, können wir einander doch - auf der relativen Ebene - helfen. Es kann sehr hilfreich sein, im Verlauf von Kursen mit anderen Teilnehmern Erfahrungen auszutauschen und auf diese Weise von der individuellen Perspektive anderer zu lernen.

Außerdem gibt es Zeiten der Einkehr für Gruppen mit der Zielsetzung, eine intensivere Übung zu fördern. Solche Veranstaltungen können sehr nützlich sein, weil wir einander durch unsere natürliche Wärme, durch unsere Präsenz und durch unsere Stille unterstützen können. Unter Ausschluß verbaler Kommunikation *mit* anderen zusammenzusein bedeutet, daß man sich anderen Ebenen der Kommunikation öffnen muß. Dies wird möglich, wenn wir Zeit und Raum miteinander teilen. Es ist immer leichter, stetig mit der Übung fortzufahren, wenn wir zusammen mit anderen üben. Deshalb können derartige Zeiten der Einkehr zusammen mit einer Gruppe zu *Durchbruchs*-Erfahrungen führen, die den Charakter unseres täglichen Sitzens manchmal radikal verändern. Es ist jedoch wichtig, daß wir nicht nach derartigen Veränderungen greifen und daß wir nicht versuchen, sie zu unserem Eigentum zu machen oder sie zur Definition dessen, wer wir sind, zu erheben.

Einkehrzeiten in Gruppen schaffen eine gute Basis für individuelle Zeiten der Einkehr. Letztere sind bei weitem die intensivste Art der Übung und sicherlich die machtvollste Methode zur Umwandlung unserer Vorstellungen darüber, was wir sind. Es ist nicht ratsam, eine solche individuelle Einkehrzeit ohne die Unterstützung einer Gruppe zu früh zu beginnen – das könnte Sie für Ihr weiteres Leben vom Üben abbringen! Man sollte ein solches Vorhaben nicht ohne den Rat eines Lehrers in die Tat umsetzen. Die meisten buddhistischen Zentren, in die man sich zu solchen „Retreats" zurückziehen kann, bestehen übrigens darauf, daß man dazu die ausdrückliche Zustimmung eines Lehrers braucht. Möglicherweise werden Sie zu einem Gespräch mit dem Leiter des Zentrums gebeten. Auf diese Weise soll festgestellt werden, ob Sie auf Ihr Vorhaben genügend vorbereitet sind. Da in vielen anderen Lebensbereichen ganz ähnliche Regeln gelten, sollte Sie dieses Verfahren eigentlich nicht überraschen. Sie müssen eine gewisse Anzahl von Flugstunden zusammen mit einem Fluglehrer absolviert haben, bevor Sie eine Fluglizenz erhalten und berechtigt sind, allein ein Flugzeug zu steuern. Wenn Sie also in einer individuellen Einkehrzeit *allein fliegen* wollen und wenn diese Zeit zu einer kreativen Erfahrung werden soll, müssen Sie sich in angemessener Weise darauf vorbereiten. Ein Lehrer vermag die vielen Facetten derartiger Erfahrungen auf eine Weise zu kommentieren, die unser Leben als Übende bereichert.

Möglicherweise haben Sie Schwierigkeiten, jemanden zu finden, der Ihnen die Anleitung zu geben vermag, die Sie brauchen. Deshalb werde ich nun für diejenigen unter den Lesern, die ihrer eigenen Sitzpraxis genügend vertrauen, um allein eine Zeit der Einkehr anzutreten, einige allgemeine Anhaltspunkte geben. Kurze Einkehrzeiten können Sie bei sich zu Hause durchführen; für längere jedoch (mit denen ich mich in diesem Buch allerdings nicht befassen werde) sollte man eines der speziell zu diesem Zweck eingerichteten Zentren aufsuchen, wo dafür gesorgt wird, daß Sie genug zu essen bekommen, und wo die Möglichkeit besteht, bei einem Lama oder einem erfahrenen Meditationslehrer Rat zu suchen.

Es ist nicht zu empfehlen, ein solches Vorhaben über längere Zeit als ein Wochenende (von Freitag abend bis Montag morgen) ohne Begleitung eines Lehrer durchzuführen! Außerdem möchte ich dringend dazu raten, vor einem solchen Einkehrwochenende an einigen Gruppenwochenenden teilzunehmen. Auch relativ kurze Meditationsphasen (z.B. über einen Tag oder einen halben Tag) können viel bewirken. Eine halbtägige Einkehr beginnt nach dem Mittagessen und endet am folgenden Morgen. Eine eintägige Einkehr beginnt ungefähr eine Stunde vor dem Zu-Bett-Gehen, dauert den ganzen folgenden Tag und endet am darauffolgenden Morgen eine Stunde nach dem Aufstehen. Die Stunde vor dem Zu-Bett-Gehen am Beginn und nach dem Aufstehen am letzten Tag sollte zum Üben genutzt werden. Im Übungsraum sollte sich möglichst wenig befinden, was Sie ablenken könnte, und Sie sollten nichts zum Lesen mit hineinnehmen. Sie können die in diesem Buch beschriebenen Übungen praktizieren und zwischendurch Gehmeditationen und leichte Körperübungen. Meditatives Gehen besteht darin, sehr langsam und bewußt zu gehen. Bei dieser Art zu gehen sollen Sie die Präsenz Ihres Gewahrseins in den Bewegungen Ihres Körpers finden. Falls Sie mit Methoden wie *Kum-nye* oder *Trul-khor Naljor* vertraut sind, so können Sie derartige Übungen ausgezeichnet zwischen den einzelnen Sitz-Übungen einschieben. Man kann aber auch viele andere Arten von Körperübungen verwenden, die heute bei uns in der westlichen Welt gelehrt werden, beispielsweise Derwischtänze, T'ai-Chi oder Hatha Yoga-Übungen usw. Es gibt eine Methode aus dem tibetischen *Trul-khor Naljor*-System (in Kapitel 13, *Jenseits der Leere*, beschrieben), die sowohl während einer Einkehrzeit als auch bei der täglichen Übung zu einem wichtigen Bestandteil Ihrer Praxis werden sollte.

Versuchen Sie nicht, länger zu sitzen, als es Ihrem Körper zuträglich ist. Wenn Sie daran gewöhnt sind, eine Stunde täglich zu üben, ist jede längere Meditationsphase eine ungewohnte Belastung für Ihre Beine. Seien Sie also „nett“ zu sich selbst und treiben Sie sich nicht zu gewaltsam über Ihre eigenen Grenzen hinaus. Alle Menschen haben zwei Arten von Grenzen: eine *weiche Grenze* und eine *harte Grenze*. Wenn wir uns nicht über unsere *weiche Grenze* hinaustreiben, kommen wir nie irgendwohin. Doch wenn wir versuchen, uns über unsere *harte Grenze* hinauszutreiben, schädigen wir uns, was wiederum dazu führt, daß wir die Lust an unserem gesamten Vorhaben verlieren. Auch dies gehört zur Entwicklung unseres Gewahrseins. Ein wenig Schmerz in den Beinen auszuhalten ist gut, doch wir müssen mit dem Punkt in Kontakt bleiben, an dem unser Durchhalten nicht mehr Ausdruck unserer Entschlossenheit ist, sondern zum Masochismus wird. Wenn Sie sich zu früh zu einer Einkehrzeit entschließen, kann dies zur Folge haben, daß Sie danach nie wieder den Versuch machen, und das wäre schade.

Ich kann mich noch gut an mein erstes dreimonatiges „Retreat“ ohne Unterstützung einer Gruppe erinnern. Ich weiß bis heute nicht, ob ich damals auf mein Vorhaben genügend vorbereit war oder nicht, doch waren die Begleitumstände völlig andere als diejenigen, die man bei einem solchen Unternehmen im Westen gewöhnlich vorfindet. Es war ein ungeheurer Kulturschock für mich, denn der Lama, unter dessen Anleitung ich damals übte, behandelte mich genauso, wie er einen tibetischen Übenden behandelt hätte. Diese drei Monate waren eines der qualvollsten Erlebnisse meines ganzen Lebens (obwohl ich mich später für noch wesentlich längere Zeiten in die Einsamkeit zurückgezogen habe). Ich hätte wohl schon lange vor Ablauf der Zeit aufgegeben, wenn meine Beziehung zu meinem damaligen Lehrer nicht so intensiv gewesen wäre. Alles nur Erdenkliche ging mir durch den Kopf, während ich in meiner Hütte hoch über McLeod Ganj im Himalaya Sitzen übte. Ich wurde mit so vielen quälenden psychologischen Knoten und „Macken“ meiner Persönlichkeit konfrontiert, daß ich die Muster meiner eigenen Dummheit in dieser Zeit recht gut kennenlernte. Es kam zu phantastischen *Durchbrüchen* und zu überwältigenden Rückfällen in infantiles Gewinsel; doch nachdem ich all dies durchlebt hatte, war die Person, die die Einkehr begonnen hatte, tot. Eine neuere und *leichtere* Person trat nach jenen vielen Wochen der Isolation in das blendende Sonnenlicht der Berge. *Sie* sah zwar mehr oder weniger noch wie die Person aus, die die Einkehr begonnen hatte, doch ihre Augen wirkten, als *sie sich* im Spiegel sah, anders als vorher, und ihre Art, die Welt zu sehen, spiegelte sich in dieser Veränderung. Es war fast wie eine Amnesie – als hätte ich mein gesamtes vorheriges Leben vergessen. Doch hatte ich tatsächlich keineswegs alles vergessen, was vorher gewesen war. Nur schien alles mehrere Jahrhunderte früher geschehen und *jemand anderem* passiert zu sein.

Ich habe mein „altes Selbst" seither viele Male verloren und mich an die Tatsache gewöhnt, daß dies nicht nur während solcher „Retreats" geschehen kann – in Wahrheit passiert es in jedem Augenblick. Wir versuchen hauptsächlich deshalb, die einzelnen Augenblicke ineinander verschwimmen zu lassen, um uns vor unserer eigenen Raumhaftigkeit zu verstecken. Wir glauben, wenn wir dies tun, würde uns der kontinuierliche Prozeß von Geburt und Tod ignorieren. Doch leider ist das ein Irrtum. So lange wir so tun, als wären Geburt und Tod Kräfte, die alles andere im Universum betreffen, nur uns nicht, können wir mit dem endlosen, ermüdenden Spiel fortfahren, uns vorzustellen, daß wir einen festen, unveränderlichen Kern haben. In der Einkehr jedoch werden wir unweigerlich feststellen, daß Tod und Wiedergeburt ständig stattfinden.

Wenn wir nicht bereit sind, *dem Tod ins Angesicht zu schauen*, sind wir nicht bereit für eine individuelle Einkehrzeit.

Einer der Faktoren, die mich während jenes ersten dreimonatigen Rückzugs aus der Welt „beisammen"hielten (abgesehen von dem Wissen, daß mein Lehrer auf gewisse Weise *bei mir* war und daß er mir sein Vertrauen signalisiert hatte), war die *reine Erd-Macht* der Wildnis um mich herum. Das glänzende Weiß der Berge jenseits des Cham-ba, das unheimliche Glühen der aufsteigenden Nebelschwaden, die manchmal über der Landschaft lagen, der schwindelerregende Abgrund direkt vor meiner Hütte: Fünfzehn Schritte, und ich stand vor einem 300 Meter tiefen Abgrund. Ein paarmal während jener Zeit bin ich mit geschlossenen Augen dreizehn Schritte auf diesen Abgrund zugegangen. Einmal muß ich wohl etwas größere Schritte gemacht haben, denn als ich die Augen öffnete, sah ich, daß ich dem Verderben gefährlich nahegekommen war. Ich bin während dieser ersten Einkehr in ziemlich verrückte Zustände gekommen; ich mußte wohl eine Menge Dummheit durcharbeiten. Vor diesem Zeitpunkt war ich immer sehr stark von Gesellschaft abhängig gewesen, denn es fiel mir damals relativ schwer, auch nur einen einzigen Tag lang allein in den Bergen umherzuwandern. Isolation war etwas ganz Schreckliches für mich, und während dieser ersten Einkehr geriet ich von einer Krise in die nächste, bis ich völlig erschöpft war. Nachdem ich den Punkt erreicht hatte, daß ich mich auf dem Boden meiner Hütte herumwälzte und wie ein Tier kurz vor dem Abschlachten jammerte und schrie, „klickte" oder öffnete sich merkwürdigerweise etwas in mir, und ich fing an zu lachen. Plötzlich erkannte ich, daß ich einen riesigen Lärm um *Nichts* machte. Erst danach konnte ich mich wirklich auf die Übung des Seins einlassen.

Die Berge waren sehr freundlich, und nichts außer meiner eigenen Rigidität hat mir in jenen drei Monaten Schmerz bereitet. Ich fühlte mich *zu Hause* in dem, was ich sehen, hören, riechen, schmecken und berühren konnte. Gelegentlich besuchten mich Bären und Wölfe, und manchmal hörte ich in der Nacht ein Kratzen an meiner Tür. Schlimmeres als das passierte nie. Nie wurde die Türe aufgestoßen, was eigentlich erstaunlich war, denn es wäre ein Leichtes gewesen, die Seilhalterungen der Tür zu zerreißen - so morsch, wie sie waren. Oft war es bitterkalt, doch hatte ich meinen Kerosinbrenner bei mir, mit dem ich Wasser für meine treue Wärmflasche erhitzte, und ich hatte ein paar gute Wolldecken, die ich über meinen Schlafsack legte. Wenn die Sonne schien, saß ich oft draußen auf einem großen Felsblock, von dem aus man in die schauerliche Schlucht hinabblicken konnte. Riesige weiße Geier glitten scheinbar mühelos durch das fast schmerzhaft vollkommene Blau des Himmels. Das Gefühl, daß alles in jener Wildnis vollkommen da *war*, wo es war, schien darauf hinzudeuten, daß ich - wenn ich nur wüßte wie - vermutlich meine Unterweisungen von den Felsen und Steinen erhalten könnte, die seit mindestens einigen tausend Jahren so geduldig dort lagen. Die Wildnis ist ein großer Heiler und Lehrer, und Übende haben sich zu allen Zeiten in die Einöde zurückgezogen, um die Erfahrung von *Sein* und *Allein-Sein* neuzuentdecken.

TEIL III

Lu-jen – Nacktheit

9 Nackte Präsenz

Sein ist gewissermaßen ein *Nackter Zustand* der Existenz. Nicht „nackt" in dem Sinne, daß wir eine Gänsehaut davon bekommen, sondern in dem Sinne, wie eine Flamme nackt ist.

Meister der tibetischen Tradition benutzen oft den Begriff *Rigpa* – Nackte Bewußtheit. Das ist Bewußtheit, die von jeder Ablenkung frei ist. Die Idee des Abstreifens von Illusionen und Vorurteilen mit dem Ziel, die Essentielle Wirklichkeit dessen, *was wir sind* bloßzulegen, mag uns als eine Aussicht erscheinen, die uns frösteln läßt. Doch diese Angst vor erfahrungsbedingter Unterkühlung beruht auf dem Mißverständnis, daß *Wärme* für uns als menschliche Wesen nicht natürlich sei. Die meisten von uns scheinen sich im Bann der merkwürdigen Überzeugung zu befinden, daß wir unser *Sein* mit Arten zu sein „bekleiden" müßten, wenn wir nicht riskieren wollen, den Kältetod zu sterben. Wir scheinen kein Vertrauen in unsere Nackte Bewußtheit zu haben, und die Erkenntnis, daß Bewußtheit *brennt* durch das *Feuer des Seins*, scheint uns zu fehlen.

Vorstellungen über Nacktheit und über die bizarre Art, wie wir Nacktheit verbergen, können uns helfen zu verstehen, wie wir uns vom Sein ablenken und endlos im Zustand des Zerstreut-Seins umherirren.

Unsere Nacktheit ist das, was wir sind – sie beschreibt uns. In unserer ständigen Bemühung, unsere Nacktheit zu verbergen, zeigt sich unsere Gewohnheit, von dem abzuweichen, was wir tatsächlich sind – sie beschreibt, wie wir uns ablenken.

Die merkwürdig verworrenen gesellschaftlichen Konventionen bezüglich der Kleidung haben häufig wenig mit unseren körperlichen Bedürfnissen (Wärme und Schutz) gemein. Badeanzüge gehören zu den eigenartigsten Bestandteilen unserer Garderobe – sie verbergen Teile unseres Körpers, die die Gesellschaft entweder für „anstößig" oder für „sexuell provozierend" oder für beides hält. Doch sind Konzepte der „Anständigkeit“ oder „Anstößigkeit“ völlig willkürlich (wie schon ein flüchtiges Studium der Sozialanthropologie zeigt) und stehen in keinem ersichtlichen Bezug dazu, *wie wir tatsächlich sind*. Die Ideen, die im Zusammenhang mit der Frage der Bekleidung existieren, deuten auf eine absurd komplizierte und ungesunde Art der Beziehung zu unserem Körper hin. Aufgrund dieser soziopathischen Einstellungen hinsichtlich dessen, welche Teile unseres Körpers wir öffentlich zeigen und welche wir verbergen müssen, ist ein permanentes aufreizendes Spiel entstanden.

Oft ist mit dem Anblick des nackten Körpers anderer Menschen oder mit der Tatsache, daß andere unseren nackten Körper sehen, ein beträchtliches Maß an Angst verbunden. Außerdem bringt es stets eine etwas fiebrige Faszination mit sich, die „verbotenen“ Körperteile anderer zu sehen. Verbote wecken immer das Interesse. Wir leben in einer reichlich verdrehten Welt, in der wir für den Frieden kämpfen, Menschen bestrafen, die eigentlich Hilfe brauchen, und Zensur ausüben, um Korruption zu verhüten. Mit Sicherheit ist den meisten Herstellern von Badeanzügen klar, daß teilweise verhüllte Körper wesentlich „erotischer“ wirken als völlige nackte. Und mit Sicherheit würde es längst keine Badeanzüge mehr geben, wenn durch Propagierung des Nacktschwimmens mehr Geld zu verdienen wäre.

In meinem ersten Jahr auf dem Kunst-College wurde ich zum erstenmal mit einem lebendigen „Aktmodell“ konfrontiert. Zu Anfang tat ich eine Zeitlang nichts anderes, als mit meinem 2B-Bleistift in der Hand und meinem Skizzenblock auf den Knien das Modell gierig anzustarren. Doch schon nach wenigen Minuten verflog der Reiz des Neuen, und die nackte Frau wurde für mich zu einen Gebilde aus dynamisch miteinander verbundenen Linien und Formen, die mich auf ihre eigene Weise zu faszinieren begannen – schließlich wollte ich ja zeichnen lernen. Also setzte ich meinen Stift auf das Papier, und die ganze Situation veränderte sich.

Die geilen Phantasien von Menschen, die Kunststudenten für eine ausgeflippte Horde von Wüstlingen halten, welche sich unentwegt am Anblick sexueller Köstlichkeiten verlustieren, haben mit der Wirklichkeit nur wenig gemein. Die Sinnlichkeit eines Wirsingkohls, eines entblößten Busens oder eines fahlweißen Totenschädels liegt darin, daß man lernt, mit einem Stift zu *sehen* – daß man versucht, mit Hilfe des Stifts Gestalt, Form und Struktur dieser Gegenstände zu *verstehen*.

Nachdem Sie sich über Ihren Körper und über die Kleidung, die Sie tragen, Gedanken gemacht haben, können Sie sich nun mit der Nacktheit Ihres Gewahrseins auseinandersetzen und damit, wie es dazu kommt, daß dieses Gewahrsein mit Konzepten bekleidet wird. Vielleicht ahnen Sie nun schon, worauf diese Erklärung zielt.

Wir haben uns an früherer Stelle in diesem Kapitel mit der Idee befaßt, daß wir der Natur dessen, *was wir sind*, mißtrauen und daß wir ständig Bestätigungen dafür zu benötigen scheinen, daß wir tatsächlich da sind. Die unablässige Aktivität des Suchens nach Rückversicherung unserer Existenz kommt in unserer Neigung zum Ausdruck, unser Nacktes Gewahrsein unnötigerweise in Konzepte zu kleiden. Doch unsere konzeptuelle Kleidung hat etwas von „Des Kaisers neuen Kleidern“, und tief in unserem Inneren sind wir uns nie sicher, wann dieses Spiel durchschaut werden wird und wir unserem Endlos Reinen Schauen ausgesetzt sein werden. Die „kleinen Kinder“ unserer Erfahrung rufen oft: „Heh! Der König ist ja völlig nackt!“ Doch blocken wir sie mit dem „Volk“ unserer Rationalisierung ab und schreiten erhobenen Hauptes von dannen, ungeachtet der Tatsache, daß unsere verschiedenen gesellschaftsfähigen und weniger gesellschaftsfähigen Teile frei baumeln – und fühlen uns dabei sicher in der „nicht-baumelnden“ Illusion des Zerstreut-Seins.

Unser Mißtrauen gegenüber unserer eigenen Existenz beherrscht unser Leben, doch ist es ein verschleiertes Mißtrauen, das sich als Halsstarrigkeit, Wut, Besessenheit, Argwohn und Depression verkleidet.

Unser Mißtrauen gegenüber unserer eigenen Existenz führt dazu, daß wir zuerst gegen die Welt kämpfen und dann gegen das Resultat jenes ersten Kampfes, was zur Folge hat, daß die Aktivität des *Kämpfens* sich endlos fortsetzt.

Wenn wir uns nicht im Sitzen üben, werden wir dieser Art von Mißtrauen nie von Angesicht zu Angesicht begegnen, und diese Art der Erklärung wird uns kaum einleuchten. Deshalb ist es wichtig, daß wir durch unsere eigene Erfahrung des Übens die Ebene des Verstehens erreichen.

Weil wir der ganzen Idee des Seins mißtrauen, suchen wir unsere Erfahrung des Lebendigseins nach Beweisen für Tatsächlichkeit ab. Shi-ne wirkt aus dieser Perspektive betrachtet ein wenig demütigend, weil Shi-ne uns nicht die Art von Bestätigungen beschert, die wir suchen. Deshalb versuchen wir häufig, die Shi-ne-Übung zu vermeiden.

Ich möchte nun noch einmal wiederholen, was ich soeben (im letzten Abschnitt) gesagt habe – doch möchte ich es umgekehrt versuchen und Ihnen einen auf Erfahrung basierenden Gedankengang beschreiben, der vielleicht eine Saite in Ihrem Inneren zum Klingen bringt. Wenn wir Shi-ne üben und plötzlich entdecken, daß wir uns in einer Lücke zwischen auftauchenden Gedanken befinden, neigen wir dazu, diese Lücke mit Gedanken zu füllen. Entweder versuchen wir, die Erfahrung der Lücke festzuhalten („Endlich eine Lücke! Ausgezeichnet!“) oder wir ziehen uns von der Lücke zurück („Nein, das fühlt sich nicht gut an! Ich möchte mich nicht so fühlen, als sei ich ein Nichts!“) oder wir ziehen unsere *Präsenz* von der Lücke zurück („Gähn…“). Wir fühlen uns von solchen Lücken angezogen oder abgestoßen oder wir fühlen uns ihnen gegenüber indifferent. Doch wie wir auch reagieren, das Ergebnis ist stets, daß wir die Lücke ausfüllen. Ganz gleich, ob wir die Lücke mögen, ob wir sie hassen oder ob wir sie ignorieren, immer füllen wir sie mit Gedanken oder treiben in unbewußte Selbstvergessenheit hinüber, statt im Raum dessen, *was wir sind*, Präsent zu bleiben.

Wir füllen gewohnheitsmäßig Räume jeder Art aus, weil sie keine Bestätigung unserer Existenz enthalten – wir haben kein Vertrauen in das bloße Sein. Sein ist sowohl Denken wie auch die Abwesenheit von Denken, Sein ist das Phänomen ebenso wie die Leere, Energie ebenso wie Raum. Doch wenn wir anfangen, Shi-ne zu üben, wird bald klar, daß uns dies keineswegs behagt.

So sind wir also, wenn wir Sitzen. Sollten Sie irgendwelche Zweifel daran hegen, dann üben Sie sich einfach im Sitzen und prüfen Sie es selbst nach. Das gilt übrigens für die gesamte

Erklärung: Wenn Sie an ihrer Richtigkeit zweifeln, dann üben Sie sich einfach im Sitzen und probieren Sie das Beschriebene selbst aus.

Wenn Sie einmal Erfahrung in dieser Art der Übung haben, werden Sie erkennen, daß Sie am Prozeß des Denkens haften und daß es Ihnen sowohl schwerfällt, Lücken überhaupt zu *finden*, als auch, *sich selbst darin zu finden*. Die Erfahrung des Sitzens und Nichts-Tuns ist ebenfalls schwierig, denn wenn wir uns keiner erkennbaren Aktivität widmen, müssen wir auf unsere gewohnten Definitionen verzichten.

Bloßes Sitzen beinhaltet, daß wir nur noch mittels unserer körperlichen Präsenz und unserer Gedankenprozesse beweisen können, daß wir lebendig sind. Wenn wir uns an die körperliche Dimension des Sitzens gewöhnt haben (mit der sich Kapitel 4 beschäftigt), bleiben uns nur noch unsere Gedankenprozesse. Shine nimmt diese Prozesse unter die Lupe, und dadurch erfahren wir auf der Stelle einige interessante Dinge. Wir erfahren zum Beispiel, daß wir manchmal lieber einfach über *irgend etwas* nachdenken, als die Gedankenprozesse loszulassen. Lieber sinnieren wir darüber, daß wir zum Lebensmittelhändler, zum Supermarkt oder zur Post gehen müßten. Wir denken lieber über Werbespots aus dem Fernsehen nach oder darüber, daß wir unbedingt neues Klopapier kaufen müssen. Statt nicht zu denken, ziehen wir es vor, praktisch über alles nachzudenken. Immer wieder staunen Übende über die Banalität der Gedanken, an denen sie haften, statt einfach mit dem Prozeß des Loslassens fortzufahren.

Wenn wir uns im Sitzen üben, können wir uns fragen, warum wir lieber über *irgend etwas* nachdenken oder einschlafen, als zu riskieren, uns der Erfahrung des Wachbleibens in Abwesenheit von Gedanken auszusetzen.

Völlige Abwesenheit von Gedanken erscheint uns offenbar in irgendeiner Weise bedrohlich.

Was könnte es auch sonst sein? Zumindest könnten wir sagen, daß die Abwesenheit von Gedanken unseren „Bedürfnissen“ nicht gerecht wird. Nun können wir weiter fragen: Wie kommt es, daß wir uns von „Nichts“ bedroht fühlen? Worin genau bestehen die erwähnten „Bedürfnisse“, und warum lassen sie sich nicht mit den relativ kurzen Perioden der Leere vereinbaren?

Jeder, der sich entschließen würde, ein paar Stunden in einem Testraum zur Untersuchung sensorischer Deprivation zu verbringen, würde bald mit der Natur seiner „Bedürfnisse“ konfrontiert werden. Er würde mit einem Schwinden des Körpergefühls sowie mit Gefühlen der Angst, Einsamkeit, Paranoia und Verwirrung konfrontiert werden. Er würde auch genau seine Reaktionsweisen auf diese Gefühle herausfinden. Er würde versuchen, sein Selbstgefühl zu festigen, spezifische Arten der Abwehr einsetzen, wohlbekannte Gedankensequenzen erzeugen und Kontakt zu äußeren Objekten aufnehmen, Fluchtstrategien und komplizierte Alternativpläne entwickeln oder ganz einfach versuchen zu schlafen. Er würde entdecken, daß der Raum der Abwesenheit, in dem er sich befand, ihm nicht das Gefühl der Festigkeit, der Unveränderlichkeit, der individuellen Existenz, der Kontrolle oder der Definition lieferte.

Eine vollständige sensorische Deprivation ist natürlich eine ziemlich drastische Maßnahme, die übrigens auch gar nicht so leicht zu bewerkstelligen ist. Für diejenigen, die nicht wissen, wie ein Raum zur Erzeugung sensorischer Deprivation aussieht, möchte ich ihn kurz beschreiben: Es handelt sich um eine große Wanne, die mit einer Salzlösung von der Temperatur menschlichen Blutes gefüllt ist. In dieser Wanne schwimmt ein Mensch, der mit einer Sauerstoffzufuhr verbunden ist – das ist alles. Derjenige, der in der Wanne liegt, sieht nichts, hört nichts, riecht nichts und berührt nichts.

Shi-ne ist eine langsamere, weniger gewaltsame Methode, mit deren Hilfe man all das lernen kann, was man in einem Raum für sensorische Deprivation lernen könnte. Die Shi-ne-Übung ermöglicht es uns, unsere eigenen Entdeckungen zu machen, und gibt uns dabei die Zeit, die wir brauchen. Da wir selbst das Tempo unserer Untersuchung bestimmen, vermögen wir unsere Entdeckungen zu assimilieren und in unser Alltagsbewußtsein zu integrieren.

Einer meiner Lieblings-Übungsplätze im Himalaya lag in der Nähe eines Wasserfalls über dem tibetischen Dorf Mcleod Ganj, einer ehemaligen britischen Bergstation im Vorgebirge unterhalb von West-Tibet. Unweit von diesem Wasserfall befand sich mitten im Fluß ein massiver flacher Fels, umspült vom unablässig tosenden Wasser. Der Fluß stürzte zu Tal, den Hochebenen um Dharamsala entgegen, und beförderte das eiskalte Schmelzwasser tibetischer Gletscher in das indische Tiefland. Wenn ich auf diesem Felsen saß, blickte ich auf eine ununterbrochene riesige Fläche blauen Himmels. Bei gutem Wetter war dies für mich ein idealer Platz zum Üben. Mitten im tosenden Fluß, den verhaltenen Donner des Wasserfalls hinter mir, konnte ich in das unendliche Blau des Himmels *schauen* und die Auflösung meiner Definitionen zulassen. Da ich mich vom Geräusch des Wasser überwältigen ließ, vermochte mich keine andere Art von Geräusch zu stören. So wurde der tosende Fluß zu einer *tosenden Stille*.

Als ich einmal über meinen Aufenthalt im Himalaya sprach, sagte einer meiner Schüler, mein Lieblingsplatz habe alle Eigenschaften einer etwas modifizierten Methode sensorischer Deprivation gehabt. Bei dieser Methode benutzt man eine „Brille“ aus zwei mit Baumwolle abgepolsterten halben Ping-Pong-Bällen, um Licht von außen abzuhalten. Die beiden Hälften werden durch ein weiches elastisches Band zusammengehalten. Die Methode besteht darin, diese „Brille“ sowie zusätzlich einen Kopfhörer aufzusetzen, in welchem entweder weißes Rauschen oder das Rauschen eines Baches zu hören ist. Dann wird ein schwachblaues Licht eingeschaltet, um unsere Augen einem Farbeindruck auszusetzen. Damit sind alle Voraussetzungen geschaffen, um der Versuchsperson ein paar interessante Dinge über sich selbst zu offenbaren. Ich habe das soeben Beschriebene zwar nicht in die Reihe der „offiziellen Experimente“ aufgenommen, doch wenn Sie sich die Mühe machen wollen, es einmal auszuprobieren, werden Sie sicher eine wertvolle Erfahrung machen. Diese Methode kann sich beispielsweise als nützlich erweisen, wenn Sie in einer Wohnung oder in einem Zimmer leben, wo es nicht möglich ist, sich der Ablenkung durch „identifizierbare“ Geräusche - beispielsweise laute Unterhaltungen oder Musik aus der Nachbarwohnung - zu entziehen.

Durch derartige Erfahrungen können wir ohne fremde Hilfe entdecken, daß wir alle irgendeine Form von Konditionierung, Indoktrinierung oder Programmierung empfangen haben, die unserem Sein irgendeine rigide Definition übergestülpt hat. Wenn wir uns im Sitzen üben, werden wir bald feststellen, daß unsere Definition ungefähr so lautet: Um zu existieren, müssen wir ständig wissen, daß wir existieren, und um zu wissen, daß wir existieren, brauchen wir ständig Beweise für unsere Existenz im Sinne von Festigkeit, Kontinuität, Abgetrenntheit und Dauerhaftigkeit.

Die Entdeckung, die wir durch die Shi-ne-Übung machen, ist, daß unsere Angst vor dem Nicht-Existieren gleichzeitig sowohl die treibende Kraft unseres Zerstreut-Seins als auch das *Durchscheinen* unseres Befreit-Seins ist. Unser Mißtrauen gegenüber der Natur dessen, *was wir sind*, ist in der Tat wohlbegründet, doch gewöhnlich zielt unser Verdacht in die falsche Richtung. Wir mißtrauen der *Offenen Dimension unseres Seins*, statt unseren eigenen konzeptuellen Kriterien zur Definition der Existenz zu mißtrauen.

Sobald wir mit der Shi-ne-Übung fortfahren, entdecken wir, daß der Geltungsbereich unserer Definitionen eine Barriere ist. Wir entdecken, daß diese Barriere aus Gefühlen der eigenen Nichtigkeit, der Angst, der Isolation, der Aufregung und der Langeweile besteht. Die Shi-ne-Übung „kitzelt" alle diese Gefühle hervor. Zwar entlockt uns auch das Leben alle diese Gefühle, doch nicht ganz so eindeutig. Solange wir darauf beharren, feste Definitionen dessen aufrechtzuerhalten, was wir sind, wird die Shi-ne-Übung diese Gefühle auf eine mutwillige, wehmütige oder traurige Weise hervorlocken.

Wir verbringen unser Leben mit der Suche nach Definitionen. Shi-ne ist eine Art, Ferien von dieser Tätigkeit zu machen. Die Natur der Existenz, *die Art, wie die Dinge sind*, fördert und behindert uns unentwegt und auf eine völlig unparteiische Weise bei unserer Suche nach Definitionen. Dem zufälligen Wirken des Universums Parteilichkeit zuzuschreiben bedeutet, Gott und den Teufel zu erfinden, und abgesehen davon, daß dies schon längst jemand getan hat, ist das nicht unsere Sache. Unser Problem ist, daß wir den Prozeß des Definierens kontrollieren wollen – als ob wir von dem abgetrennt wären, was uns definiert hat.

Dies ist eine ziemlich vertrackte Angelegenheit: Statt uns zuzugestehen, daß wir ständig neu definiert werden und gelegentlich sogar ohne jede Definition auskommen müssen, fordern wir eine despotische Kontrolle, die unmöglich zu erlangen ist.

Sitzen bedroht unsere Definitionen, was immer sie beinhalten mögen, und enthüllt entweder schelmisch oder dämonisch die Tatsache, daß wir sehr fest an unsere Definitionen glauben. Sitzen offenbart entweder auf köstliche oder auf schreckliche Weise, daß wir glauben, Definitionen seien zu unserem Überleben unabdingbar. Wir ziehen es vor, anderen Menschen zu sagen, wer wir sind, statt zuzulassen, daß sie uns über „inoffizielle Kanäle" erfahren. Wir sagen gerne, daß wir Sozialisten, Realisten, Humanisten, Buddhisten, Pragmatiker, Feministen, „Maskulisten", Royalisten, Anarchisten, Imperialisten, Kommunisten, Naturisten, Rassisten, Nihilisten oder was auch immer sind. Einige von uns sind ein wenig schlauer und fordern, man dürfe keiner Art von „Ismus" anhängen; doch wenn wir dies zu laut und zu oft fordern, laufen wir ernsthaft Gefahr, zu „Anti-Isten" zu werden.

In „New Age"-Kreisen pflegt man einander zu sagen, man sei ein Wassermann oder eine Waage. Doch geben sich die New-Age-Anhänger nicht damit zufrieden, sich selbst auf diese Weise zu definieren, sondern machen auch Sie zum Opfer ihrer astrologischen Betrachtungen. Also enthüllen Sie Ihre Konstellation, woraufhin es heißt: „Ach ja, *natürlich...*", begleitet von einem „wissenden" Nicken. Es ist geschafft: Sie sind „angezapft" und in Definitionen eingekapselt worden und werden nun zu einer „klarsichtverpackten, gefriergetrockneten, ofenfertigen, servierbereiten, fettarmen, proteinreichen, preisreduzierten, benutzerfreundlichen Niedrigpreis-Sonderangebots-Bekanntschaft". – „Du bist also ein Zwilling! Ja *das* erklärt eine Menge..." Sie werden allmählich nervös – Sie fühlen sich durchschaut – und entgegnen, daß Ihr Mond in Skorpion steht, und daß Sie einen Jungfrau-Aszendenten haben, was die Sachlage natürlich *völlig* verändert.

Wenn Menschen einmal gelernt haben, einander genügend zu definieren, fühlen sie sich sicher, und wenn sie dann Beziehungen zueinander aufnehmen, nehmen sie Beziehungen zu einem System von Definitionen auf. Wenn man zu einem solchen System von Definitionen in Beziehung tritt, vermeidet man den realen Schmerz oder die reale Freude des Kontakts zu einer unberechenbaren und inkonsistenten *realen Person*. In diesem Zusammenhang fällt mir ein köstlicher Einzeiler ein, den mein teurer Freund Dr. Flaming Rainbow gelegentlich zum Besten gibt, wenn er von tollwütigen Astrologen bedrängt wird, ihnen sein Sonnenzeichen zu verraten. Er sagt dann gewöhnlich: „Ich stehe genau auf der Grenze zwischen Visa und Access."

Ich habe keineswegs vor, hier das uralte und faszinierende System der Astrologie völlig lächerlich zu machen, sondern möchte mich nur über eine Tendenz vieler Möchtegern-Astrologen lustig machen. Die verschiedenen astrologischen Systeme der ganzen Welt sind sehr nützliche Werkzeuge für die Untersuchung, doch wenn sie Definitionsfanatikern in die Hände fallen, können sie ziemlich banal werden. Systeme, die der Untersuchung dienen, sind nur dann wirklich hilfreich, wenn sie uns auf unsere Konditionierung stoßen und uns dabei helfen, diese zu entlarven.

Der Prozeß der Shi-ne-Übung hinterläßt in uns keinerlei Zweifel an der Tatsache, *daß* wir konditioniert sind. Wir entdecken dies auf die gleiche Weise, wie wir entdecken, daß Wasser naß oder daß Eis kalt ist. Wenn unser Interesse mehr im Bereich des Erfahrens als in dem des Definierens oder Theoretisierens liegt, ist es nicht so brennend wichtig für uns zu wissen, warum etwas so ist, wie es ist. Aus intellektueller Sicht - die unsere *Grenzenlosen Fähigkeiten* untergräbt - mag diese Aussage empörend erscheinen, weil der Intellekt immer wissen möchte, warum etwas so ist, wie es ist. Aus der Perspektive der Erfahrung jedoch ist „Wissen warum" ziemlich unwesentlich - eine dekorative Floskel, ein bloßer Zusatz zum „Wissen wie".

„Warum" leitet eine intellektuell/philosophische Frage ein. Als Mittel zum Erreichen irgendeiner grundlegenden Realisation wird diese Art zu fragen stark überbewertet. Antworten auf Warum-Fragen scheinen immer neue Warums nach sich zu ziehen - das Warum hat praktisch kein Ende.

„Wie" leitet eine praxis- bzw. erfahrungsbezogene Frage ein, die uns „befähigt", indem sie uns unmittelbaren Zugang zu Erfahrungen aus erster Hand ermöglicht. Wie-Fragen geben uns den Prozeß der Untersuchung in die Hand. Wenn wir jemanden fragen, warum er ein Feuer angezündet hat, wird er uns wahrscheinlich antworten, er wolle „es warm haben". Daraufhin könnten wir ihn fragen, warum er es warm haben wolle, worauf er möglicherweise antworten wird, er habe es nicht gerne, wenn ihm kalt sei. Wenn man weiter fragen würde, warum er das nicht gerne habe, würde er uns wahrscheinlich überhaupt nicht mehr antworten, oder er würde uns auffordern, den Mund zu halten, weil wir ihn vom Feuermachen abhielten. Den meisten Eltern dürfte diese Art von Fragen wohlbekannt sein. Kinder stellen in einer bestimmten Entwicklungsphase mit ausgesprochener Vorliebe solche Fragen. Diese entspringen einerseits ihrer Neugierde und andererseits dem simplen Wunsch, das Gemurmel der elterlichen Stimmen zu hören, welches auf sie beruhigend wirkt. Wenn wir älter werden, lernen wir, derartige beruhigende Reaktionen auf raffiniertere Weise hervorzulocken – wir fangen an, uns für Philosophie zu interessieren und erfreuen uns an philosophischen Spekulationen, um das beruhigende Gemurmel unseres Gedankenprozesses aufrechtzuerhalten. Doch die Warums der Philosophen unterscheiden sich oft nicht sonderlich von denen kleiner Kinder. Die Frage „Warum?" ist häufig eine Aufforderung zu einer Ersatzerfahrung – eine Art, auf Nummer Sicher zu gehen, eine Art, sich hinsichtlich eigenen Erfahrens der Faulheit hinzugeben. „Wie?" zu fragen bedeutet, daß wir uns an die Schwelle von etwas Neuem begeben. Wenn wir jemanden fragen, wie man ein Feuer anzündet, erfahren wir nicht nur, wie man ein Feuer anzündet, sondern wir lernen das Spektrum unterschiedlicher Motivationen kennen, aus denen die Welt eines Feuermachers besteht – *und plötzlich wissen wir, warum.*

„Warum?" ist die Ausschmückung des „Wissens wie". Wenn wir zuerst „Wie?" gefragt haben, können wir anschließend aus dem Grund unserer Existenz heraus „Warum?" fragen. Wir können fragen: „Warum brennt mein Feuer nicht richtig?" Derartige Warum-Fragen erreichen deshalb ihr Ziel, weil sie ein implizites Wie enthalten – „Wie erreiche ich, daß mein Feuer gut brennt?"

Dies alles erscheint ziemlich offensichtlich, wenn es um die Welt geht, die wir berühren oder mit unseren herkömmlichen fünf Sinnen erfahren können. Doch wenn es um unsere Gefühle und um unsere sich ständig verändernden psychologischen Charakteristika geht, ist die Sache nicht so einfach. Zu fragen, wie wir zu einem *Verständnis* dessen gelangen können, was wir sind, und wie wir einfach *Sein* können, Hier und Jetzt, bringt uns in das Reich der *Erklärungen* und *Instruktionen* über die *Methode*, und diese basieren auf Erfahrungen, die außerhalb des Bereichs unserer herkömmlichen Logik liegen.

Nam-pang – Flug

10 Angst vor dem Fliegen

Wenn ich nun etwas über Bezugspunkte sage, so wird der Eindruck entstehen, daß dies in Widerspruch zu „Tatsachen" steht, die Ihnen vielleicht sehr wichtig sind. Ich glaube allerdings nicht, daß dies zu einem furchtbaren Problem werden wird, denn ich vertraue sehr darauf, daß Sie aufgrund Ihrer mittlerweile gesammelten praktischen Erfahrung mit dem Sitzen in der Lage sind, mit mir zu fliegen. Selbst wenn Sie das Gefühl haben sollten, daß „das Bißchen Erfahrung mit dem Sitzen", das Sie nun haben, „nicht der Rede wert ist", glaube ich, daß Sie staunen werden, was für ausschweifende Erklärungen Sie schon verkraften können. Die herkömmliche Logik ist für Sie vermutlich nicht mehr eine so große Barriere wie zu dem Zeitpunkt, als Sie dieses Buch zum erstenmal in die Hand genommen haben.

Durch die Ausführung der in diesem Buch enthaltenen Übungen haben Sie die engen Grenzen herkömmlicher Logik verwischt und entwickeln allmählich ein Gefühl für das, was jenseits dieser Grenzen liegt. Doch damit Sie in Bereiche fliegen können, die nicht auf herkömmliche Weise kartographisch erfaßt sind, benötige ich Ihre Mitarbeit: Sie müssen sich auch weiterhin im Sitzen üben.

Ich möchte, daß Sie dieses Buch jedesmal zur Seite legen, wenn unsere Wege sich trennen, weil Sie etwas nicht verstehen.

Das ist die Übung (oder die Übungsserie), die dieses Kapitel begleitet. Ob Sie diese Übung ausführen oder nicht – in jedem Fall möchte ich Ihnen raten, mindestens einmal täglich eine halbe Stunde zu Sitzen, während Sie dieses Buch lesen, damit Sie eine persönliche, auf eigener Erfahrung basierende Verbindung zu dem haben, was Sie lesen. Dies ist ein erfahrungsbezogenes Buch. Es einfach durchzulesen, ohne zu üben, führt nur zu Verwirrung, es sei denn, Sie haben bereits Erfahrung im Üben oder eine anderweitige starke Verbindung zum Inhalt.

Wenn Sie also merken, daß Sie dem, was Sie lesen, nicht mehr zu folgen vermögen und daß Sie keine Beziehung dazu haben, dann überprüfen Sie es im Licht Ihrer eigenen Erfahrung mit dem Sitzen. Es besteht kein Grund, auch nur irgend etwas von diesen Erklärungen auf Treu und Glauben zu akzeptieren; es ist unbedingt erforderlich, das, worum es hier geht, selbst zu überprüfen. Alles, was Sie aus einem anderen Grunde akzeptieren als demjenigen, daß Sie es aus eigener Erfahrung bestätigen können, wird irgendwann zu einem Hindernis und zu einem Problem für Sie werden. Benutzen Sie also die Shi-ne-Methode, um herauszufinden, ob irgend etwas von all dem für Sie *Wirklich* ist!

Dem herkömmlichen logischen Denken zu widersprechen, erscheint (vom Standpunkt der logischen Denkens aus gesehen) ein wenig riskant - man könnte auf diese Weise zum Exzentriker oder zum Drop-out werden; allerdings halte ich das für nicht wahrscheinlich. Ich bin der Meinung, daß der Eintritt in diesen Erfahrungsbereich Sie eher innerlich als äußerlich verändern wird. Äußere Veränderungen sind in der überwiegenden Zahl der Fälle ein Ausdruck irgendeiner Neurose.

Ihre bisherige Übung hat eine Grundlage für das Verstehen geschaffen; deshalb sollte die Ansicht, die wir erforschen wollen, sich für Sie allmählich auf eine Weise erweitern, die für Sie *Unmittelbaren Sinn* macht. Außerdem ist die Ansicht, die ich darstelle, keine konstruierte Philosophie, sondern ein fundamentaler Ausdruck des Seins, was bedeutet, daß Sie sie bereits *kennen* und daß sie in der Erfahrung des Sitzens lediglich wiederentdeckt zu werden braucht.

Erklärungen können entweder auf der Grundlage unmittelbaren (Wieder-)Erkennens verstanden werden, das durch die Übung entsteht, oder infolge des *Durch-Scheinens* unserer Anfangslosen Erleuchteten Natur.

Dieses Kapitel ist also eine Anlaufbahn - eine Art Sprungbrett. Im Anschluß daran werde ich etwas über Bezugslosigkeit sagen. Dieses Sprungbrett, welches aus Ideen besteht, deren Ziel es ist, unsere Ideen zu unterminieren, soll uns befähigen, in den Raum zu springen und in ein Verständnis der Unermeßlichkeit dessen einzutauchen, was wir wirklich sind.

An dieser Stelle möchte ich zwei Begriffe einführen, die uns helfen können, uns damit auseinanderzusetzen, wie wir verschiedene Arten von Material absorbieren können. Die beiden Begriffe sind „herkömmliche Logik“ und *Verwirklichtes Denken*. Herkömmliche Logik gilt in der Welt als akzeptabel. Verwirklichtes Denken basiert auf Erfahrung, die außerhalb des Bereichs herkömmlicher Logik liegt.

Es ist unmöglich, mit dem Rammbock der herkömmlichen Logik in das Reich des Verwirklichten Denkens einzudringen. Der einzige Zugang, der uns bleibt, ist zu fragen (falls wir so offen sind, daß wir fragen können), wie wir auf die Erfahrungsebene gelangen können, von der aus wir zum Verwirklichten Denken in Beziehung treten können.

Die Antwort auf diese Frage besteht aus einer Reihe von Methoden, von denen die erste die Shi-ne-Übung ist. Wenn wir eine gewisse Erfahrung mit der Übung des Sitzens haben, werden wir anfangen, uns für den Strom des Verwirklichten Denkens zu öffnen, dessen Grundlage der Erfahrungsbereich ist, in den wir durch das Sitzen eingetreten sind. Wenn wir einmal offen für Verwirklichtes Denken sind, werden wir ermutigt, alles auf der Ebene der Erfahrung zu betrachten. Je weiter wir in unserer Übung fortschreiten, um so offener werden wir - unsere Fähigkeiten sind dann weniger stark durch die herkömmliche Logik begrenzt. Die Barrieren zwischen unserem Verständnisvermögen und dem weiteren Horizont Verwirklichten Denkens, die uns zuvor so frustrierend erschienen, lösen sich nun auf.

Dies alles mag ziemlich abstrakt klingen, und es mag Ihnen schwierig erscheinen, eine Beziehung dazu herzustellen. Deshalb möchte ich jetzt einmal versuchen, Ihnen zu schildern, wie es ist, wenn man in fünfeinhalbtausend Metern Höhe aus einem Flugzeug springt. Ich hoffe, daß Sie dadurch eine klarere Vorstellung davon bekommen, was ich mit den Begriffen „herkömmliche Logik“ und „Verwirklichtes Denken“ meine.

Wenn Sie einer von den Menschen sind, die sich für das Fallschirmspringen und vor allem für den freien Fall begeistern, so haben Sie ein paar außergewöhnliche Erfahrungen gemacht, zu denen andere Menschen kaum etwas sagen können, solange sie nicht selbst gesprungen sind. Schauen wir uns einmal an, was beim freien Fall passiert. Sie fallen aus dem Flugzeug – Dschummmm! Plötzlich befinden Sie sich in der Luft – Sie sind dabei, etwas zu tun, was viele Menschen für verrückt halten. Der Anteil der Weltbevölkerung, der gelegentlich mit einem Fallschirm aus einem Flugzeug springt, ist kleiner als der Anteil derer, die Shi-ne üben – das ist zwar schade, aber es ist nun einmal so. Die erste Erfahrung, die man nach dem Sprung macht, ist ziemlich genau das, was Sie vermutlich erwartet haben: Man fällt wie ein Stein! Man fällt mit einer Beschleunigung von 6,7 Metern pro Sekunde.

Für die Leser, die nicht so gut in Physik sind (so wie ich), möchte ich erklären: Dies bedeutet, daß Sie immer schneller fallen, bis Sie die sogenannte „Endgeschwindigkeit" erreicht haben – das ist die Höchstgeschwindigkeit, die ein Objekt ohne Fremdantrieb beim Fall auf diesen Planeten erreichen kann. Die Endgeschwindigkeit beträgt ungefähr 193 Stundenkilometer – eine ziemlich hohe Geschwindigkeit, und man erreicht dieses Tempo innerhalb von ungefähr siebzehn Sekunden. Doch wenn die Endgeschwindigkeit erreicht ist, passiert etwas Merkwürdiges: Plötzlich hat man nicht mehr das Gefühl zu fallen. Der Magen fängt sich, und plötzlich ist es, als würde man gegen den Wind ankämpfen – als würde man infolge des Luftwiderstandes schweben.

Frei-Fall-Springer tragen eine Kleidung, die an den Anzug des „Michelin-Männchens" erinnert; damit können sie in der Luft Steuerbewegungen vollführen. Durch Fallen mit ausgebreiteten Armen und Beinen und durch Veränderung der Arm- und Beinposition können sie wie Adler in der Luft kreisen. Für kurze Zeit fühlt man sich wie ein Adler – man kann die Krümmung der Erdoberfläche erkennen und in einem gewissen Maße in die *Wahrnehmungsdimension* eines Adlers eintreten.

Wenn die Erde schließlich zu nahe rückt, zieht man an der Reißleine, der Fallschirm öffnet sich, und die Erfahrung verändert sich erneut. Man hat zwar immer noch nicht das Gefühl zu fallen, doch wenn man nach einer Weile nach unten schaut, passiert etwas ziemlich Merkwürdiges, das als „Ground-rush" bezeichnet wird – ein höchst merkwürdiges Phänomen und das Gegenteil dessen, was jeder, der sich diese Situation nur vorstellt, vermuten würde. Es entsteht nämlich der Eindruck, als würde einem der Erdboden entgegenstürzen. Man krümmt sich also zusammen und läßt sich, wenn man auf den Boden auftrifft, abrollen - die herkömmliche Realität setzt wieder ein.

Wenn ein hartgesottener Anhänger „herkömmlicher" Rationalität Sie in eine Diskussion über Ihr Erlebnis des freien Falls verwickeln würde, würden Sie sich wahrscheinlich sehr ärgern. Sie würden sagen: „Wie können Sie mit mir über eine Erfahrung streiten, die Sie selbst nie gemacht haben?" Der Rationalist würde wahrscheinlich entgegnen, es wäre ja wohl nicht zuviel verlangt, daß Sie in der Lage seien, Ihre Erfahrungen Ihren Mitmenschen in herkömmlichen Begriffen zu erklären.

Wahrscheinlich würden Sie bezweifeln, daß ein derartiger Versuch irgendeinen Sinn hat, und Ihrem Gesprächspartner sagen, ob er wolle oder nicht, er müsse wohl akzeptieren, was Sie über diese Erfahrung gesagt hätten, solange er nicht bereit sei, selbst den freien Fall auszuprobieren. Darauf würde er vermutlich gereizt und feindselig reagieren und sagen, Ihre Erklärung sei unsinnig, es sei unmöglich, daß man sich so fühle, als würde man nicht fallen, wenn man doch eindeutig falle. Er würde sagen, Sie könnten unmöglich den Eindruck haben, daß der Erdboden Ihnen entgegenkomme, wenn in Wahrheit Sie dem Erdboden entgegenfielen. Doch im Lichte Ihrer Erfahrung würden Ihnen diese Argumente ziemlich nichtssagend, lästig und hausbacken bzw. „erdgebunden" erscheinen. Sie würden entgegnen: „Probieren Sie es doch einfach selbst einmal aus, dann können wir weiter darüber diskutieren." Doch wenn Ihr Gegenüber Angst vor dem Fliegen hat, wird er niemals wissen, was diese Erfahrung beinhaltet. Vielleicht verbirgt er seine Angst vor dem Fliegen, indem er sagt, wenn Sie ihm das, was Sie behauptet haben, durch eine intellektuell nachvollziehbare Argumentation plausibel machen könnten, wäre er bereit, es auszuprobieren - doch bevor dies nicht geschehen sei, erscheine es ihm als reine Zeitverschwendung, den freien Fall zu erproben, weil er einfach nicht daran glaube, daß dies zu einer neuen oder merkwürdigen Erfahrung führe. Natürlich würden Sie sehr traurig darüber sein, daß der andere nicht akzeptieren kann, daß etwas jenseits seines herkömmlichen Bezugsrahmens möglich sein soll.

Doch wahrscheinlich würden Sie keinerlei Wert darin sehen, Ihre Erfahrung in die enge Schachtel herkömmlicher Logik zu packen, nur damit Ihr Gesprächspartner einen - dazu noch zweifelhaften - Gewinn hat.

Die „enge Schachtel" herkömmlicher Logik kann zu einem Vermeidungsmechanismus werden, zu einem Ausweichen, einem Versuch, das Bekenntnis zur eigenen Angst vor dem Fliegen zu umgehen. Wir könnten alle möglichen höchst vernünftig klingenden Entschuldigungen dafür vorbringen, daß wir nicht in den Raum springen wollen: „Meine Tante hat Geburtstag", „Mein Großvater wird begraben", „Mein Goldfisch ist heute etwas blaß", „Ich habe um vierzehn Uhr dreißig einen Termin beim Zahnarzt", „Ich habe…".

Es kann in hohem Maße befreiend wirken, all jene beredten Ausflüchte und all jene gelehrten Entschuldigungen fallenzulassen und uns unsere Angst vor dem Fliegen einzugestehen. Wenn wir unsere Abneigung dagegen, Definitionen aufzugeben, überwinden, so ist dies ein positiver Schritt, ein Schritt in Richtung auf die Arbeit damit, *wie wir sind.* Wenn wir uns unsere Angst vor dem Fliegen eingestehen, öffnen wir uns für die Untersuchung der Natur unserer Angst. Von diesem Punkt an löst sich die Angst ein wenig, es wird möglich, an ihr zu arbeiten, und die Idee des Sitzens wird zu einer positiven Herausforderung, sie erscheint nicht mehr als negative Bedrohung.

Bevor man in ein Flugzeug steigt, um zum erstenmal mit dem Fallschirm abzuspringen, spricht der Lehrer gewöhnlich die etwas ominöse Warnung aus, der einzige, der im Flugzeug wieder zum Erdboden zurückkomme, sei der Pilot. Sie haben ein One-Way-Ticket: Wenn Sie mitfliegen, müssen Sie auch springen!

Die Arbeit mit einem Lama hat auch etwas von dieser Qualität, und wie Sie aus dem Beispiel vom freien Fall ersehen können: Wenn Sie nie in ein Flugzeug steigen, können Sie auch nie springen. Sie werden dann nie Gelegenheit haben, entweder selbst zu springen oder von jemand anderem in die Luft gestoßen zu werden. Ob wir uns dem offenen Himmel stellen, indem wir aus einem Flugzeug springen, oder ob wir uns dem Offenen Himmel des Geistes stellen, indem wir uns im Sitzen üben, erfordert gleichermaßen, daß wir uns mit unserer Angst vor dem Fliegen konfrontieren.

Sechste Übung

Setzen Sie sich bequem hin, aber so, daß Sie wach bleiben / Finden Sie die Präsenz Ihres Gewahrseins ausschließlich im Ausatmen / Lassen Sie das Einatmen lediglich geschehen / Lassen Sie zu, daß sich alle Ihre Erfahrungen mit jedem Ausatmen in die Leere auflösen / Wenn Sie merken, daß Sie die Präsenz verloren haben – kehren Sie einfach wieder zur Präsenz zurück und bleiben Sie dabei / Wenn Gedanken auftauchen, dann lassen Sie zu, daß sie sich mit jedem Ausatmen in die Leere auflösen.

Versuchen Sie dies dreißig Minuten lang / Wenn Sie schon an längeres Sitzen gewöhnt sind, dann Sitzen Sie so lange, wie Sie dies gewöhnlich tun.

Nachbemerkungen zur sechsten Übung

Dies ist die abschließende Phase der Shi-ne-Übung mit Form. Sie haben den Einatem losgelassen, und jetzt lassen Sie nur zu, daß Ihr Ausatem Gedanken oder Vorstellungsbilder in die Leere auflöst. Vielleicht haben Sie bereits Erfahrungen gemacht, die man als *Lücken zwischen Gedanken* beschreiben könnte, und vielleicht haben Sie auf diese Lücken auf die unerschiedlichen Arten reagiert, die ich in den vorangegangenen Kapiteln beschrieben habe. Was immer Sie dabei erfahren haben, ist sehr wichtig (wenn nicht gar entscheidend), wenn Sie vermeiden wollen, daß *Ihre Suche schließlich im Suchen nach Lücken besteht*. Das „Suchen nach Lücken“ kann nicht erfolgreich sein, weil es unmöglich ist, nach *Lücken* zu greifen. *Lücken* werden ja erst durch *Nicht-Greifen* möglich. Vielleicht haben Sie festgestellt, daß Gedanken oder Vorstellungsbilder, die mit dem Einatmen auftauchten, sich einfach in die Raumhaftigkeit auflösten, wenn am Ende des Ausatmens eine

Lücke entstand. Wenn Sie fortfahren, auf diese Weise zu üben, werden Sie vielleicht die Erfahrung machen (vielleicht haben Sie sie ja auch bereits gemacht), daß die *Lücke* am Ende des Ausatems mehrere Atemzüge lang andauert, ohne daß sich irgendein *mentales Ereignis* manifestiert. An diesem Punkt wird es möglich, in die Shi-ne-Übung ohne Form einzutreten.

Vielleicht stellen Sie fest, daß eine subtile Tendenz zur Zerstreutheit oder zur Schläfrigkeit Sie beim Sitzen behindert. Diesen Manifestationen unserer Energie können wir durch eine kleine Bewegungsübung mit Kopf und Nacken entgegentreten.

Wenn Sie merken, daß Sie schläfrig werden, können Sie dies verhindern, indem Sie Ihren Kopf dreimal hochwerfen. Seien Sie dabei ein wenig vorsichtig, denn wenn Sie den Kopf zu heftig hochwerfen, könnten Sie Ihre Nackenwirbel verletzen; ist sie hingegen nicht kräftig genug, so erfüllt die Übung nicht ihren Zweck. Die gleiche Technik können Sie übrigens auch anwenden, wenn Sie sich zerstreut und unfähig fühlen, zur Ruhe zu kommen: Werfen Sie Ihren Kopf dreimal hoch.

Nachdem Sie dies getan haben, können Sie mit der Übung fortfahren, doch falls Sie merken, daß die Schläfrigkeit oder Zerstreutheit Sie wieder befällt, dann wiederholen Sie das Hochwerfen des Kopfs. Dies ist der Rückkehr zu einer stärker formgebundenen Art von Shi-ne vorzuziehen.

Wenn Sie jedoch feststellen, daß Sie dies mehr als dreimal im Verlauf einer Übungs-Sitzung wiederholen müssen, dann sollten Sie besser zu einer stärker formgebundenen Art der Übung zurückkehren. Wir sollten uns stets dessen bewußt sein, daß unsere Energien von Tag zu Tag fluktuieren und daß die Rückkehr zu einer früher benutzten Übungsmethode keinesfalls als Rückschritt zu werten ist. Viel wahrscheinlicher ist, daß Sie die Gerichtetheit Ihrer Übung unterminieren, wenn Sie Methoden benutzen, die Ihren jeweiligen aktuellen Zustand nicht berücksichtigen.

Dies sind subtile Anpassungen, die subtilen Tendenzen entgegensteuern, doch wenn Sie feststellen sollten, daß Sie in lange Gedankengeschichten abschweifen oder daß Sie einnicken, dann kehren Sie zu einer formgebundeneren Art des Übens zurück.

Chö-dzing – Durch Anhaftung an Manifestationen an Definitionen des Seins festhalten

11 Klebrige Finger

In und *von* der Welt zu sein, kann eine *klebrige* Angelegenheit sein.

Gegen unsere Welt selbst oder gegen die Fähigkeiten unserer Sinne an sich ist nichts einzuwenden - eigentlich ist gegen nichts irgend etwas einzuwenden. Doch warum existiert dann dieses Gefühl, das irgend etwas nicht stimmt, jenes Gefühl der „Unvollständigkeit“? Was *ist* jenes Gefühl der „Unvollständigkeit“, und *wo* ist es? Wenn wir uns die Welt anschauen, können wir dann ernstlich behaupten, daß es der Welt an irgend etwas mangelt? Was müßte sie *haben,* abgesehen von dem, was sie *ist?* Wenn wir uns selbst daraufhin durchleuchten, können wir dann ehrlicherweise behaupten, daß es uns an irgendetwas mangelt? Was müßten wir *haben,* abgesehen von dem, was wir *sind?* Was also ist jene „Unvollständigkeit“? Wie entsteht jenes „Gefühl“, wenn es keinerlei Grundlage hat?

In und *von* der Welt zu sein, kann eine klebrige Angelegenheit sein - so mögen wir empfinden. Doch ist es möglich herauszufinden, warum das so ist? Viele Philosophien, Religionen und mystische Systeme sind entwickelt worden, um diese Frage zu beantworten, doch die Frage selbst bleibt - zumindest für die meisten von uns - nach wie vor unbeantwortet. Wir können weder behaupten, daß es „eine Antwort“ geben muß, noch, daß es keine „Antwort“ gibt - wir können lediglich sagen, daß wir *Wissen* möchten, was eigentlich los ist, weil *in* und *von* der Welt zu sein, eine *klebrige* Angelegenheit ist.

Manchmal ist die Klebrigkeit der Welt sehr süß: wie Honig auf einer Rasierklinge. Wir lecken die Klinge ab, und rufen aus: „Oh, wie herrlich süß das ist!“ Doch dann werden wir mit der Tatsache konfrontiert, daß die Klinge scharf ist, weil wir plötzlich bluten.

Manche Leute würden angesichts dieser Erfahrung sagen: „Honig ist böse und heimtückisch, man sollte sich möglichst davon fernhalten, wenn man sich nicht schneiden will." Diese Art zu denken sieht die „Rasierklinge des Lebens" als unerwünscht.

Es gibt auch Leute, die sagen: „Versuchen wir doch einfach, eine Möglichkeit zu finden, wie man den Honig ablecken kann, ohne sich zu schneiden." Auch diese Art zu denken sieht die Rasierklinge des Lebens als unerwünscht.

Wieder andere sagen: „Das einzige, was existiert, ist die Rasierklinge – das Leben ist nichts als Schmerz, deshalb ist die Auslöschung eine Befreiung." Diese Art zu denken verleugnet die Süße des Honigs.

Und dann gibt es noch diejenigen, die sagen: „Der Honig ist das einzige, was wirklich zählt. Wenn wir uns dann an der Rasierklinge schneiden, haben wir wenigstens die Süße gekostet!" Diese Denkweise akzeptiert sowohl den Honig wie auch die Rasierklinge, spaltet jedoch die Erfahrung auf. Honig und Rasierklinge sind jedoch eine einzige Erfahrung. Wenn wir uns in einer menschlichen Form manifestieren, kosten wir den *Honig auf der Rasierklinge*. Wenn wir für den Honig leben und die Rasierklinge als „Berufsrisiko" in Kauf nehmen, erfahren wir den Honig entweder so süß, daß uns davon schlecht wird und wir uns übergeben müssen, oder wir verletzen uns an der Klinge Zunge und Mund.

Was bedeutet es, den *Honig* auf der *Rasierklinge* zu kosten? Es bedeutet, daß man die vereinigte Erfahrung als das akzeptiert, *was ist*, und so von der Dualität befreit wird. Das Erleben des einen oder des anderen zugunsten einer nicht existierenden Alternative zurückzuweisen, bedeutet, sich endlos im Zustand des Zerstreut-Seins im Kreise zu bewegen.

Es gibt die *honigsüßen Augenblicke*, in denen wir uns so fühlen, als könnten wir ewig leben – und tatsächlich lebt die *Ewigkeit* in jenen Augenblicken. Doch wenn wir versuchen, die Ewigkeit festzuhalten, schrumpft sie blitzschnell zusammen, und wir müssen feststellen, daß in uns oder in unserer Welt nichts außer künstlichen Aufspaltungen zurückbleibt. Wenn wir die Rasierklinge weiterhin ablecken, auch nachdem schon kein Honig mehr darauf ist, verstümmeln wir uns. Eine schmerzhafte Analogie, doch – glücklicherweise oder unglücklicherweise – ist das Leben nicht immer so extrem.

Weil es so schwierig zu sein scheint, einfach zu Sein, ohne jeden Beweis für unser Sein, benutzen wir unsere Welt und das Phänomen unserer Wahrnehmung als „Beweise“ dafür, daß wir hier sind – daß wir wirklich existieren. Wir scheinen nicht in der Lage zu sein, uns einfach zurückzulehnen und das, was sich uns darbietet, zu genießen – wir müssen es berühren, und wenn wir es berührt haben, müssen wir danach greifen, es festhalten, besitzen und verteidigen. Es ist so, als hätten wir mit bloßen Händen in den Honigkrug gegriffen und als würde nun alles, was wir anfassen, an uns kleben bleiben – wir haben *klebrige Finger*.

Es ist nichts dagegen einzuwenden, daß man *von* der Welt oder *in* der Welt ist, allerdings ist es eine „klebrige“ Angelegenheit – wir haben klebrige Finger und müssen uns die Hände in der Leere des Seins waschen, bevor wir etwas berühren können, ohne daran zu haften.

Manche würden sagen: „Aber die Welt ist nun einmal so klebrig, besser berühren wir sie erst gar nicht, damit wir nicht daran haften bleiben.“ Diese Denkweise sieht die Welt als das Problem an.

Noch andere würden sagen: „Aber *wir* sind so klebrig, daß wir uns ständig die Hände waschen müssen, damit wir nicht an allem haften.“

Vielleicht könnten wir statt dessen versuchen, unsere Hände immer dann zu waschen, wenn wir das Gefühl haben, daß wir wirklich *klebrige Finger* haben.

Wir sollten nun einen Blick darauf werfen, was diese unterschiedlichen Anschauungen im Lichte unserer Praxis des Sitzens bedeuten. Wenn wir an Gedanken haften, um uns selbst gegenüber unsere Existenz zu beweisen, ist dies der Prozeß, den ich in Kapitel 2 als „Bezugnehmen“ bezeichnet habe. Bezugnehmen ist ein nie endender Prozeß, der zu keinem befriedigenden Abschluß kommen kann. Die Shi-ne-Übung bringt uns diesen Prozeß in starkem Maße zu Bewußtsein, und wir fangen an zu *sehen*, was wir da tun. Das Greifen nach wohlbekannten Mustern führt dazu, daß unsere Gedanken uns als Bezugspunkte dienen. Doch Gedanken, Ideen, Bilder, Gefühle, Empfindungen, Menschen, Orte und Dinge sind an und für sich keine Bezugspunkte. Wir reduzieren sie lediglich zu Bezugspunkten aus Angst davor, ohne derartige Bezüge nicht mehr weiter zu existieren.

Wahrscheinlich brauchen Sie etwas Zeit, um das bisher Gesagte zu verdauen. Deshalb möchte ich nun zunächst einen Blick auf andere Arten von Bezugspunkten werfen sowie darauf, wie wir diese benutzen.

Wenn Sie sich auf einem Schiff befinden und navigieren müssen, sind die Sonne und die Sterne sehr nützliche Bezugspunkte. Wenn ich hier vom Loslassen von Bezugspunkten spreche, meine ich damit keineswegs, daß wir ständig unsere Orientierungspunkte in der Welt „loslassen“ sollten, sondern daß wir aufhören sollten, zu uns selbst zu sagen: „Ich befinde mich *hier*! *Dies* ist ein Ort, der mich in meiner gesamten Existenz bestärkt, und das bedeutet, daß ich wirklich bin!“ Natürlich müssen wir in der relativen Welt entsprechend relativen Kriterien unsere Aufgaben erfüllen können, doch müssen wir auch dafür Sorge tragen, daß unser Blickfeld sich nicht ausschließlich auf den Bereich des Relativen beschränkt.

Als Kind war es für mich immer mit sehr angenehmen Gefühlen verbunden, wenn ich zu den Sternen aufschaute. Ich wußte, wie man den Großen Bären und den Kleinen Bären findet und wie man vom Hinterbein des Großen Bären aus den Nordstern findet. Es war für mich immer tröstlich, meine „Freunde im Himmel“ zu finden, denn dann „wußte“ ich, daß auf irgendeine Weise irgend etwas dort oben „Sinn machte“. Ich habe nie anhand der Sterne meine eigene Position bestimmen müssen; diese Information hat mir also immer nur als tröstlicher Gedanke gedient - als eine Art, zu mir selbst zu sagen: „Ach ja, da ist er ja - ich sehe ihn. Ich bin ein Mensch, der darüber Bescheid weiß, und nachdem ich mir nun diese Tatsache vor Augen geführt habe, fühle ich mich nicht mehr ganz so einsam oder ‚leer‘.“

Unsere Art, Bezugspunkte zu schaffen, besteht darin, an Menschen, Gedanken, Gefühlen, Situationen und Objekten zu haften, wenn sie uns „existentielle Bestätigung“ zu geben scheinen. Doch Bezugspunkte lassen uns stets im Stich, weil sie (ebenso wie wir) flüchtige Facetten eines andauernden Umwandlungsprozesses sind. Alles ist von Natur aus vorübergehend. Manche Dinge existieren so lange, daß sie als ewig erscheinen, doch sogar unsere

Sonne wird irgendwann sterben. Der Himalaya steigt immer noch an, doch andere Gebirge, die früher einmal höher als der Himalaya waren, sind heute durch andauernde Erosion zu Hügeln geschrumpft. Gewisse weniger grandiose Phänomene überdauern uns ebenfalls, allerdings sind wir möglicherweise nicht in der Lage, in ihrer Nähe - und sie auch nicht dazu, in der unseren - zu bleiben. Manchmal, wenn Dinge, die wir sehr schätzen, unser ganzes Leben lang in unserer Nähe bleiben, kann der Wert, den wir ihnen zumessen, sogar in Geringschätzung umschlagen. Umgekehrt kann Banales plötzlich wertvoll werden - doch oft ist es so, daß wir den Wert von etwas erst dann wirklich zu schätzen wissen, wenn es nicht mehr da ist.

Nichts ist beständig - doch weil wir gerne hätten, daß etwas Beständiges existiert, suchen wir Beweise für Beständigkeit in den momentanen Manifestationen der Stabilität in unserer Umgebung.

In unserer eingeengten Sichtweise, die unentwegt Bezüge herzustellen versucht, ist alles ein wenig mehr, als es zu sein scheint. Ein Auto ist nicht nur ein Auto, eine Kamera nicht nur eine Kamera, und Jeans sind nicht nur Jeans. Wenn Sie einem Angehörigen eines Eingeborenenstammes, der nichts über unsere moderne Technik weiß, etwas über Autos erzählen wollten, würden Sie sich vermutlich sehr einfach ausdrücken. Sie würden ihm eine ziemlich grundlegende Vorstellung von einem Auto vermitteln. Sie würden über Transport, Räder, Sitze, Kraftquellen und Steuerung sprechen - Sie würden versuchen, ihm zu erklären, wie ein Auto funktioniert und wozu man es benutzt. Doch würden Sie ihm gegenüber bestimmte Aspekte von Automobilen sicherlich nicht erwähnen, beispielsweise ihre Funktion als Statussymbol, als Phallussymbol, als Symbol für Erwachsensein oder als Hobby.

Mit allen Dingen sind hinsichtlich der Bezugnahme Eigenschaften verbunden, die die Art, wie wir uns zu ihnen in Beziehung setzen, beeinflussen. Und der Charakter dieser Beziehungen ist häufig äußerst widersprüchlich. Wenn die schwarze Farbe an unserer Nikon-Kamera an einigen Stellen abgekratzt ist und das Metall zum Vorschein kommt, freuen wir uns, weil dies den Eindruck erweckt, als würde die Kamera oft gebraucht - erst jetzt sieht sie wie eine „richtige“ Profikamera aus, nicht mehr wie ein

Hobbyspielzeug. Doch wenn irgendjemand auf einem Parkplatz den Lack unseres Mercedes verkratzt, sind wir weniger erfreut. Wir sagen dann nicht: „Wunderbar! Jetzt, wo ich das Metall unter dem Lack sehen kann, sieht mein Auto professioneller aus!" Je älter und je ausgefranster unsere Levi-Jeans ist, um so stolzer sind wir auf sie - über den Verschleiß unserer übrigen Kleidung hingegen sind wir weniger erfreut. Was akzeptabel ist und was nicht, hat oft wenig mit den Objekten selbst zu tun, aber eine Menge mit der Rolle, die diese Objekte für unser Gefühl, real zu sein, spielen.

Dies ist ziemlich einfach zu verstehen, und wir alle können sicherlich über die sonderbaren Widersprüchlichkeiten des Statusdenkens und der Mode lächeln. Doch wenn es um die Merkwürdigkeit und Widersprüchlichkeit unserer Beziehung zum Denken geht, wird die Sache wesentlich schwieriger.

Genauso, wie wir den Phänomenen der äußeren Welt sekundäre Funktionen überstülpen, verfahren wir auch mit den Phänomenen der geistigen Welt. Allerdings kann man dies nur mit Hilfe der Shi-ne-Übung entdecken. Durch das Sitzen entdecken wir, daß die sekundäre Funktion des Denkens darin besteht zu beweisen, daß wir existieren. Ohne Gedanken haben wir keine Bezugspunkte - dann existiert nichts, was beweisen könnte, daß wir fest, dauerhaft, abgetrennt, beständig und definiert sind.

Shi-ne besteht darin, *sich* genau *daran zu gewöhnen*. Shi-ne ist einfach Loslassen und Sein-Lassen.

Was unser alltägliches Leben betrifft, verzerren wir, bedingt durch die Suche nach Bezugspunkten, unsere Erfahrungen so, daß sie unserem Bedürfnis, uns selbst zu definieren (oder uns abzugrenzen), entsprechen. Innerhalb dieses Zusammenhangs lenken wir uns durch unsere Versuche, auf eine Weise zu *sein*, die auf unseren dualistischen Fehlauffassungen beruht, vom Sein ab. Solange wir der Meinung sind, daß Individualisierung und ozeanische Gefühle einander ausschließen, bewegen wir uns vom Befreit-Sein weg und treten in die endlosen Kreisbewegungen des Zerstreut-Seins ein.

Weil wir das, was wir wahrnehmen, auf seinen Wert als Bezugspunkt hin taxieren, sind wir nur zu drei Arten der Reaktion fähig: Attraktion, Aversion und Indifferenz. Wenn das, was wir wahrnehmen, unsere Definitionen stützt, fühlen wir uns angezogen. Wenn unsere Definitionen durch das Wahrgenommene bedroht werden, entwickeln wir eine Aversion dagegen. Und wenn das, was wir wahrnehmen, unsere Definitionen weder stützt noch bedroht, sind wir dem Wahrgenommenen gegenüber indifferent. Was uns nicht als Bezugspunkt dienen kann, ignorieren wir.

Nie erfahren wir irgend etwas einfach so, *wie es ist* - wir erleben nur entsprechend unserem Bedürfnis nach Definitionen, und folglich taxieren wir alles danach, ob es sich als Bezugspunkt eignet.

Gegen das Denken an sich ist nicht das geringste einzuwenden, auch wenn einige Meditationsanleitungen uns dies gerne einreden möchten. Denken ist eine natürliche Funktion des Geistes, genauso wie auch alle anderen Sinneskräfte natürliche Bestandteile unserer physischen Existenz sind. Unsere Beziehung zum Denken ist es, die sich dringend einmal mit einem Eheberater unterhalten müßte. Unsere Beziehung zu den Gedanken ist fordernd, launisch, besitzergreifend, eifersüchtig und dickköpfig.

Das Denken erfüllt eine wichtige Funktion, doch wenn wir unsere Gedanken als Bezugspunkte benutzen, werden sie für uns zum Problem. Deshalb versetzt uns die Shi-ne-Übung in einen Zustand, in dem keine Gedanken mehr auftauchen - damit wir Ferien vom ständigen Bezugnehmen machen können.

Wenn wir feststellen, daß der Geist ein Bezugsloser Ozean des Raumes ist, erhält der dualistische Knoten der Panik Gelegenheit, sich aus eigener Kraft zu lösen.

Wenn wir diese Leere erleben, können wir eine aufregende Entdeckung machen: Bezugslosigkeit ist *nicht* gleichbedeutend mit Tod. Wenn es uns gelingt, in diesem Zustand Präsent zu bleiben und nicht in Vergessenheit zu entfliehen, befreien wir unsere Natürliche Klarheit, und am Himmel erscheinen *Sterne*, deren Glanz sich im Ozean der Bezugslosigkeit spiegelt.

Gya – Weite

12 Ozean der Bezugslosigkeit

Die Meere unserer Welt bieten Seefahrern keinerlei Orientierungspunkte, doch ermöglichen tagsüber die Sonne und nachts die Sterne die Navigation (was nicht heißt, daß sie dies beabsichtigen würden oder daß sie zu diesem Zweck geschaffen wären).

Der Ozean des Seins ist *Bezugslosigkeit*, doch Gedanken und Phänomene tauchen auf zufällige Weise und in Mustern auf - ein *Anblick*, der unser Gewahrsein schmückt.

Im vorigen Kapitel haben wir uns die Strömungen unter der Oberfläche des Ozeans des Seins angeschaut - unser Bedürfnis, uns selbst zu definieren. Nun werden wir uns die *glitzernde Oberfläche* dieses Ozeans anschauen sowie die Sonne und die Sterne, die ihren Schein daraufwerfen. Wir werden einen Blick auf unser Verhältnis zu Bezugspunkten werfen.

Unsere Reaktionen auf die *Reine Nackte Präsenz des Seins* haben zur Folge, daß wir einige merkwürdige Spiele mit uns selbst spielen. Wir verhalten uns so, als bestünde keine Verbindung zwischen dem, *was* wir sind, und dem Ort, *wo* wir sind - zwischen *uns* und dem, was wir als äußere Welt bezeichnen. Wir stellen uns vor, daß durch Entscheidungen unsererseits Verbindungen hergestellt oder unterbrochen werden und daß wir über die völlige Freiheit verfügen, uns von allem zu isolieren, was wir als unbequem empfinden. Wir haben das Gefühl, im Brustton der Überzeugung sagen zu können: „Das ist nicht mein Bier - es geht mich nichts an, es hat nicht das Geringste mit mir zu tun!“ Oder aber: „Ich werde in diesem Punkt intervenieren! Ich werde das bald ändern! Sie haben kein Recht, auf diese Weise mit unserem Eigentum oder mit unserer Zeit umzugehen!“

Ich möchte in diesem Punkte auf gar keinen Fall mißverstanden werden und möchte deshalb noch einmal betonen: Ich bin *nicht* der Meinung, daß wir keinerlei Wahlmöglichkeiten haben. Die Art unserer Energien und die Situation, in der wir uns befinden, lassen uns Optionen offen, die spiegeln, *was* wir sind und *wo* wir sind. Wenn ich durstig bin, und direkt vor mir steht ein Glas, das mit etwas gefüllt ist, was ich mag, und dieses Getränk hat auch noch genau die richtige Temperatur - wo bleibt dann die Wahl?

Wir sind sehr wohl in der Lage, unsere Energien in die verschiedensten Richtungen zu lenken, allerdings verfügen wir auch keineswegs allein über diese Fähigkeit. Unsere Wahlmöglichkeiten und Pläne und ihre Ausführung werden ständig durch die sich unentwegt wandelnde Natur der Existenz verändert. Wir befinden uns in einem *Netz* unzähliger Ursachen und Wirkungen, in welchem alles auf subtile Weise alles andere beeinflußt und verändert. Jeder Bereich, für den wir uns interessieren oder in dem wir mit unserer *Absicht* engagiert sind, unterliegt dem Prozeß der Veränderung.

Wir könnten uns die Existenz als ein Netz von unendlichen Dimensionen vorstellen - als ein Netz, dessen Fäden der Stoff sind, aus dem das Universum besteht. Der Stil oder das Muster unseres Lebens verursacht Erschütterungen in diesem Netz - die Spannung der einzelnen Fäden verändert sich, und jeder Teil des Netzes wird auf diese Weise beeinflußt. Wir können nichts tun, ohne selbst alles zu beeinflussen und ohne daß unsere Aktion gleichzeitig auch *von* allem anderen beeinflußt wird.

Ein Muster beeinflußt das andere und erzeugt auf diese Weise neue Muster. Muster entwickeln sich aus dem Chaos und werden wieder zu Chaos. Muster und Zufälligkeit tanzen miteinander: Wellen im Wasser breiten sich aus und kollidieren mit anderen Wellen, die sich ebenfalls ausbreiten. Ein Fisch springt hoch, um ein Insekt zu fangen. Eine Wildgans fliegt auf. Der Wind bläst, und ein Kind wirft einen Kieselstein in den See. Nichts in diesem *Netz Magischer Manifestation* geschieht isoliert.

Haben Sie jemals versucht, zusammen mit jemand anderem auf einem Trampolin zu springen? Wenn ja, so haben Sie etwas darüber gelernt, daß die Vorstellung, man könne sich isoliert bewegen, unzutreffend ist. Wenn das Trampolin groß genug für mehrere Springer ist, müssen Sie beim Springen die gesamte Situation berücksichtigen. Wenn Ihnen nicht klar ist, daß die Bewegungen der anderen Springer bewirken, daß das Sprungtuch sich in ständig variierenden Spannungsmustern ausdehnt und wieder zusammenzieht, werden Sie bald auf der Nase liegen. Glücklicherweise ist das Leben nicht ganz so tückisch, solange wir keine *groben* Fehler machen.

Wir können also unsere Welt nicht akzeptieren, zurückweisen oder ignorieren, als wäre unsere Erfahrung von der Welt isoliert. Wir können zur Welt nicht auf eine Weise in Beziehung treten, die wir intellektuell in *scheinbarer Isolation* von dem ersonnen haben, was wir für *die äußere Welt* halten.

Wir sind in Wirklichkeit Teil des Großen Ozeans. *Fische* und *Ozean* gehören zusammen – ein Fisch ist ohne Ozean kein Fisch mehr, sondern eine Phase in einer Folge von Ereignissen, welche schließlich dazu führt, daß dieses Stück Protein neben einer Portion Pommes frites liegt und reichlich mit Salz und Essig besprenkelt wird. Die Shi-ne-Übung besteht darin, unser Gefühl der *Individualität* mit der *ozeanischen Erfahrung* zu vereinigen – zu erkennen, daß diese scheinbaren Gegensätze der Erfahrung Aspekte unserer Anfangslosen Erleuchtung sind.

Gewöhnlich sind nur Mystiker und Kinder in den ersten Lebensjahren zu diesem ozeanischen Erleben in der Lage. Übrigens hat Freud den Begriff „ozeanische Gefühle“ benutzt, um zu beschreiben, daß kleine Kinder sich noch nicht als von ihrer Umgebung abgetrennt erleben. Ich will damit nicht sagen, daß Babys erleuchtet sind, sondern nur darauf hinweisen, daß es im gesamten riesigen Spektrum menschlicher Erfahrung Spiegelungen der Erleuchtung gibt. Aus tantrischer Sicht ist jede Erfahrung dynamisch mit einem Aspekt der Befreiten Energie – der Erleuchtung – verbunden. Wenn hier also von den „ozeanischen Gefühlen“ von Babys die Rede ist, so soll dies nur zeigen, daß diese Art von Wahrnehmung dem menschlichen Erleben außerhalb des Bereichs der „Meditation“ keineswegs völlig fremd ist.

Die normale (im Sinne von herkömmliche) psychologische Entwicklung von Kindern führt zur Individualisierung – allerdings ist der Preis dafür der Verlust der ozeanischen Erfahrung. Wir werden in unseren ersten Lebensjahren in keiner Weise dazu ermutigt, uns eine Möglichkeit des Zugangs zu ozeanischem Erleben zu erhalten, weil die Gesellschaft die Individualisierung fördert. Doch die Fähigkeit zu ozeanischem Erleben und das Bedürfnis nach dieser Art des Erlebens bleibt erhalten (schließlich ist sie Bestandteil des Gesamtspektrums unseres menschlichen Potentials); allerdings wird es zu verschiedenen pervertierten Varianten des Gruppenbewußtseins verzerrt, beispielsweise zu Nationalismus, Rassismus, Elitebewußtsein und Sektierertum.

Hier kämpfen die beiden Arten des Bewußtseins (individuiertes und ozeanisches Erleben) in der ungastlichen Arena ihrer polarisierten Existenz miteinander. Dieser Kampf manifestiert sich als unsere Anhaftung an verzerrte Reflektionen unserer eigenen Erleuchtung.

Aus herkömmlicher Sicht erscheint es vernünftig anzunehmen, daß wir entweder auf ozeanische oder auf individuierte Weise erleben können - daß beide Arten des Erlebens einander ausschließen. Diese Art zu denken beruht auf dualistischer Wahrnehmung, die sich die Ungeteiltheit dieser (gewöhnlich polarisierten) Erfahrensweisen nur als eine Art Kompromiß oder Kombination vorstellen kann. Dagegen spricht, daß Meditationsmeister ja keineswegs in das Wahrnehmungsfeld eines Babys eintreten und ihren Schülern dann etwas vorbrabbeln. Ebensowenig bewegen sie sich zwischen den beiden Erfahrensweisen hin und her wie eine Art „spiritueller Tarzan“, der sich von einer „Wahrnehmungsliane“ zur anderen schwingt.

Die Erleuchtungserfahrung geht sowohl über die ozeanische als auch über die individuierte Erfahrensweise hinaus und tritt in die *Grenzenlosigkeit* ein, in der solche Unterscheidungen bedeutungslos sind.

Dies ist schwer zu begreifen - oder zutreffender gesagt: Man kann es gar nicht begreifen. Der Akt des Begreifens selbst trennt uns vom Verstehen. Wir befinden uns nun in der gleichen Situation wie schon im vorletzten Kapitel, wo ich den freien Fall als Vergleich angeführt habe: Wir fallen und fallen doch nicht. Das herkömmliche logische Denken reicht über diesem Punkt nicht hinaus. Die herkömmliche Logik erzeugt das Paradox, weil sie von Natur aus dualistisch ist. Doch gleichzeitig ist das Paradox auch eine Barriere für die herkömmliche Logik. Das logische Denken kommt zum Stillstand, wenn es auf ein Paradox trifft, und entweder entsteht dann ein *Funken des Verstehens*, der den Abgrund des Paradoxes blitzartig überwindet, oder wir begreifen weiterhin nichts.

Dies ist also die Idee der dualistischen Sicht, in der unsere Wahrnehmung und das Feld unserer Wahrnehmung gespalten sind - ozeanisches Erleben und individuiertes Erleben sind polarisiert worden.

Im Bereich religiösen Denkens entstehen aufgrund dieser Polarität zwei Anschauungen über die „höchste Realität": entweder werden wir mit dem Universum „eins", oder wir finden das ewige Leben als isolierte Wesenheit. Zu diesem Thema gibt es viele unterschiedliche Aussagen, doch im großen und ganzen laufen sie alle auf letztendlichen Verlust der Individualität oder auf unendliches Abgetrenntsein hinaus. Es gibt jedoch wesentlich weitergehende Möglichkeiten. Die Vorstellung, daß Jack und Jill bis in alle Ewigkeit ihre Existenz als unveränderte, isolierte Einheiten des Seins fortsetzen, ist ein wenig beschränkt und vereinfachend, wohingegen die Vorstellung, daß Jack und Jill „Tautropfen sind, die sich mit dem strahlenden Ozean vereinen" ein wenig schmalzig ist. Doch welche Möglichkeiten gibt es sonst noch?

Natürlich werden Jack und Jill sterben. Im täglichen Leben sterben sie in jedem Augenblick und werden in jedem Augenblick wiedergeboren. Abgesehen vom physischen Tod findet auch ständig die Geburt und der Tod (oder die Entstehung und Auflösung) der Geistesaugenblicke statt. Die Muster verändern sich ständig: Form taucht aus dem Chaos auf und löst sich wieder in das Chaos auf - Chaos und Form tanzen ihren Anfangslosen Tanz. Geburt und Tod folgen einander: Wir wachen auf, wir schlafen - vielleicht werden wir träumen, vielleicht werden wir wieder aufwachen. Doch die Erfahrung der Wiedergeburt (der Reinkarnation oder Seelenwanderung) zu erforschen, würde uns zu weit von dem abbringen, was wir zu Beginn unserer Reise in den inneren Raum erfahren können.

Die Erleuchtungserfahrung ist nicht erst für eine Stufe reserviert, die nach dem physischen Tode eintritt - Erleuchtung ist in jedem Augenblick möglich. Wir leben nicht, um uns in die zweifelhaften Freuden eines mythischen Lebens nach dem Tode zu flüchten oder um uns irgendwann einmal mit der „kosmischen Mandelsüßspeise" zu vereinigen, sondern wir leben für die Befreiung im Augenblick. Deshalb werden Konzepte des Seins, die uns Isolierung oder Homogenität liefern, aus den sich ausbreitenden Aspekten unserer herkömmlichen menschlichen Erfahrung zu „logischen Schlußfolgerungen". Die Erfahrung der Erleuchtung jedoch transzendiert beides.

Wenn wir die Verbindung zum ozeanischen Erleben verlieren (oder wenn unser Erleben der Individualität nicht vom ozeanischen Erleben *durchdrungen* ist), entwickeln wir Phantasiebeziehungen zu Phänomenen.

Sobald wir uns mit Phantasiebeziehungen zu Phänomenen abgeben, befinden wir uns aufgrund des Wunsches, unser Gefühl der Individualität zu erhärten, im Bereich des Urteilens und der Manipulation. Wir fürchten dann das ozeanische Erleben als Negation der Individualität. Doch wenn wir nicht Augenblick für Augenblick erleben, daß Individualität aus ozeanischem Erleben entspringt, wird erstere von Einbildungen überschwemmt, die absurd, überhitzt oder sinnlos sind.

Die Wesenseigene Raumhaftigkeit unseres Seins erinnert uns unentwegt an unsere Erleuchtung. Doch aus der Perspektive der Individualität (die vom ozeanischen Erleben abgetrennt ist) interpretieren wir jene Mahnungen als Bedrohung unserer Existenz. Diese *abgetrennte Individualität* schafft die instabile Illusion, daß wir über feste Definitionen verfügen.

Die Illusion flackert wie eine alte Filmkopie, und obgleich man gelegentlich die weiße Leinwand sieht, lassen wir die flackernden Bilder miteinander verschmelzen, weil wir einfach nicht sehen *wollen*, was wirklich los ist. Wir wollen erst gar nicht den Verdacht aufkommen lassen, daß Charlie Chaplin sich in Wirklichkeit gar nicht im Kino befindet. Wir vergessen, daß das, was wir beobachten, ein unkörperliches Bild von ihm ist, das auf eine Leinwand projiziert wird. Wir haben die Illusion von Festigkeit, Dauer, Abgetrenntheit, Beständigkeit und Abgegrenztheit, zu der wir in Beziehung treten, als wäre sie real. Wenn wir einen Film genießen wollen, müssen wir so tun, als sei er real. Wir müssen uns in jenen Zustand versetzen, der als „absichtliches Außerkraftsetzen des Zweifels“ bezeichnet wird. Doch mit unserem eigenen Seinsgefühl lassen wir uns auf das *entschlossene und ununterbrochene Außerkraftsetzen des Zweifels* ein.

Die Welt unserer Wahrnehmung schwankt bedenklich zwischen Existenz und Nicht-Existenz. Aus unserer auf herkömmliche Weise gefilterten Sicht erscheinen die Phänomene unserer Wahrnehmung verführerisch, provozierend und in hohem Maße irreführend. Festigkeit und Nicht-Festigkeit tanzen miteinander. Es ist so, als würden wir uns eine Fächertänzerin anschauen: Die Straußenfedern der Leere und der Phänomene, die auf irgendeine Weise die *Sinnenlust* des Seins *ausmachen* - obwohl da auch noch irgend etwas anderes *ist*. Doch wir können nur dann *sehen*, was wirklich da ist, wenn wir gelegentlich auf die Dualität des Fächers verzichten. Die Nackte Dame der Leere wird nur flüchtig durch die flatternden Federn des Fächers aus Straußenfedern enthüllt. Doch wenn wir nicht begreifen - und mehr noch: erkennen -, daß beide (Tänzerin und Federkleid) gleichermaßen *nackt* und gleichermaßen *köstlich* sind, sehen wir nichts, abgesehen von dem, was wir unserer Meinung nach hätten sehen können, wäre es uns nur gelungen, dabei zu bleiben.

Um uns fest, dauerhaft, abgetrennt, beständig und definiert (abgegrenzt) fühlen zu können, haben wir uns an Facetten der sich ständig verändernden Illusion geheftet, die uns zeitweise jene Eigenschaften vor Augen führt.

Wir brauchen nur deshalb das Gefühl, fest, dauerhaft, abgetrennt, beständig und definiert zu sein, weil die Erfahrung der abgetrennten Individualität diese Illusion erfordert, um weiterhin bestehen bleiben zu können. Wir müssen nur deshalb kämpfen, um diese Illusion aufrechtzuerhalten, weil unsere Anfangslose Erleuchtung unsere manischen Spiele unterminiert. Wir schweben ständig am Rande *Müheloser Aufmerksamkeit*, lenken uns jedoch gleichzeitig ständig ab, um unsere abgetrennte Individualität aufrechtzuerhalten.

Diese deliriösen, quälenden und traurigen Abweichungen von der Mühelosen Aufmerksamkeit sind „Zerstreutsein“. „Zerstreutsein“ bedeutet, durch Haften an festen Definitionen vom Sein abgelenkt zu sein. Der Prozeß des Zerstreutseins ist das, was allgemein als „Ich“ oder „Ego“ bezeichnet wird.

Wir werden ständig angegriffen - werden ständig von Desillusionierung bedroht. Deshalb entspricht die Aktivität des Erzeugens eines Gefühls der Verpflichtung gegenüber flüchtigen Erscheinungen der Stabilität dem Charakter des Zerstreutseins.

Befreit-Sein ist völlig Entspannt im Fluß dessen, was *ist* - was immer es sein mag.

Wenn alle Phänomene eine festgesetzte Dauer von fünf Minuten hätten und sich überall zur gleichen Zeit verändern würden, könnte das Zerstreut-Sein sich nicht halten. In einem Anflug von Übermut könnte man sagen, daß dies ein eindeutiger Beweis für die Nicht-Existenz eines von seiner Schöpfung abgetrennten Schöpfers ist.

Nichts, was in die Existenz eintritt, hat *ständig* die Eigenschaften der Festigkeit, Dauer, Abgetrenntheit, Beständigkeit oder Begrenztheit. Doch *Alles* hat diese Eigenschaften zeitweilig - und genau dies ermöglicht es uns, unsere illusorische Sicht der „Wirklichkeit“ zu erzeugen. Doch ist es nichts weiter als ein Fächertanz, bei dem die Straußenfedern Festigkeit und Nicht-Festigkeit, Dauer und Unbeständigkeit, Getrenntheit und Unteilbarkeit, Kontinuität und Diskontinuität oder Definition und Undefinierbarkeit sind.

All dies sind *Ornamente* der *Reinen, Nackten Präsenz des Seins*.

Übung sieben

Setzen Sie sich bequem hin, aber so, daß Sie wach bleiben / finden Sie die Präsenz Ihres Gewahrseins ohne Fokus / Wenn Sie aus der Präsenz des Gewahrseins wegtreiben, so kehren Sie ohne Kommentar und ohne Urteil zur Präsenz des Gewahrseins zurück / Wenn sich mentale Ereignisse manifestieren, so lassen Sie sich nicht in diese verstricken / Lassen Sie los und lassen Sie sein / Lassen Sie immer wieder los und sein / Entspannen Sie sich vollständig.

Probieren Sie diese Übung vierzig Minuten bis zu einer Stunde, je nachdem, wie lange Sie Sitzen können / Wenn Sie normalerweise weniger als eine Stunde Sitzen, dann gewöhnen Sie sich nun allmählich daran, eine Stunde zu Sitzen / Wenn Sie es gewöhnt sind, über längere Zeit zu Sitzen, dann Sitzen Sie bei dieser Übung so lange, wie es Ihnen angenehm ist.

Ergänzende Anmerkungen zur siebten Übung

Dies ist der Abschluß der Shi-ne-Übung, allerdings nicht das Ende allen Übens. Shi-ne ermöglicht uns die Erfahrung der Zeit ohne Inhalt – des Geistes ohne mentale Ereignisse. Die Shi-ne-Übung hat zum Ziel, uns diese Erfahrung des Geistes zu ermöglichen, in welcher wir wiederentdecken, daß wir bezuglos sein können. Dies ist die Verwirklichung der Leere und des Wissens, daß Gedanken oder mentale Ereignisse nicht identisch mit der *Struktur des Geistes* sind. Der *Geist als solcher* ist Reine Strahlende Leere. Unser *Ziel* auf dieser Stufe der Übung ist, in diesem *Zustand der Leere* zu verweilen und in das einzutreten, was als „Stabilisiertes Shi-ne" bezeichnet wird.

Stabilisiertes Shi-ne ist ein Zustand des Geistes, in dem während des Sitzens über längere Zeiten keine mentalen Ereignisse mehr auftauchen. Wenn wir erst einmal diese Stufe erreicht haben, auf der wir in der Lage sind, loszulassen und sein zu lassen, und dieses Loslassen und Sein-Lassen aufrechtzuerhalten, haben wir den neurotischen Wunsch, Gedanken zu erzeugen, um Bezugspunkte zu schaffen, zeitweise erschöpft.

Sobald wir in den Zustand des stabilisierten Shi-ne eintreten, stehen wir vor einem Problem, das wir irgendwann lösen müssen, damit unsere Übung sich weiterentwickeln kann. Dieses Problem wird „schläfriges Shi-ne" genannt – ein Zustand, in dem zwar keine mentalen Ereignisse mehr auftauchen, in dem wir jedoch unsere Präsenz verloren haben. Wenn wir an diesem Punkt angelangt sind, müssen wir Shi-ne auflösen und in Lha-Thong eintreten. Lha-thong bedeutet „Erweiterte Sicht" und ist der Anfang unserer wahren Reise in den inneren Raum, der Weg zu dem hin, was jenseits der Leere liegt.

Nyam – Erfahrung / Manifestation

13 Jenseits der Leere

Jenseits der Erfahrung der Leere liegt die Erfahrung dessen, wie unsere *Energie* sich als Endlose Entfaltung unseres Raumhaften Seins manifestiert.

Viele glauben, das Endziel der Übung sei, einen Geisteszustand zu erreichen, in welchem man das Denken völlig aufgegeben hat. Es ist eigentlich nicht besonders verwunderlich, daß diese Vorstellung existiert, weil viele Meditationsanleitungen die *Stabilisierung von Shi-ne* als Endergebnis aller Bemühungen darstellen. Gegen diese Anschauung ist prinzipiell nichts einzuwenden, und jeder, der den Vorgang auf diese Weise erklärt, liegt völlig richtig. Das Endergebnis ist die Abwesenheit von *Nam-tog* – auftauchenden Gedanken. Doch obgleich dies das Endergebnis von Shi-ne ist, ist es keineswegs auch das Ende der Übung oder der Verwirklichung. Es gibt darüber hinausgehende Stadien der Übung, in denen es um die Energie geht, die sich ständig als natürliche Funktion der Leere manifestiert, sowie um die Reintegration jener Energie in die Präsenz unseres Gewahrseins.

Die Entdeckung der Leere ist ein Stadium des Prozesses der Verwirklichung unserer Anfangslosen Erleuchtung. Wenn Sie also zu sehr an der Idee des Verweilens im Raum des *Geistes ohne Inhalt* haften, wird dies zur spirituellen Sackgasse.

Ein Geist ohne Denken ist ebenso unnatürlich wie ein Geist, der von Gedanken überschwemmt wird. Doch sind wir nun „diesen ganzen langen Weg gegangen“, nur um einen weiteren begrenzten Zustand des Seins zu erfahren? Um diese Frage beantworten zu können, müssen wir uns selbst ein wenig untersuchen und uns fragen, was unserer Meinung nach *Geist* ist.

Ohne Meditative Erfahrung muß unsere Untersuchung oder Erforschung des Geistes ziemlich begrenzt bleiben. Wenn wir uns den Geist anschauen würden (so wie wir uns gewöhnlich Dinge anschauen), um herauszufinden, um was es sich da handelt, würden wir nichts weiter finden als mentale Ereignisse. Wir würden mit Gedanken konfrontiert werden: den Gedanken, die die Methode der Beobachtung ausmachen, und den Gedanken, die Gegenstand der Beobachtung sind. Wenn wir den Geist nur auf diese Weise beobachten könnten, könnten wir nie etwas anderes enthüllen als eine endlose Folge von Gedanken. Diese selbst-beschränkende Aktivität würde niemals die *Natur des Geistes* enthüllen, sondern uns nur in ein intellektuelles Kaleidoskop einspinnen, das nie aufhören würde, sich um seine eigene Achse zu drehen. Bedauerlicherweise wäre dies das Ende unserer Suche, ganz gleich, ob wir dies erkennen würden oder nicht. Wir würden dann glauben, daß der Geist Denken *ist*, und das wäre das Ende unserer Untersuchung.

Wenn wir die Natur der Phänomene des Geistes untersuchen und das Denken dabei als Werkzeug benutzen würden, wären wir begrenzt durch die Art der uns zur Verfügung stehenden Gedankenstrukturen. Außerdem würden wir dann das Denken mittels des Denkens untersuchen, was in zunehmendem Maße absurd würde. Die Gedanken, mit deren Hilfe wir das Denken untersuchen würden, müßten ihrerseits untersucht werden - doch *was* würde jene Gedanken untersuchen, wenn nicht weitere Gedanken, die natürlich ebenfalls untersucht werden müßten? Das Denken kann sich letztlich nicht selbst untersuchen - es ist ein in sich geschlossenes System. Das Denken kann sich ebensowenig untersuchen, wie ein Messer sich selbst schneiden kann oder wie ein Auge sich selbst sehen kann. Es gibt nur eine einzige Möglichkeit, wie ein Auge sich selbst sehen kann: mittels eines Spiegels - und die Natur jenes Spiegels ist (soweit es das Denken betrifft) die *Natürliche Reflexionsfähigkeit (die „Fähigkeit zu spiegeln“) des Geistes*, die über das Denken hinausgeht.

Diese Natürliche Reflexionsfähigkeit wird durch die verschiedenen Formen der Übung entdeckt, die in diesem Buch beschrieben werden und die uns über die Grenzen intellektueller Spekulation hinausführen. Um die Natur des Denkens erforschen zu können, brauchen wir eine andere Fähigkeit als das Denken selbst. Um herauszufinden, welche anderen Möglichkeiten zur Erforschung der Natur des Denkens wir haben, müssen wir uns von unserer obsessiven Beziehung zum Denken lösen. Somit ist Shi-ne (die Übung des Nicht-Haftens am Denken) das, womit wir beginnen. Bei der Shi-ne-Übung haben wir Zeit damit verbracht, loszulassen und sein zu lassen - und vielleicht sind wir mittlerweile in der Lage, die Tatsache zu bezeugen, daß der *Geist nicht nur aus Denken besteht*.

Wenn wir uns den Geist anschauen, ohne *gedankenfreie Beobachtung* geübt zu haben, vermögen wir nichts weiter zu sehen als eine flache Leinwand des Denkens. Wir sehen den Geist als eine Art Flickenteppich oder als ein Flickwerk ineinander verschachtelter, einander überlappender Gedanken. Es ist, als würden wir auf die vom Wind gekräuselte Oberfläche eines Sees blicken oder einen von dunklen Wolken verhangenen Himmel betrachten. Im Bann dieser Eindrücke werden wir kaum darauf kommen, daß die Oberfläche des Sees wie ein Spiegel sein kann, der den Himmel vollkommen spiegelt. Wir würden kaum vermuten, daß hinter den Wolken das Unendliche liegt, in welchem die Sonne scheint oder in dem Mond und Sterne in der Weite des Raums leuchten. Wenn wir eine Art Windgenerator aufstellen würden, um den See zu untersuchen, würden wir nur noch mehr Aufruhr erzeugen und auf diese Weise lediglich erfahren, daß Wellen stärker werden können. Wir würden jedoch keine Vorstellung von der *natürlichen Reflexionsfähigkeit des Sees* bekommen. Wenn wir einen gigantischen Kessel aufbauen würden und mit seiner Hilfe noch mehr Wasserdampf in einen ohnehin wolkenbedeckten Himmel befördern würden, würden wir keinen Einblick in die Natur des *Himmels, in dem sich Wolken manifestieren, gewinnen*.

Doch wenn wir unsere Verstrickung in das Denken lösen, nimmt der Aufruhr ab - die Wolkendecke löst sich stellenweise auf. Der Wind legt sich, und wir sehen auf der Oberfläche des Sees erste Spiegelungen. Immer noch mögen gelegentliche Böen die Seeoberfläche kräuseln, doch wir wissen nun, daß Wasser nicht immer in Bewegung ist - manchmal ist es auch Still. Wenn es uns gelingt, den obsessiven Prozeß des Gedanken-Erzeugens zu unterbrechen, reißt die Wolkendecke auf, und wir sehen gelegentlich einen vorwitzigen Sonnenstrahl oder eine Spur von Blau. Sobald uns klar wird, daß die flache Leinwand des Denkens, die wir anfänglich gesehen haben, unser eigenes Werk war, sind wir in der Lage, den Prozeß des Entdeckens der Leere weiter voranzutreiben.

Wenn wir die Leere entdeckt und festgestellt haben, daß wir auch ohne Bezugspunkte existieren können, müssen wir dazu übergehen, unsere *natürliche Beziehung* zu der Energie zu entdecken, welche die Spontane Manifestation der Leere ist.

Die Freie Natur des Geistes ist weder eine flache Leinwand des Denkens noch eine Leere, in der nichts geschieht - beides sind partielle Zustände. Doch wenn wir einmal gelernt haben, daß wir das Denken loslassen können, können wir uns einer fließenderen, „reibungsärmeren“ und nicht-anhaftenden Beziehung zum Denken öffnen.

Es mag für einige überraschend sein, hier zu hören, daß „Denken“ kein „Teufelswerk“ sein soll. Häufig, wenn über Meditation gesprochen wird, steht die Abschaffung des Denkens im Vordergrund - was viele Menschen zu dem Schluß veranlaßt, daß das Denken selbst der Feind ist. *Doch Denken ist eine natürliche Funktion des Geistes.* Wo nichts aus der Leere aufsteigt, da ist keine Energie und folglich auch keine Klarheit.

Wenn wir dennoch mit unserer Übung fortfahren, um einen Zustand der Freiheit von Gedanken zu erreichen, so deshalb, weil dieser Zustand uns den Raum gibt, den wir benötigen, um unsere neurotische Beziehung zum Denken zu *verlernen.*

Wenn wir nun zu jenem bereits erwähnten tibetischen Ausspruch zurückkehren, der lautet: *„Meditation* ist nicht, *Sich-Gewöhnen* - ist“, so können wir erkennen, daß der Prozeß oder der *Raum zum Verlernen* das *„Sich-Gewöhnen“* an die Bezugslosigkeit des Seins ist. Man kann das Loslassen der neurotischen Verstrickung in das Denken mit dem Loslassen der Alkoholabhängigkeit vergleichen. Wenn ich aufhören möchte, ein Alkoholiker zu sein, werde ich vielleicht für eine Weile aufhören zu trinken. Doch solange ich mich nicht sicher fühle, daß ich ein Gläschen trinken kann, ohne gleich befürchten zu müssen, wieder in den Zustand der Alkoholabhängigkeit zurückzufallen, bin ich nach wie vor ein Alkoholiker - ein enthaltsamer Alkoholiker. Die Zeitspanne, in der ich mich meinem Bestreben, mich zu betrinken, widersetze, und die Zahl der Tage, die vergehen, ohne daß ich unter Entzugssymptomen leide, sind wichtige Elemente des Lernprozesses. Ich benutze diese Zeit, um mir selbst zu beweisen, daß ich keinen Alkohol brauche, um zu leben. Sobald ich mir sicher bin, daß ich mich nicht zu betrinken brauche, um mit dem Leben zurechtzukommen, kann ich ein Gläschen trinken und schauen, wie ich mich dann fühle. Wenn ich den Impuls verspüre, gleich anschließend die ganze Flasche zu leeren, weiß ich, daß ich immer noch ein Alkoholiker bin. Wenn ich es jedoch bei dem einen Glas belassen kann, habe ich die Freihcit gewonnen, zu trinken, wann immer ich es für passend halte - beim Essen zusammen mit einem Freund eln Glas Wein oder wann immer sonst es mir als angenehm erscheint. Doch auch dann noch müßte ich mich weiterhin sehr genau beobachten - selbst wenn ich regelmäßig jeden Tag nur ein einziges Glas trinken, jedoch mit verdächtiger Ungeduld den nächsten Tag herbeisehnen würde, wüßte ich, daß ich immer noch alkoholabhängig bin und den Alkohol wieder für längere Zeiträume völlig meiden muß.

Ebenso ist es mit dem Denken und mit allen anderen Phänomenen. Wenn wir in einen Zustand der Freiheit von Gedanken eintreten können und in jener Erfahrung über längere Zeiträume Präsent und Wach zu bleiben vermögen, wissen wir, daß unsere Beziehung zum Denken sich auf grundlegende Weise verändert hat.

Dies ist stabilisiertes Shi-ne, und sobald wir uns in dieser Praxis verwurzelt haben, können wir *Shi-ne auflösen* und in die *Lha-tong*-Übung eintreten. Die Auflösung von Shi-ne mag als Zerstörung all dessen erscheinen, was wir eben erst durch lange Sitzpraxis erreicht haben. Doch wenn wir daran interessiert sind, unsere Reise in den inneren Raum fortzusetzen, ist dies ein wichtiger Schritt. Wenn wir Shi-ne nicht auflösen, laufen wir Gefahr, nach „Abwesenheit“ süchtig zu werden. Wir wären dann zwar keine „Gedanken-Junkies“ mehr, aber statt dessen „Abwesenheits-Junkies“. Es ist schwierig, über längere Zeit im Zustand des stabilisierten Shi-ne zu bleiben, ohne in schläfriges Shi-ne abzugleiten. Der Zustand des schläfrigen Shi-ne ist äußerst entspannend. Und von dem Standpunkt aus betrachtet, den wir vor Beginn unserer Übung hatten, mag uns der Zustand des schläfrigen Shi-ne als ungeheure Errungenschaft erscheinen.

Die Gefahr des schläfrigen Shi-ne liegt darin, daß wir (ohne diese Warnung) diesen Zustand als Endergebnis der Übung ansehen könnten, und das wäre ein deprimierender Schluß. Gegen schläfriges Shi-ne an sich ist nichts einzuwenden; dies ist eine wirksame Methode, sich nach harter Arbeit ein wenig zu entspannen. Doch wenn wir in diesem Zustand verharren, so hilft uns dies nicht dabei, wesentlich an unserem Leben zu arbeiten. Ich habe viele Menschen kennengelernt, die ihre Meditation bis zu diesem Punkt entwickelten, und manchmal waren sie dann in höchstem Maße verärgert, wenn ich anfing, über Übungen zu sprechen, die über die Leere hinausführen sollten. Einmal ist es sogar vorgekommen, daß jemand, als er hörte, Shi-ne sei nicht die höchste Form der Übung, „die Nase voll" hatte und unter Protest die Gruppe verließ. Es ist traurig, sich auf irgendeine Vorstellung zu versteifen - wir sollten immer versuchen, offen zu bleiben für Ideen, die unseren heiligsten Überzeugungen widersprechen. Es ist auch traurig, wenn die Kommunikation unterbrochen wird, doch wir alle sind für uns selbst verantwortlich, und letztlich kann niemand für uns die Verantwortung übernehmen. Die Vorstellung, daß stabilisiertes Shi-ne den Abschluß des Pfades bildet, ist in etwa mit der folgenden Aussage vergleichbar: „Erleuchtung bedeutet, daß man eine Buddha-Statue wird." Menschen, die derartigen Anschauungen anhängen, scheinen zu glauben: „Je länger wir im gedankenfreien Zustand Sitzen, um so erleuchteter werden wir." Doch wenn man sie fragt: „Welcher Prozeß findet in diesem Zustand der Leere statt, der zur Völligen Erleuchtung führt?", lautet die Antwort gewöhnlich: „Das kann man nicht mit Worten beschreiben." Es ist wahr, daß verbalem Ausdruck Grenzen gesetzt sind und daß Erleuchtungserfahrungen jenseits des begrifflich Faßbaren liegen - doch wenn es um *Prozesse* geht, so ist zu sagen, daß ein Prozeß jederzeit von jemandem beschrieben werden kann, der den betreffenden Prozeß erlebt hat.

Wenn unsere Übung nicht zum Prozeß der Integration führt, geraten wir schließlich in eine unfruchtbare Situation. Wir müssen die Offenheit entwickeln, innerhalb des Zustands der Leere, den wir entdeckt haben, mit allem, was auftaucht, zu *fließen*. Wenn wir nicht bereit sind, dies zu üben, werden wir nicht vollständig erkennen, was wir wirklich sind. Ohne diese Erkenntnis ist unsere Lebens-Erfahrung allgemein durch Unbefriedigtsein, Frustration und innere Unruhe charakterisiert.

Um Shi-ne aufzulösen, müssen wir dem Denken gestatten, aufzutauchen, jedoch nicht so, daß wir uns erneut in den neurotischen Prozeß der Erzeugung von Bezugspunkten verstricken. Ich habe die Empfehlung gehört, sobald der Zustand der Leere erreicht sei, solle man einen Aspekt der buddhistischen Ansicht wie Unbeständigkeit „einfügen" - doch so wertvoll eine solche Technik auf der relativen Ebene auch sein mag, sie ist nicht Bestandteil des hier beschriebenen Prozesses.

Aus der Sicht des Dzogchen geht es nicht darum, daß wir uns mit irgendwelchen „spirituellen Werten" imprägnieren, ganz gleich, ob als „Zusätze" oder als Katalysatoren. Es geht um *Entdeckung*, nicht um Indoktrinierung oder Konditionierung, wie tugendhaft diese auch sein mag. Dies soll keineswegs eine Kritik am Prozeß der Entwicklung einer förderlichen Ansicht sein, ob es sich nun um eine buddhistische, christliche oder anderweitige handelt. Die Ansicht des Dzogchen beinhaltet jedoch, daß es sich in jedem Fall um spirituelle Konditionierung handelt, ganz gleich, ob wir uns mit Wahrheit oder mit Falschheit konditionieren. Der Prozeß der spirituellen Konditionierung wird uns wahrscheinlich zu einer förderlicheren Einstellung und Art, in der Welt zu leben, führen, und von dieser Basis aus sind wir dann vielleicht in der Lage, jegliche Konditionierung loszulassen. Doch die hier beschriebene Methode ermöglicht es uns zu entdecken, was als *Energie des Ungeschaffenen Zustands auf natürliche Weise vorhanden* ist. Diese beiden Methoden - Entdeckung und positive Konditionierung - schließen einander nicht aus, doch sie *sind* verschieden. Wir können beide anwenden - in Übereinstimmung mit unserer Beschaffenheit - doch die *primäre Methode* der Verwirklichung ist immer die, zur *Quelle des Seins* vorzustoßen und die Präsenz unseres Gewahrseins wieder mit dem zu vereinigen, was sich als das Aufblühen der Leere manifestiert.

Die hier beschriebene Methode ist ein Prozeß, der zur Übung und Verwirklichung von Dzogchen (der Großen Vollendung) führt. Deshalb zielt sie nicht darauf, den Natürlichen Zustand mittels

Einverleibung spiritueller Werte zu korrigieren, selbst wenn diese altruistisch sein mögen. Der Altruistische Geist des Erbarmens taucht spontan aus der Entdeckung der Raumhaftigkeit des Seins auf. Die hier beschriebenen Übungen dienen der Entdeckung - es geht uns nicht darum, irgend etwas zu schaffen oder zu konstruieren. Wir können den Zustand der Erleuchtung weder konstruieren noch künstlich herstellen, weil er von *Anfangslosigkeit* an unserere *Authentische Natur* ist.

Wenn wir Shi-ne auflösen und es der natürlichen Energie des Geistes ermöglichen, wieder aus der Leere aufzutauchen, erschaffen wir nichts, sondern wir *lassen einfach zu.*

Sobald unsere Energie wiederaufzutauchen beginnt, fangen wir an, das zu erfahren, was als „Nyams" bezeichnet wird. *Nyam* bedeutet „Energiemanifestation", und wir erfahren diese Nyams nur, wenn wir unsere Praxis über die Leere hinausentwickeln. Nyams werden oft mit der Verwirklichung selbst verwechselt, weil Nyams ekstatische Erfahrungen sein können. Doch Nyams können auch ziemlich unheimlich und erschreckend sein. Nyams können sich auf viele verschiedene Arten manifestieren - es gibt für alle Sinne bestimmte, charakteristische Nyams. Das bedeutet, daß wir auf köstliche oder auf beunruhigende Weise hören, riechen, berühren, schmecken, sehen oder denken können. Nyams sind Zeichen für den Fortschritt auf dem Pfad, doch sollte man sie nie als Realisationen ansehen, sonst kann es passieren, daß wir zu bloßen „Suchern von Nyams" werden. Wir können Nyams lediglich ermöglichen, sich zu manifestieren, und dann die Präsenz unseres Gewahrseins in ihrem Auftauchen und in ihrer Auflösung finden.

Diese Art von Erfahrung wird oft verglichen mit dem Hochspringen eines Fischs aus der ruhigen Oberfläche eines Sees. Wenn jener unglaublich glitzernde Fisch aus dem Nichts in die Existenz springt und den *leuchtenden Spiegel* der Oberfläche des Sees zerplatzen läßt, werden wir mit drei wichtigen Aspekten konfrontiert.

Zunächst ist da die *Stille* oder Leere - dies ist die Entdeckung von Shi-ne.

Dann ist da der *springende Fisch* (der auftauchende Gedanke oder die auftauchende Empfindung) - dies ist die Entdeckung von Lha-tong.

Und schließlich ist da noch das Gewahrsein der *Stille* und des *hochspringenden Fischs* als nicht-dualistische Erfahrung - dies ist die Erfahrung von Nyi-med.

Wenn ich von *drei* wichtigen Aspekten spreche, so ist dies die Perspektive des Pfades, nicht diejenige der Frucht. Ich unterteile eine Erfahrung, die von der Höchsten Erfahrung aus betrachtet unteilbar ist, und ich tue dies, um eine Methode der Übung zu beschreiben. Diese Aspekte erscheinen vom Standpunkt des Dualismus aus als verschiedene Teile, um das zu definieren, was im Sinne unserer Erfahrung der Übung nicht geteilt ist. Die Tatsache, daß unsere Wahrnehmung diese Teile unterscheidet, ist charakteristisch für unseren dualistischen Zustand.

Ursprünglich ist die Übung der Auflösung von Shi-ne und die wortlose Beobachtung des hochspringenden Fischs aus dem Stillen See als Lha-tong bekannt. Lha-tong bedeutet „erweiterte Sicht". Es handelt sich hier um eine äußerst *intensive* Erfahrung, weil das Denken zum erstenmal nicht mehr als zweidimensional erfahren wird. Der Geist ist keine flache Leinwand mehr, und die Gedanken tauchen in einem räumlichen Zusammenhang auf, was uns ermöglicht, ihre *Farbe*, ihre *Struktur* und ihren *Ton* zu erfahren.

Durch die Lha-tong-Übung finden wir die Präsenz unseres Gewahrseins in der Bewegung der Energie, die aus der Raumhaftigkeit unseres Seins auftaucht. So wird die Bewegung der auftauchenden und sich auflösenden Gedanken zur Natur des Pfades.

Eine Methode, das Springen des Fischs *zuzulassen*, besteht darin, daß wir unsere Augen vollständig öffnen. Doch wenn wir unsere Augen öffnen, kann es leicht geschehen, daß wir uns verlieren, weil wir wieder nach Gedanken greifen. Möglicherweise werden wir dadurch sehr frustriert - das Ganze könnte uns wie eine Art „mystisches Halma" erscheinen. Sobald wir einen stillen, ruhigen und Leeren Zustand erreicht haben, öffnen wir unsere Augen und - Rrrrummmms! Wir sind wieder fünf Jahre alt, stehen im Süßigkeitenladen an der Ecke und grabschen nach allem, was wir erreichen können. Auf diese Weise lernen wir, daß wir unsere alte Vorliebe für zerebrale Leckereien immer noch haben. Da dies ein großer Schock sein kann, möchte ich Sie hiermit im voraus davor warnen. Dies wird mit ziemlicher Sicherheit immer wieder passieren. Die Augen zu öffnen und die Präsenz des Gewahrseins in allem zu finden, was auftaucht, ist nicht leicht. Diese *Bewegung* des Denkens, dieser Sprung des Fischs aus dem klaren See des stabilisierten Shi-ne wird als „Gyu-wa" bezeichnet. „Gyu-wa" bedeutet „Bewegung", und in dieser *Bewegung* müssen wir die Präsenz unseres Gewahrseins finden, statt unsere Präsenz durch Anhaften am intellektuellen Inhalt der *sich bewegenden* Gedanken zu verlieren. Wir kommentieren die Gedanken nicht. Wir urteilen nicht darüber, ob es wundervolle oder groteske Fische sind, die da springen - wir finden einfach die Präsenz unseres Gewahrseins in ihrer *Bewegung*.

Die natürliche Entwicklung der Lha-tong-Übung führt zu der Stufe, die als „Nyi-med" bezeichnet wird. Nyi-med bedeutet „Unteilbarkeit", und durch die Nyi-med-Übung gelangt der Übende über die Dualität hinaus und tritt in die Dzogchen-Übung ein. Auf der Nyi-med-Stufe besteht kein Unterschied zwischen der Qualität der Erfahrungen der Leere und der Form (Raumhaftigkeit und Energie, Denken und Abwesenheit von Gedanken) - sie haben *Einen Geschmack*. Der Übende wird weder durch mentale Ereignisse noch durch deren Abwesenheit von der Präsenz des Gewahrseins abgelenkt, und er verweilt in diesem Zustand - welcher die *Uranfängliche Beschaffenheit* ist.

Bei der Lha-tong-Übung kann man durch besondere Methoden, die sich unmittelbar auf die Wirkungsweise unserer Energie in den Bereichen des *Geistes*, der *Stimme* und des *Körpers* beziehen, an Problemen wie mangelnder Präsenz oder Ablenkung arbeiten. Auf den folgenden Seiten werde ich drei Übungen beschreiben, die auf derartige Ungleichgewichtszustände einwirken; sie sind auf dieser Stufe der Übung hilfreich.

Wir sollten nicht versuchen, um jeden Preis starr an einer Methode der Übung festzuhalten. Ich habe oft gegenteilige Äußerung gehört, und diejenigen, die dieser Auffassung sind, haben wahrscheinlich gute Gründe dafür. Doch in dem Übungszusammenhang, der in diesem Buch beschrieben wird, ist es von größtem Wert, daß Sie in der Lage sind, die Übung Ihrem jeweiligen Zustand anzupassen. Starr bei einer einzigen Form der Übung zu bleiben, läßt sich nicht gut mit unserer menschlichen Natur vereinbaren. Unsere Energie ist Schwankungen unterworfen, deshalb müssen wir in unserer Herangehensweise flexibel bleiben. Eine für alle Zeiten verbindlich festgelegte Art der Übung ist kaum in jeder Situation geeignet. Deshalb sollten wir niemals an einer bestimmten Übungsform haften, denn dadurch würden wir andere vernachlässigen, die möglichlicherweise in bestimmten Situationen geeigneter sind. Was immer die vorrangige Form unserer Übung sein mag, wir brauchen in jedem Fall ergänzende Übungsformen, auf die wir je nach unserer Verfassung zurückgreifen können. Die Hauptform der Übung, die ich in diesem Buch beschrieben habe, entspricht dem System von Shi-ne, Lha-tong und Nyi-med. Es ist aber wichtig, daß wir uns nun ein paar ergänzende Übungen anschauen.

Ich erwähne diese Übungen erst jetzt, weil es besser ist, einen gewissen Grad an Gewahrsein entwickelt zu haben, bevor man zwischen verschiedenen Arten der Übung wechselt. Das ist wahrscheinlich auch der Grund, weshalb manchmal gesagt wird, man solle bei einer Form der Übung bleiben. In der Anfangszeit des Übens kann die Tendenz aufkommen, daß wir die Karten neu mischen wollen, sobald wir anfangen, uns bei unserer Übung zu langweilen. Herumprobieren mit verschiedenen Techniken kann zu einer etwas extravaganten Form der Unterhaltung entarten. Wenn wir gleich zu Beginn einer Reise mehrere Alternativen ausprobieren, wird es uns schwerfallen, zu verfolgen, wie unsere Übung sich entwickelt.

Wir müssen die Langeweile der „einen Methode" durchstehen, wenn wir etwas Grundlegendes über unsere Art zu arbeiten lernen wollen. Erst dann können wir uns der Wahlmöglichkeit zwischen einer Vielzahl von Techniken wirklich öffnen. Und tatsächlich werden andere Techniken genau an diesem Punkt wichtig. Wenn wir ein gewisses Maß an realer Erfahrung mit der Übung gesammelt haben, geben Hilfstechniken uns die Freiheit, in jedem Zustand effektiv zu arbeiten.

Die Hilfstechniken, auf die wir einen Blick werfen werden, gehören den Kategorien *Geist*, *Stimme* und *Körper* an und sie beziehen sich auf die Drei Sphären des Seins: *Chö-ku*, *Long-ku* und *Trul-ku*.

Chö-ku ist die *Sphäre Nicht-Bedingter Potentialität* – die Dimension der Raumhaftigkeit oder des Raums (Leere).

Long-ku ist die *Sphäre der Ungreifbaren Erscheinung* – die Dimension der Energie (das nie endende Schauspiel von Licht und Klang).

Trul-ku ist die *Sphäre der Relativen Manifestation* – die Dimension der Stofflichkeit und Körperlichkeit (unser Körper und unsere Welt).

Wenn irgendein Problem bezüglich Zerstreutheit auftaucht, beginnen wir mit Hilfstechniken auf der Ebene des Geistes. Erweist sich dies als unwirksam, dann gehen wir auf die Ebene der Stimme über. Und verändert sich auch dadurch nichts, dann arbeiten wir auf der Ebene des Körpers. Die drei folgenden Übungen beziehen sich auf diese drei Ebenen und sollten in der angegebenen Reihenfolge praktiziert werden.

Achte Übung

Setzen Sie sich bequem hin, aber so, daß Sie wach bleiben können / Schließen Sie die Augen und visualisieren Sie den tibetischen Buchstaben Ah, so wie er auf der gegenüberliegenden Seite abgebildet ist / der Buchstabe Ah ist weiß, er leuchtet und besteht aus Licht / Er erscheint vor Ihnen im Raum / Visualisieren Sie ihn an einem Punkt im Raum, den Sie finden, wenn Sie Ihren Arm im Winkel von 45 Grad zur Horizontalen ausstrecken und die Faust ballen / Das Ah sollte ungefähr genauso groß wie Ihre Faust sein – doch lassen Sie jede Größe zu, die Ihnen angenehm ist oder die der Buchstabe spontan annimmt / Richten Sie Ihre Augen, obwohl sie geschlossen sind, leicht nach oben, als würden Sie Ihren Blick auf den Punkt konzentrieren, an dem sich Ihre Faust befindet / Halten Sie Ihren Arm eine Zeitlang in der beschriebenen Weise vor sich ausgestreckt, bis die Visualisation stabil geworden ist / Senken

Sie dann den Arm wieder und fahren Sie fort, die Präsenz Ihres Gewahrseins in der Erscheinung des Ah zu finden.

Probieren Sie dies während Ihrer Sitz-Übung dreimal jeweils fünf Minuten lang / Wenn Sie mit dem *Visualisieren* vertraut sind, so probieren Sie es mit zehnminütigen Intervallen, so lange, wie Ihnen das Sitzen angenehm ist / Lassen Sie am Ende jedes Intervalls das Ah sich auflösen, und fahren Sie fort, die Präsenz Ihres Gewahrseins in allem zu finden, was auftaucht.

Das weiße Ah

Ergänzende Anmerkungen zu Übung acht

Da dies möglicherweise Ihre erste Erfahrung mit der *Visualisation* war, sind Sie vielleicht mit einigen Schwierigkeiten konfrontiert worden, die die Wirkung dieser Übung geschmälert haben könnten. Vielleicht war es für Sie eine befremdliche Erfahrung, mit einem Buchstaben aus einer fremden Kultur zu arbeiten. Vielleicht war Ihnen die Form des Ah zu komplex oder zu fremdartig, so daß Sie sich nicht an sie erinnern konnten, oder die Übung erschien Ihnen ein wenig zu exotisch und verwirrend. Diejenigen, die beabsichtigen, dem tibetischen Pfad zu folgen, sollten beharrlich fortfahren, den weißen Buchstaben Ah zu *visualisieren*. Die *Visualisation* Mystischer Silben ist ein Aspekt der Übung, der von allen tibetischen Meistern gelehrt wird. Wenn Sie jedoch derartige Dinge als Verkomplizierung betrachten und wenn Sie keine Symbole einer fremden Kultur benutzen wollen, sollten Sie versuchen, eine weiße, lichtdurchlässige leuchtende Kugel zu *visualisieren*. Wenn Sie sich dafür entscheiden, mit der *Visualisation* des weißen Ah fortzufahren, möchte ich Ihnen empfehlen, die Abbildung aus diesem Buch zu kopieren und sie sich vor Beginn der Übung eine Zeitlang aufmerksam anzuschauen. Auch Nachziehen dieser Form mit einem Finger wird Ihnen helfen, sich an sie zu erinnern, besonders, wenn Sie dies mehrmals wiederholen. Sie können den Buchstaben auch mit weißer Farbe auf ein großes blaues Blatt Papier oder auf einen entsprechenden Karton zeichnen und diese Zeichnung dann in Augenhöhe dort aufhängen, wo Sie gewöhnlich Sitzen. Je öfter Sie diese Übung wiederholen, um so vertrauter wird Ihnen die Form des Ah werden, bis es Ihnen schließlich keinerlei Mühe mehr machen wird, sie zu visualisieren.

Vielleicht werden Sie feststellen, daß sich das Ah anfangs stark bewegt – wenn ja, dann machen Sie sich keine Sorgen – lassen Sie ihm die Zeit, sich in aller Ruhe heimisch zu machen. Vermeiden Sie, Ihre Aufmerksamkeit zu stark über zu lange Zeit zu fixieren, sonst besteht die Gefahr, daß Sie Kopfschmerzen bekommen. Bündeln Sie Ihre Konzentration zuerst sehr stark, doch lockern Sie sie nach einer Weile wieder. Wenn das Ah nicht besonders prägnant ist, dann sorgen Sie sich nicht, sondern lassen Sie einfach zu, daß seine Präsenz nur vage ist. Es besteht kein Grund zur Eile.

Arbeiten Sie mindestens eine Woche lang mit dieser Übung, bevor Sie zur Übung neun übergehen, die mit der Stimme arbeitet.

Übung neun

Sitzen Sie in einer bequemen Position, in der Sie in der Lage sind, wach zu bleiben / Lassen Sie die Augen geöffnet / Atmen Sie mehrmals tief / Wenn Sie Ihre Lungen mit Luft gefüllt haben, dann *singen* Sie den Klang Ah und halten Sie diesen Klang aus, bis Ihnen der Atem ausgeht / *Singen* Sie das Ah in einer sonoren, tiefen Lage, aber nicht so tief, daß Ihre Stimme zu zittern beginnt / Wählen Sie die für Sie angenehmste Stimmlage und bleiben Sie dabei / Lassen Sie das Ah allmählich verklingen und in die Stille entschwinden / Wiederholen Sie das Ah mit jedem Ausatmen / Lassen Sie Ihre Empfindung des Seins vom Klang des Ah überfluten / Finden Sie die Präsenz Ihres Gewahrseins in der Dimension des Klangs / Wenn Sie merken, daß Sie abgelenkt sind, so kehren Sie zur Präsenz des Gewahrseins in der Dimension des Klangs zurück.

Probieren Sie dies in fünf Minuten langen Intervallen während einer Sitzperiode, die so lang sein kann, wie es Ihnen angenehm ist / Singen Sie das Ah jedesmal, wenn Sie merken, daß Sie abgelenkt sind.

Ergänzende Anmerkungen zu Übung neun

Die Silbe Ah ist bekannt als der Natürliche Klang des Uranfänglichen Zustandes. Das Ah zu singen, *entspannt* unsere stimmliche Energie - die Resonanz durchdringt unser Sein und zerstreut die Spannungen, die wir erzeugen, indem wir versuchen, konkrete Definitionen dessen, was wir sind, aufzustellen. Das Singen des Ah befähigt uns dazu, zu einer offeneren Erkenntnis der Raumhaftigkeit des Seins zu gelangen. Ah ist in der tibetischen Tradition ein Neutraler Klang, und als solcher ermöglicht er unserer stimmlichen Energie, ohne jede übermäßige Mühe in ihre natürliche Resonanz einzutreten. Die Empfindung, die durch Singen des Ah entsteht und dadurch, daß der Klang anschließend allmählich in Stille übergeht, kann einem sehr tiefen Seufzer ähneln. Dies ermöglicht die Auflockerung einer übermäßig von Strukturmustern bestimmten Wahrnehmung und erzeugt ein Gefühl der Klarheit und Entspannung in uns.

Weil die Energie der *Stimme* greifbarer ist als die Erscheinung des visualisierten Ah, können wir den Klang Ah benutzen, wenn uns die Visualisation als zu schwierig und fruchtlos erscheint und es uns nicht gelingt, auf diese Weise zur Präsenz des Gewahrseins zurückzukehren.

Arbeiten Sie mit dieser Übung mindestens eine Woche lang, bevor Sie zu der auf den Körper gerichteten Übung zehn übergehen.

Übung zehn

Ich möchte Ihnen raten, diese Übung nicht auszuprobieren, wenn Sie herzkrank sind / Falls Sie schwanger sind oder wenn Sie irgendwelche Zweifel daran haben, ob Sie gesund genug dazu sind, dann lassen Sie diese Übung bitte ebenfalls aus.

Gehen Sie auf Zehenspitzen in die Hocke / Die beiden Fußballen sollten sich dabei berühren / Auch die Fersen sollten einander berühren / Versuchen Sie, das Gleichgewicht zu finden, indem Sie den Boden vor sich mit den Fingerspitzen berühren (siehe Abbildung 1) / Wenn Sie das Gefühl haben, das Gleichgewicht gefunden zu haben, dann legen Sie die Hände mit nach unten gerichteten Handflächen auf die Knie / Strecken Sie die Arme / Drücken Sie die Knie ein wenig nach unten / Spreizen Sie die Knie nach außen und strecken Sie den Rücken / Lehnen Sie sich unter Umständen ein wenig zurück, damit Ihr Rücken auf jeden Fall eine vertikale Position einnimmt (siehe Abbildung 2 und 3) / Wenn Sie das Gefühl haben, sich im Gleichgewicht zu befinden, dann heben Sie die Hände über den Kopf / Drücken Sie die Handinnenflächen ungefähr 3 Zentimeter über dem Kopf fest zusammen / Achten Sie darauf, daß Ihre Finger gerade nach oben weisen (wie auf Abbildung 4) / Versuchen Sie gleichzeitig, die Hände hoch- und die Ellbogen zurückzudrücken, ohne die Hände voneinander zu entfernen und ohne sie höher über den Kopf zu erheben - auf diese beiden Bewegungen sollten Sie ungefähr gleich viel Kraft verwenden, damit die beiden Kräfte einander aufheben / Wenn Sie dies tun, werden Ihre Hände und Arme in der gleichen Position bleiben / Verstärken Sie Ihre Anstrengung, bis Hände und Arme zu vibrieren anfangen / Achten Sie auch darauf, daß Ihre Finger weiterhin aufwärts weisen, weder nach vorne noch nach hinten / Erheben Sie sich nun so weit, bis Ihre Beine den gleichen Winkel bilden wie Ihre Arme / Bleiben Sie in dieser Position, bis Sie zusammenklappen / Das dürfte nicht länger als eine Minute dauern - es sei denn, Sie üben schon lange Hatha Yoga / Lassen Sie sich rückwärts auf ein Kissen fallen und Sitzen Sie - wobei Sie immer noch die Arme gegeneinanderpressen / Bleiben Sie in dieser Position, bis Sie sie nicht mehr halten können / das wird wahrscheinlich nicht lange dauern / Lassen Sie sich in die Rückenlage fallen - (dabei liegt man flach auf dem Boden, und die Arme sind zu beiden Seiten des Körpers ausgestreckt) / Bleiben Sie in dieser Position, bis Ihr Atem und Herzschlag wieder zu ihrer normalen Frequenz zurückgekehrt sind / Während Sie so liegen, lassen Sie einfach los und lassen Sie sein / Lassen Sie in jeder Phase dieser Übung los und lassen Sie sein / Wenn Sie sich wieder aufgesetzt haben, dann fahren Sie mit Ihrer Sitz-Übung fort / Die meisten Menschen verharren nicht länger als eine oder höchstens zwei Minuten in der Streßposition / Das Verweilen in der entspannten Haltung hängt von Ihrer körperlichen Fitness ab und wird dementsprechend unterschiedlich lang ausfallen; es sollte jedoch nicht länger als drei bis vier Minuten dauern / Bleiben Sie möglichst nicht zu lange liegen, sonst könnten Sie das Gefühl der Wachheit und Frische verlieren, das durch diese Übung entsteht / Wiederholen Sie die Übung so oft, wie es Ihnen angenehm ist.

Ergänzende Anmerkungen zu Übung zehn

Diese Übung des *Körpers* wird als Donnerkeil-Stab-Position bezeichnet. Der Name leitet sich von dem Donnerkeil-Stab (Dorje) her, der bei tantrischen Riten zusammen mit der Glocke (Drilbu) Verwendung findet. Die zur Ausführung dieser Übung erforderliche Körperhaltung ähnelt der Form des Dorje. Sie symbolisiert die Unzerstörbarkeit des Uranfänglichen Zustands des Gewahrseins. Die Drei Sphären des Seins werden oft als „Drei Donnerkeile" bezeichnet, was veranschaulicht, daß der integrierte Zustand dieser Sphären jenseits der Konditionierung liegt.

Das Wirkungsprinzip dieser Übung ist *Erschöpfung*. Durch eine spezifische Methode körperlicher Erschöpfung sind wir in der Lage, unsere neurotische Verstrickung in das Denken als Definition unseres Seins zu erschöpfen. In einem Zustand der Erschöpfung ist es sehr schwierig, Gedanken zu entwickeln. Deshalb kann Erschöpfung es erleichtern, in einen Zustand einzutreten, in dem wir unsere Bezugssysteme loszulassen vermögen. In einem Zustand der Erschöpfung sind wir wesentlich weniger daran interessiert, Gedanken zu erzeugen, nur um uns damit zu identifizieren und um Bezugspunkte zu schaffen.

Wenn Sie jemals hinter einem Bus hergelaufen sind (ich denke dabei an die in London gebräuchlichen Busse ohne Tür und mit einer offenen Plattform, wo man sich mittels einer Stange nicht nur festhalten, sondern auch auf die Plattform hochziehen kann) und es Ihnen gerade noch einmal gelungen ist, sich nach einem atemberaubenden und halsbrecherischen Slalom-Sprint durch den Verkehrsgestank die rettende Busplattform zu erreichen, haben Sie wohl eine ungefähre Vorstellung davon, was ich meine, wenn ich sage: „Erschöpfung behindert das Denkvermögen. Versuchen Sie sich die Situation einmal vorzustellen. Sie lassen sich auf den nächsten freien Sitz fallen, während Ihre Augen vorquellen und Ihr Herz ein Trommelsolo zu vollführen scheint. Und genau in diesem Augenblick fragt Sie der Schaffner, wohin Sie fahren wollen! Doch genau in diesem Augenblick wissen Sie leider nicht einmal genau, wo Sie eigentlich sind, ganz abgesehen davon, woher Sie kommen und wohin Sie wollen.

Dorje

Allerdings bringt das Sich-Selbst-Erschöpfen auch ein Problem mit sich – es macht Sie müde. Je länger wir brauchen, um uns zu erschöpfen, um so länger dauert es auch, bis wir uns von dieser Erschöpfung erholt haben. Und je länger wir brauchen, um uns zu erholen, um so schläfriger sind wir, wenn wir uns wieder erholt haben. Die Dorje-Übung ist die Lösung dieses Problems, weil sie uns *sehr schnell* erschöpft – denn weil uns diese Übung so schnell erschöpft, erholen wir uns auch erstaunlich schnell wieder. Deshalb fühlen wir uns hinterher wieder voller Energie, klar und erfrischt. Es ist sehr wichtig, daß es bei dieser Übung nicht zu lange dauert, bis Sie erschöpft sind. Andernfalls müssen Sie Ihre Haltung bei der Übung so abändern, daß sie schmerzhafter wird.

Es wird natürlich niemandem als besonders angenehm erscheinen, sich selbst Schmerzen zuzufügen. *Falls* Ihnen diese Vorstellung jedoch als erstrebenswert erscheint, so ist das ein etwas komplizierteres Problem. Die Idee der Übung ist, daß Sie die schmerzhafteste Position einnehmen und, sobald Sie sie erreicht haben, zusammenklappen sollen! Das ist keine Frage von Minuten, sondern von Sekunden, und es geht keinesfalls darum, daß wir uns auf irgendeine Weise selbst körperlichen Schaden zufügen sollen. Die Art von Schmerz, über die ich hier spreche, ist der Schmerz, unter dem Athleten die meisten Tage ihres Lebens leiden. Es geht also hier keineswegs um etwas *sehr* Außergewöhnliches. Ganz sicher geht es nicht um Masochismus oder um Selbstzüchtigung. Die hier gemeinte Art von athletischem Schmerz kann uns helfen zu erkennen, daß wir wirklich lebendig sind und in einem physischen Körper leben. Dies kann nur zu unserem Vorteil sein, denn es ist tatsächlich der Ort, wo wir sind. Ziel des Übens ist nicht, uns vergessen zu lassen, daß wir auch eine physische Manifestation haben, nicht nur einen Körper aus Energie und Raum. Bei dieser Übung speziell spielen unser Gewahrsein und unsere Ehrlichkeit uns selbst gegenüber wichtige Rollen. Wenn wir unsere Arme nicht genügend unter Streß setzen oder wenn wir uns nicht darum bemühen, genau die Position herauszufinden, die unseren Beinen am unangenehmsten ist, so verharren wir zu lange in dieser Position! Das Ziel ist jedoch, möglichst *wenig* Zeit darin zu verbringen, damit wir uns anschließend entsprechend schnell erholen.

Je nachdem, was für ein Mensch Sie sind und wie Sie beschaffen sind, werden Sie unterschiedliche Schwierigkeiten mit dieser Übung haben. Wenn Sie sehr steif und nicht an körperliche Betätigung gewöhnt sind, müssen Sie wahrscheinlich mit leicht voneinander entfernten Füßen in die Hocke gehen, und Sie können sich vielleicht auch nicht so hoch auf die Zehen erheben. Wenn Sie körperlich nur ein wenig aus der Übung sind, haben Sie möglicherweise keinerlei Probleme, vorausgesetzt, Sie sind einigermaßen geschmeidig und haben ein gewisses Gleichgewichtsgefühl. Wenn Ihr Gleichgewichtsgefühl nicht gut entwickelt ist, wird Ihnen diese Position helfen, sich zu zentrieren und ein besseres emotionales und psychologisches Gleichgewicht zu entwickeln. Körperliche Balance und emotionale Balance stehen miteinander in Verbindung. Deshalb empfiehlt es sich, diese Übung möglichst täglich zu wiederholen. Es gibt auch Menschen, die körperlich ziemlich fit sind und die große Ausdauer haben, deren Gleichgewichtsgefühl jedoch nur schwach entwickelt ist. Ihre persönliche Situation wird Ihrer Arbeit einen ganz bestimmten Akzent geben.

Die Dorje-Übung ist Bestandteil des *Trul-khor-Naljor*-Systems, das gewisse oberflächliche Ähnlichkeiten mit dem Hatha Yoga hat, sich jedoch in einigen wichtigen Punkten von letzterem unterscheidet. Insbesondere gilt das für die soeben beschriebene Dorje-Übung. Das Ziel ist hier *nicht*, die „perfekte Haltung" zu erreichen – das Ziel des Übens *ist* die Erschöpfung. Wenn Sie also bereits Erfahrung im Hatha Yoga haben, dann gehen Sie bitte nicht mit dieser Einstellung an die Übung heran – insbesondere dann nicht, wenn Sie jene Art von Hatha Yoga kennengelernt haben, bei der Sie dazu angehalten werden, über jedes vernünftige Maß hinaus körperliche und willentliche Kraft aufzuwenden. Ich habe viele Menschen kennengelernt, die sich durch „extremistische" Hatha-Yoga-Lehrer körperlich ruiniert hatten. Deshalb möchte ich noch einmal betonen: Diese Übung *muß* mit Gewahrsein ausgeführt werden, und nicht mittels Willenskraft. (Ich will hier keineswegs Hatha Yoga im allgemeinen kritisieren, so wie es gewöhnlich praktiziert und von qualifizierten Lehrern in nicht-„extremistischen" Schulen unterrichtet wird.) Weil ich die oben beschriebene Übung schon seit einigen Jahren lehre, halte ich es dringend für notwendig, immer wieder zu betonen, daß sie *nicht* der Stärkung des Männlichkeitswahns dienen soll. Sie machen Ihre Sache *nicht* besser, wenn Sie in dieser Position länger ausharren als andere. Es geht um *schnelle Erschöpfung*; deshalb ist es wichtig festzustellen, bei welchem Beinwinkel genau ein fast augenblicklicher Zusammenbruch eintritt.

Wenn Sie regelmäßig Hatha Yoga üben, ist Ihr Körper möglicherweise sehr geschmeidig. In diesem Fall ist es wichtig, daß Sie die Haltung ganz genau so einnehmen, wie ich es beschrieben habe. Je geschmeidiger Sie sind, um so mehr müssen Sie sich darum bemühen, daß der Sinn der Übung erfüllt wird. Dafür müssen Sie Ihr Gewahrsein benutzen. Man kann die Wirkung der Haltung vergrößern, wenn man ihre Symmetrie perfektioniert. Dies können Sie erreichen, indem Sie die Fußsohlen flach gegeneinandersetzen, genauso, wie Sie die Hände zusammenpressen, und indem Sie die Knie stärker auseinanderdrücken. Sie werden vermutlich die Ähnlichkeit dieser Körperhaltung mit der Zeichnung des Donnerkeil-Szepters oder Dorje zu Beginn dieses Abschnitts erkannt haben. Wie Ihr körperlicher Zustand auch sein mag, in jedem Fall ist es wichtig, daß Sie die Ausführung dieser Übung Ihrer körperlichen Verfassung so gut wie möglich anpassen. Falls Sie an Visualisation interessiert sind, möchte ich anmerken, daß diese Übung auch einen inneren Aspekt hat: Sie können sich als dunkelblauen, von Flammen umgebenen Dorje visualisieren. Dies wird die Kraft Ihrer Übung intensivieren, doch wenn Ihnen dies zu kompliziert erscheint, dann finden Sie einfach die Präsenz Ihres Gewahrseins in der Empfindung dieser Körperhaltung.

Die Übung ist nicht nur ausgezeichnet dazu geeignet, Zerstreutheit „abzuschneiden", sondern sie ist auch ein hervorragendes Mittel gegen Schlaflosigkeit. Wenn Sie die Übung ausführen, bevor Sie sich schlafen legen, werden Sie wahrscheinlich schnell einschlafen und gut schlafen. Dazu müssen Sie sich allerdings, sobald Sie zusammengebrochen sind, ins Bett legen. Wenn Sie danach nicht innerhalb von ca. fünf Minuten einschlafen, wiederholen Sie die Übung einfach und legen sich anschließend gleich wieder ins Bett. Gewöhnlich sind nicht mehr als drei Wiederholungen erforderlich, bis Sie einschlafen.

1. Dorje-Übung – vorbereitendes Ausbalancieren

2. Dorje-Übung – das Finden der korrekten Wirbelsäulenhaltung (Vorderansicht)

3. Dorje-Übung – das Finden der korrekten Wirbelsäulenhaltung (Seitenansicht)

4. Dorje-Übung – Position der Hände und Gegeneinanderdrücken der Arme.

5. Dorje-Übung – Hochdrücken der Beine: Dies ist die komplette Positior

Rang-rig – selbstbefreites Gewahrsein

14 Jenseits der Übung

Dies ist die letzte Etappe unserer Reise in den inneren Raum, und in einem gewissen Sinne ist dies sowohl das Ende wie auch der Anfang einer Reise, die kein Ziel außer dem Hier und Jetzt hat.

Wir haben einige Zeit damit zugebracht, ein Bild zu entwerfen, einen Reiseführer für ein Gebiet, das noch nicht kartiert zu sein scheint. Doch nun ist es an der Zeit, jenes Bild wieder zu zerstören.

Wir haben einen Blick auf die ersten drei einer Gruppe von Übungen geworfen, die als die Vier Naljors bezeichnet werden. Naljor bedeutet „Vereinigung mit dem unkonditionierten Zustand". Die Vier Naljors sind die grundlegenden Mittel innerhalb der Serie der Natur des Geistes (*Sem-de*) des Dzogchen. Sie werden auch die Vier *Ting-nge-dzin* (meditative Versenkungen) genannt: *Ne-pa* (Ungestört), *Mi-yö-wa* (Unbewegt), *Nyam-nyi* (Ungeteilt) und *Lhundrup* (Unverändert). Dies ist eine Gruppe von Begriffen, die in der Dzogchen-Lehre gebräuchlich sind. In diesem Buch jedoch habe ich Begriffe benutzt, die verbreiteter sind: *Shi-ne*, *Lha-tong*, *Nyi-med* und *Lhun-drup*. Die ersten drei Begriffe werden im Tantra benutzt, der letzte, *Lhun-drup*, jedoch nur im Dzogchen. Die ersten drei wurden als progressive Serie von Übungen beschrieben, die in der *Nyi-med*-Erfahrung gipfeln, welche ich im vorangegangenen Kapitel dargestellt habe.

Shi-ne ist die Methode, die uns hilft, uns im Raum des Geistes ohne Inhalt zu finden, während wir die Präsenz unseres Gewahrseins aufrechterhalten.

Lha-tong ist die Methode des Reintegrierens der Präsenz unseres Gewahrseins in die Bewegung all dessen, was aus der Leere auftauchen mag.

Nyi-med ist die Erkenntnis des *Einen Geschmacks* des Raums und die Energie, die auftaucht und sich wieder in den Raum auflöst.

Doch was hat es mit *Lhun-drup* auf sich?

Bevor wir irgend etwas über Lhun-drup sagen können, müssen wir uns nochmals das gesamte System vergegenwärtigen, das in diesem Buch dargestellt worden ist. Vielleicht erinnern Sie sich noch an die erste Übung in diesem Buch – wenn nicht, so möchte ich Ihnen empfehlen, sie jetzt sofort noch einmal zu lesen. Blättern Sie zurück, und schauen Sie sich diese Übung noch einmal an.

Die erste Übung ähnelt in mancherlei Hinsicht den am Schluß des vorigen Kapitels beschriebenen Übungen. Dies habe ich ganz bewußt so angeordnet, um auf etwas ganz Bestimmtes hinzuweisen.

In der Zen-Tradition gibt es einen Aphorismus, der dies ungefähr ausdrückt:

> Für einen Anfänger auf dem Pfad
> ist ein Baum ein Baum, und ein Berg ist ein Berg.
> Für jemanden, der den Pfad beschreitet,
> ist ein Baum nicht länger ein Baum, und ein Berg nicht länger ein Berg.
> Doch für jemanden, der den Pfad vollendet hat,
> ist ein Baum wieder ein Baum, und ein Berg ist wieder ein Berg.

Zuerst ist der Geist für uns identisch mit dem Denken, dann entdecken wir den Geist ohne Denken, und schließlich kehren wir zum Denken als Geist zurück.

Als ich einmal mit Chhimed Rigdzin Rinpoche in einem kleinen Garten in Holland zusammensaß, stellte er mir eine Frage. Er deutete hinauf zu den Zweigen eines alten Apfelbaumes, in dessen Schatten wir saßen, und sagte: „Was bewegt sich in deiner Erfahrung, die Blätter oder der Wind?" Sein Gesicht hatte jenen ungerührten und scharf beobachtenden Ausdruck angenommen, den ich im Laufe der Jahre so gut kennengelernt hatte. Mir war klar, was das bedeutete: Seine Frage zielte darauf, mein Verständnisvermögen zu durchbrechen und herauszufinden, ob irgend etwas Essentielles daran war oder nicht. Er hatte mir schon vorher ähnliche Fragen gestellt, und ich wußte, daß er nur dann an meiner Antwort interessiert war, wenn ich ihm *sofort* antwortete. Wenn ich zu lange überlegte, war er nicht mehr an der Antwort interessiert. „Mein Geist ist es, der sich bewegt, Rinpoche", antwortete ich etwas einfältig, woraufhin er sehr fein lächelte und sagte: „Hast du diese Frage etwa schon einmal gehört?" Daraufhin erzählte ich ihm von dem obigen Zen-Aphorismus und sagte, ich hätte die Frage zwar noch nicht gehört, doch sie schiene mir in die gleiche Richtung zu zielen wie jener Aphorismus. Daraufhin schaute er mich eine Sekunde lang sehr aufmerksam an, und dann brachen wir beide in Lachen aus.

Bewegung innerhalb der Leere charakterisiert die Natur sowohl des Geistes wie auch der Wirklichkeit. Verwirklichung oder Realisation besteht darin, die Präsenz des Gewahrseins in alles, was als Erfahrung des Seins auftaucht, zu reintegrieren.

In einem gewissen Sinne ist es nicht möglich, die Vier Naljors oder die Vier Ting-nge-dzin auf lineare Weise vollständig darzustellen, weil unsere Erfahrung nicht immer völlig mit dem linearen Modell übereinstimmt. Schauen wir uns einmal an, was das bedeutet. Wenn wir Shi-ne üben und das Auftauchen der Gedanken aus der Leere sowie ihr anschließendes Wiedereintauchen in die Leere beobachten - was können wir dann über jene Erfahrung sagen? Wenn wir fortfahren, die Präsenz unseres Gewahrseins aufrechtzuerhalten, was ist dann der Unterschied zwischen diesem Zustand und Nyi-med? Die Antwort lautet möglicherweise: nichts.

Es gibt nicht den geringsten Grund, warum es nicht möglich sein sollte, den Nyi-med-Zustand auch ohne Durchlaufen aller Zwischenstufen zu Verwirklichen. Es ist durchaus möglich, von Shi-ne zu Lha-tong überzugehen, ohne das Stadium des stabilisierten Shi-ne durchlaufen zu haben. Grundsätzlich ist stabilisiertes Shi-ne für einige Menschen schwieriger zu erreichen als Lha-tong oder Nyi-med. Doch ohne umfangreichere Erfahrung mit stabilisiertem Shi-ne sind die Lha-tong- und Nyi-med-Erfahrungen im Shi-ne-Zustand vergleichbar mit einem Blitz aus taghellen Himmel.

Weil unsere Erleuchtung durch das Unerleuchtetsein, das wir permanent vom Grund des Seins her erzeugen, ständig *hindurchschimmert*, kann jeder Mensch, ganz gleich, ob er Meditationserfahrung hat oder nicht, blitzartige Erfahrungen von Lha-tong oder Nyi-med haben. Oft öffnen Krankheiten oder Nahtod-Erfahrungen uns für derartige erleuchtende Einsichten. Erleuchtung *ist* unser natürlicher Zustand, deshalb sollte es uns nicht überraschen, wenn sie sich gelegentlich manifestiert. Unerleuchtetsein ist eine Aktivität, mit der wir ständig beschäftigt sind und für deren Fortbestehen wir ständig arbeiten müssen. Deshalb können wir, wenn die Lebensumstände unsere ständige Bemühung, das Unerleuchtetsein aufrechtzuerhalten, zeitweise unterbrechen, *flüchtige Ahnungen* von der Verwirklichung erleben. Diese *flüchtigen Ahnungen* können das Leben eines Menschen radikal verändern, doch wäre es ein zweifelhaftes Verfahren zu hoffen, daß das Leben es schon für uns richten wird, „wenn die Zeit dafür reif ist". Wir müssen mit dem *Durchschimmern* unserer Erleuchtung kooperieren, indem wir das zwanghafte Bezugnehmen unterbrechen und uns fortwährend bemühen, die Präsenz unseres Gewahrseins aufrechtzuerhalten.

Man kann also nicht sagen, daß die Naljors ein linearer Prozeß sind, es sei denn, unsere Erfahrung entwickelt sich ebenfalls auf lineare Weise. Doch obgleich der Prozeß nicht unbedingt linear zu verlaufen braucht, muß man ihn linear beschreiben. Diese Art der Beschreibung erfüllt auf die gleiche Weise ihren Zweck, wie eine Folge von Wörtern in einem Satz. Aus der relativen Perspektive können wir nicht mit dem *Sinn* beginnen, sondern wir müssen mit dem ersten Wort des Satzes beginnen und dann mit dem zweiten, dritten usw. fortfahren. Am Ende des Satzes wird der *Sinn* klar; die lineare Folge der Wörter ist von diesem Moment an nicht mehr wichtig. Sobald wir den Satz gelesen haben, kennen wir seinen *Sinn*. Sobald wir den *Sinn* kennen, können wir - wenn wir wollen - zu den einzelnen *Wörtern* in jeder beliebigen Reihenfolge zurückkehren, je nachdem, wie es uns am passendsten erscheint.

Lhun-drup ist unsere Spontane Selbst-Vollendung und die vierte Naljor. Lhun-drup ist das *Wissen*, daß am Ende des Satzes *da* ist. Wenn wir den *Sinn* des Satzes vergessen oder wenn wir davon abgelenkt werden, müssen wir möglicherweise erneut einen Blick auf die Wörter werfen.

Lhun-drup ist die Integration der Nyi-med-Erfahrung in jeden Aspekt unseres Seins. Wir begeben uns in den Bereich jenseits der Übung. Für Lhun-drup gibt es keine Methode, abgesehen vom

Fortfahren in der nicht-dualistischen Präsenz des Gewahrseins mit dem Aufblühen jedes Augenblicks.

TEIL IV

Tri-wa – Fragen

15 Fragen

Sowohl das vorliegende wie auch mein erstes Buch, *Der fünffarbige Regenbogen*[1], basiert auf Transskripten von Kursen, die ich seit 1979 gegeben habe. Diese Transskripte enthalten einige lange Frage-und-Antwort-Sitzungen, deren Inhalt größtenteils in die Kapitel der beiden Bücher eingearbeitet wurde. Allerdings blieb von dem transskribierten Material einiges ungenutzt, weil es thematisch nicht eindeutig den beiden erwähnten oder anderen geplanten Büchern[2] zuzuordnen war. Einige dieser Sitzungen hatten eine gewisse „Live"-Qualität, deretwegen es sinnvoller erschien, sie in der ursprünglichen Dialogform wiederzugeben. Ein paar dieser Dialoge sind in den vierten Teil dieses Buches aufgenommen worden. Die in den Gesprächen anklingenden Themen ergänzen die bisher im Buch behandelte Thematik. Ich habe sie an das Ende des Buches gestellt, um die vorhergehenden drei Teile nicht zu verkomplizieren. Vielleicht profitieren Sie davon, diese Dialoge mit dem Muster Ihres eigenen Verständnisses zu vergleichen. Das Verstehen oder Nichtbegreifen anderer Menschen zu beobachten, wird Ihnen helfen, die Gewohnheitsmuster Ihrer eigenen Vorstellungen und Bezugssysteme besser zu erkennen.

Fragen sind ein wichtiger Bestandteil dieses Lehrprozesses. Fragen geben Aufschluß über die grenzenlose Vielfalt individueller Arten von Verwirrung und Nichtbegreifen, und wegen dieser Eigenart führen sie zur Entstehung unzähliger Erklärungsmuster.

---

[1] Ngakpa Chögyam: *Der fünffarbige Regenbogen* (Originaltitel: *Rainbow of Liberated Energy*), Bauer-Verlag (Esotera-Taschenbuch), Freiburg i. Br. 1988.

[2] Die beiden bisherigen Bücher Ngakpa Chögyams bilden den Anfang einer geplanten Reihe, *The Tibetan Mystic Path*, in welcher der Autor Menschen der westlichen Welt die Lehren des tibetischen Tantra auf verständliche Weise nahebringen will.

Jede Art von Nichtbegreifen ist eine verzerrte Spiegelung der Erleuchtung. Dies bedeutet: Je zahlreicher die Arten der Konfusion sind, um so mehr Möglichkeiten entstehen, zu erklären, *was wirklich ist*. Jede Art des Zerstreut-Seins ist dynamisch mit dem grenzenlosen Erleuchteten Geist verbunden, und die Energie dieser *dynamischen Verbindung* ist für uns alle die größte Chance, zur Verwirklichung zu gelangen. Wenn wir das spezielle Muster der Konfusion *verstehen*, das den Fragen zugrunde liegt, so eröffnet uns dies den Zugang zur *Qualität* der Erleuchtung (von welcher jene spezielle Konfusion eine verzerrte Spiegelung ist). Sobald eine solche Öffnung entstanden ist, können die Qualitäten der Erleuchtung in Form von *Erklärungen* gespiegelt werden. Lehren ist im Grunde nur dann möglich, wenn der Lehrer unsere Erleuchtung so *spiegelt*, daß wir ihre Verbindung zu unserem persönlichen, von Zerstreut-Sein geprägten Wahrnehmungsrahmen erkennen.

Zu lehren ist nur möglich, weil Verwirrung existiert. Ohne die Manifestation von Verwirrung würden Erklärungen, die die Verwirrung auflösen, nie auftauchen. Deshalb sind Fragen sehr wichtig. Ohne die Fragen der Teilnehmer an meinen Kursen wäre meine Fähigkeit zu erklären wesentlich geringer und meine Erklärungen wären wesentlich weniger brauchbar. Wenn eine Belehrung erfolgreich sein soll, muß jeder Betroffene ganz bei der Sache sein - jeder muß Verantwortung übernehmen in dem Sinne, daß er den zu erforschenden Bereich offen zeigt. Ohne diesen Grad an Verpflichtung kann sich nichts wirklich Entscheidendes entwickeln - zumindest ist das meine Erfahrung. Die Großen Tibetischen Meister kommunizieren gewöhnlich direkt und belehren auf vielen verschiedenen Ebenen, ohne daß es notwendig wäre, Fragen zu stellen. Ihre Worte durchschneiden persönliche Begrenztheiten und die Verwirrung, die durch Mehrdeutigkeit und durch die irreführenden Nebenbedeutungen von Wörtern entsteht. Doch ich bin kein solcher Lehrer. Deshalb bin ich in hohem Maße auf Fragen angewiesen, wenn ich Einsichten vermitteln will, die die Schüler in ihr Leben integrieren können.

Ich erinnere mich noch gut daran, wie ich mehrmals von einer englischen buddhistischen Gruppe eingeladen wurde, Seminare abzuhalten. Ich hatte bereits über eine große Zahl von Themen gesprochen, meiner Meinung nach genug für eine Gruppe, die keiner bestimmten Tradition folgte. Deshalb gab ich den Teilnehmern schließlich Gelegenheit, Fragen zu stellen. Es handelte sich um eine buddhistische Gruppe, die sich nicht an einer spezifischen Tradition orientierte und deren Mitglieder kaum etwas oder gar nichts über den tibetischen Buddhismus wußten. Deshalb hielt ich weitere spezifische „technische“ Informationen über meine eigene Tradition für nicht besonders sinnvoll. Doch nachdem ich die Teilnehmer gebeten hatte, Fragen zu stellen, sah ich mehrere Reihen verstörter Gesichter vor mir. Mein Vorschlag hatte bei den Anwesenden offenbar Verwirrung ausgelöst, denn niemandem schienen irgendwelche Fragen einzufallen.

In dieser Situation (und während ich darüber nachdachte, wie ich den Anwesenden wohl am nützlichsten sein könnte), fiel mir ein, daß ich ja auch *ihnen* ein paar Fragen stellen könnte. Ich fragte sie also, worüber sie gerne etwas von mir hören wollten. Darauf antworteten sie, ihnen wäre es am liebsten, wenn ich ihnen mehr über den tibetischen Buddhismus erzählen würde. Also sagte ich: „Ihr bittet mich praktisch darum, euch Antworten auf Fragen zu geben, die ihr gar nicht gestellt habt.“ Da sie daraufhin noch verwirrter reagierten, versuchte ich ihnen zu erklären, daß ich jetzt nur noch über technische Aspekte von Übungen sprechen könnte, die sie zumindest als gesamte Gruppe wohl niemals praktizieren würden. Sie begriffen das Problem zwar, doch damit war es noch keineswegs aus der Welt: Da saß nun diese Gruppe von Leuten, die noch ein bis zwei Stunden mit mir verbringen sollten, in der vagen Erwartung, daß ich irgend etwas „Erleuchtendes“ sagen würde – aber ich hatte nichts zu sagen.

Dann versuchte ich es noch einmal von einer anderen Seite, indem ich sagte: „Gibt es denn in eurem Leben keine Probleme, an denen ihr im Zusammenhang eurer Übung zu arbeiten oder die ihr zu lösen versucht?“ Daraufhin prasselten von allen Seiten Fragen, über deren Beantwortung der Abend verging. Wir alle lernten dabei etwas Nützliches. Während dieser Frage-und-Antwort-Sitzung wurde klar, daß die Teilnehmer geglaubt hatten, sie dürften nur Fragen stellen, die sich im „buddhistischen“ Rahmen bewegten. Sie hatten offenbar angenommen, daß Fragen bezüglich des

„gewöhnlichen Lebens“ jemanden wie mich nicht interessieren würden. Offensichtlich waren sie der Überzeugung, daß Alltagssituationen nur wenig mit dem Buddhismus zu tun haben. Natürlich kamen wir durch das Gespräch über Alltagsprobleme schnell wieder zum Buddhismus zurück – denn darum ging es ja letztlich.

Wenn meine Schüler sagen, sie hätten keine Fragen, erwidere ich häufig: „Entweder bedeutet das, daß ihr Erleuchtet seid, oder, daß ihr mehr üben müßt, mehr studieren müßt oder ein wenig mehr leben müßt. Irgend etwas davon wird die Konfusion erzeugen, die notwendig ist, damit ihr wieder Fragen stellen könnt.“

Meine Schüler haben oft zum Ausdruck gebracht, daß sie durch die Fragen anderer viel lernen würden, da sie auf diese Weise viele verschiedene Arten von Antworten erhielten. Diese Wertschätzung fremder Fragen gilt ganz allgemein – die Fragen von „Neulingen“ erzeugen stets ein starkes Interesse und eröffnen häufig auch für die „alten Hasen“ völlig neue Perspektiven. Gewöhnlich gilt: Je stärker die Fragen mit dem Leben der Fragesteller verbunden sind, um so mehr kommt den übrigen Anwesenden die Antwort zugute. Fragen, die einem „spirituell ungebildeten“ Geist entspringen, locken häufig wesentlich interessantere Antworten hervor als Fragen von Menschen, die sehr spezifische Information in buddhistischer Terminologie wünschen.

Ich möchte hier all jenen danken, die in die Veröffentlichung ihrer Gespräche mit mir eingewilligt haben.

Sampa – Absicht

16 Eingestimmte Absicht

Fragesteller: Ich war immer sehr am Buddhismus interessiert und von dieser Lehre beeindruckt, besonders davon, was sie uns über die Wirklichkeit sagt. Ich kann mir keine Lebensanschauung vorstellen, die der buddhistischen überlegen ist. Aber ich finde einfach nicht die Zeit zu meditieren. Ich würde wirklich gerne meditieren und nehme mir auch immer wieder vor, endlich mit der täglichen Meditationspraxis zu beginnen, aber wenn ich mich dann einmal dazu aufgerafft habe, werde ich schon bald durch irgend etwas wieder davon abgebracht, und es dauert dann jedesmal Wochen oder Monate, bis ich einen erneuten Anlauf mache. Kannst du mir sagen, was ich dagegen tun könnte?

Ngakpa Chögyam: Wieviel liegt dir daran, mit der Übung zu beginnen?

F.: Es ist mir sehr wichtig.

N.C.: Das ist sehr interessant. Ich frage mich, warum das so ist? (Pause) Du möchtest etwas ganz dringend tun, es ist dir sehr wichtig, aber du tust es trotzdem nicht. Ich glaube, wenn du in stärkerem Maße meditieren wolltest, als deine freie Zeit für andere Dinge zu verwenden, würde es dir weniger schwer fallen, mit der Übung zu beginnen. Bitte entschuldige, wenn das ein wenig barsch klingt, aber es ist nichts weiter als eine einfache Aussage über Motivation. Du könntest es auch anders sehen. Nehmen wir an, du würdest sagen: „Ich möchte dünner werden, aber ich esse ständig zuviel, und ich trainiere auch meinen Körper nicht.“ Meine Antwort würde dann – entsprechend – lauten: „Offensichtlich ist Essen und Nicht-Trainieren dir wichtiger als Dünnsein.“ Ich fälle damit kein Werturteil, ich sage nur: „Freue dich an deinem runden Bauch und daran, daß dir das Essen so gut schmeckt – oder erfreue dich an deiner Mäßigung und an deinem Körpertraining sowie an deiner Phantasie, dünn zu sein."

F.: Aber ist es denn nicht wichtig, zu meditieren?

N.C.: Natürlich, es ist sehr wichtig, aber das sage *ich* zu dir. Was denkst *du* denn darüber? Für wie wichtig hältst *du* es denn?

F.: In allen Büchern steht...

N.C.: Ja, in allen Büchern steht es - aber was sagst *du* dazu?

F.: Ich bin etwas durcheinander.

N.C.: Super! Das ist ein guter Anfang. Der nächste Schritt ist, dies mit einem gewissen Humor zu akzeptieren. Niemand von uns schätzt es, verwirrt zu sein, doch solange wir an unserer dualistischen Sicht haften, werden wir *Nicht-Wissen* immer als „Verwirrung" übersetzen. Wir mögen Verwirrung nicht, weil innerhalb des *Raumes der Verwirrung* Definitionen vage und ungreifbar werden, und dadurch entsteht bei uns ein Gefühl der Unsicherheit. Die Unsicherheit zu akzeptieren und sich in diesem Zustand zu *entspannen*, ist schon an sich eine Übung - dies wird als *Weisheit der Unsicherheit* bezeichnet.

F.: Willst du damit sagen, daß Unwissenheit völlig o.k. ist?

N.C.: Unwissenheit ist das Gefühl des *Nicht-Wissens*, und wenn wir unseren Zustand des *Nicht-Wissens* erkennen, dann ist das nicht nur o.k., es ist eine wichtige Errungenschaft! Unwissenheit im Sinne von Ignorieren - Indifferenz oder Nicht-Wissen-Wollen ist etwas völlig anderes.

F.: Meinst du, daß die Unwissenheit, die auf dem tibetischen Lebensrad durch das Schwein symbolisiert wird, *nicht* „Nicht-Wissen" ist, sondern Nicht-Wissen-Wollen?

N.C.: Ja, aber es ist noch mehr als das. Es ist Ignorieren – aktives Fernhalten von Wissen.

F.: Demnach wäre Ignoranz eine Aktivität?

N.C.: Genau. Sie ist ein Teil des Motors, der das Lebensrad oder vielmehr das Rad der zyklischen Existenz antreibt. In der Mitte dieses Rades befindet sich ein grüner Kreis (grün ist die Farbe der Aktivität), und in diesem Kreis befinden sich drei Tiere, die einander jagen – sie beißen einander in den Schwanz. Jedes dieser Tiere repräsentiert einen grundlegenden Aspekt unserer zerstreuten Motivation. Der Hahn repräsentiert die Anziehung (Attraktion), die Schlange die Abneigung (Aversion) und das Schwein verkörpert die Indifferenz oder Ignoranz.

F.: Gewöhnlich werden sie mit Lust, Haß und Ignoranz in Verbindung gebracht, oder ist das etwas anderes?

N.C.: Das ist wieder so ein begriffliches Problem. Beide Übersetzungen sind möglich, aber ich halte die letztere für nicht besonders hilfreich – sie erweckt den Anschein, als bestünde eine enge Beziehung zwischen diesen drei Möglichkeiten des Zerstreut-Seins und den „Sieben Todsünden". Die ganze Atmosphäre dieser Lehre ist jedoch eine völlig andere.

Deshalb kann es irreführend sein, jene stark affektiven Wörter mit ihrem ganzen hinderlichen Rattenschwanz an Nebenbedeutungen zu benutzen. Ich ziehe die Begriffe Anziehung (Attraktion), Abneigung (Aversion) und Indifferenz vor. Ich halte diese Begriffe für neutraler und verbinde mit ihnen die Hoffnung, daß sie es uns ermöglichen, sie als Teile jenes Motors zu untersuchen, der das Rad der indirekten Erfahrung antreibt. Die wahre Bedeutung des Schweins ist demnach: Nicht-Wissen-Wollen im Gegensatz zum *Einfach-Nicht-Wissen*. Verstehst du das? Begreifst du den Unterschied?

F.: Ja, danke – das hat mir sehr geholfen. Mir war bisher entgangen, daß „nicht wissen" auch eine positive Bedeutung haben kann.

N.C.: Wenn du nicht weißt und *weißt*, daß du nicht weißt, kannst du dich daran machen, das, was du nicht weißt, herauszufinden. Aber wenn du *nicht weißt*, daß du nicht weißt, wo sollst du dann suchen? Was meinst du, was dir helfen würde, mit der täglichen Sitzübung zu beginnen? (Pause) Was glaubst du, würde dich dazu motivieren?

F.: (Pause) Ich weiß es nicht.

N.C.: Um deine Motivation zu stärken, mußt du dir klarer darüber werden, was der Shi-ne-Prozeß dir zu entdecken hilft. Um die Motivation zu entwickeln, mußt du einen ernsten (oder einen *durch und durch humorvollen*) Blick auf dein Leben werfen. Wenn du nicht Sitzen willst, so bedeutet das, daß du dich nicht zu einer Veränderung motiviert fühlst. Und das wiederum bedeutet entweder, daß du Angst vor einer Veränderung hast oder daß du keinen Grund zur Veränderung siehst. Wenn wir ein gutes Verständnis des Buddhismus entwickelt haben - durch Lesen, Nachdenken und Zuhören -, indem wir die buddhistischen Lehren anhand unserer eigenen Erfahrung überprüft haben, entwickelt sich auf ganz natürliche Weise *Motivation*. Aber laß dir Zeit, sei freundlich dir selbst gegenüber. Sei ehrlich, und hinterfrage deine derzeitige Motivation gründlich. Gestatte es deiner eingestimmten Absicht zu wachsen. Dies ist *dein* Experiment; behindere es nicht durch Schuldgefühle und Frustration. Du wirst mit der Übung beginnen, wenn es für dich auf der Ebene der Erfahrung Sinn macht. Wenn wir meditieren wollen, weil wir es für eine religiöse Pflicht halten, kann es sein, daß aus dieser Art des Übens nie eine *Echte Motivation* ensteht. Akzeptiere dich so, wie du in diesem Augenblick bist. Das ist dein Ausgangspunkt. Wie klingt das für dich?

F.: Ich empfinde große Erleichterung!

* * *

F.: Könntest du etwas über das Aufrechterhalten einer täglichen Meditationspraxis sagen. Ich meine - wie schafft man es am besten, regelmäßig zu üben und nicht auszusetzen?

N.C.: Die beste Art, jeden Tag zu Sitzen, ist - soweit mir bekannt ist - jeden Tag zu Sitzen. Je länger du die Praxis des täglichen Sitzens beibehältst, um so länger wird sie bestehen bleiben - so ist das nun einmal mit dem Sitzen. Es klingt wahrscheinlich absurd, und in gewisser Hinsicht ist es das wohl auch - meine Antwort mag sogar nichtssagend klingen. Ich bin aber weder ein Dummkopf noch beschränkt, weil ich etwas so absurd Simples sage - etwas so Einfaches, daß man es völlig übersehen könnte. Wir alle sind hier versammelt, weil wir ein gewisses gemeinsames Interesse haben. Wir sind hierhergekommen, um etwas über Shi-ne zu erfahren und um Shi-ne zu üben. Somit haben wir alle eine gewisse Begeisterung für diese Übung oder eine gewisse Energie, die uns zu ihr hinführt. Ich persönlich schätze die Erfahrung, hier zu sein und gemeinsam zu sitzen, sehr - und vielleicht ist es für euch etwas, das ihr weiterentwickeln könnt, nachdem ihr diesen Ort wieder verlassen habt. Wenn die Motivation da ist, wenn wir unsere einander widersprechenden Gefühle angeschaut haben und wenn unser *aktiver Wunsch* zu üben sich manifestiert hat, sollten wir es vermeiden, jene Energie durch einander widersprechende Prioritäten zu zerstreuen. Wenn die Übung eine starke Priorität für uns hat, sollten wir vermeiden, sie durch einen Widerstreit mit unseren übrigen Prioritäten zu schwächen. Statt dessen sollten wir einfach Sitzen. Wenn wir nach Hause kommen, sollten wir einfach Sitzen. Auch morgen früh sollten wir wieder Sitzen, und auf diese Weise sollten wir mit dem Sitzen fortfahren. Jedes Sitzen sollte das erste Mal sein, und jeder Augenblick, den wir leben, sollte der letzte Augenblick sein. Freundet euch mit dem Tode an, und laßt die gegenwärtigen Empfindungen fließen wie Sand, der durch eure Finger rieselt.

Wenn du täglich üben willst, dann solltest du dir sicher sein, daß du wirklich jeden Tag Sitzen willst - daß es dir *wirklich* sehr wichtig ist. Versuche, in deinem Leben Zeit und Raum für das Sitzen zu schaffen, und vermeide es, eine Situation zu schaffen, in der du zwangsläufig versagen mußt. Nimm dir keine zu lange tägliche Sitz-Zeit vor - wähle besser eine kleine Zeitspanne, damit du dein Vorhaben dann auch tatsächlich täglich ausführen kannst. Und verlängere die Zeitspanne erst dann, wenn du das Gefühl hast, du bräuchtest mehr Zeit, um deine Übung weiterzuentwickeln. Du kannst jederzeit länger sitzen, als du dir eigentlich vorgenommen hattest, aber Sitze nie *kürzer* als die beabsichtigte Zeitspanne. Selbst wenn du nur fünf Minuten „garantiert" Sitzen kannst, ist es immer noch besser, jeden Tag fünf Minuten zu sitzen, als gelegentlich einmal eine halbe Stunde. Nimm dir grundsätzlich nur Dinge vor, von denen du dir sicher bist, daß du sie auch einhalten kannst. Andernfalls wirst du nie Vertrauen in dich selbst entwickeln, was wiederum zur Folge hat, daß du nie einen Vorsatz fassen kannst. Es ist sehr wichtig, daß du dir etwas vornehmen kannst, denn so kannst du deinem Leben eine echte Richtung geben und ermöglichen, daß etwas Positives passiert - besonders dann, wenn du deine Versprechen mit dem Wunsch verbindest, daß alle lebenden Wesen überall Befreiung erlangen mögen.

Auf diese Weise kannst du das Sitzen zu einem Bestandteil deines Lebens machen, und wenn es einmal zu einem Bestandteil deines Lebens geworden ist, wird sich Klarheit entwickeln. Wenn sich ein wenig Klarheit entwickelt hat, wird die Motivation zu üben wesentlich gestärkt werden. Hast du den Wert der Übung in deinem Leben einmal erkannt, so motiviert dich das zu weiteren Entdeckungen; dann ist es für dich kein Problem mehr die Motivation aufrechtzuerhalten. Motivation soll dich zur Übung bringen, doch nachdem sie das getan hat, hat sie ihre Aufgabe erfüllt. Wenn du den Raum des Sitzens mit dem Wunsch nach Fortschritt füllst, erstickst du das sich entwickelnde Gewahrsein. Loslassen der Motivation ist also ebenfalls wichtig. Wenn wir Sitzen, sollten wir Sitzen, ohne ein Ziel zu haben - ohne Hoffnung und ohne Angst.

F.: Wie steht es mit der Motivation, alle fühlenden Wesen vom Kreislauf des Leidens zu befreien?

N.C.: Das ist eine sehr machtvolle motivierende Energie, sobald man mit ihr in Verbindung getreten ist. Doch um den *Geist der*

Güte zu entwickeln – um eine *wirklich eingestimmte Absicht* zu haben –, brauchen wir ein gewisses Gewahrsein unserer Verbundenheit untereinander. Wenn wir den Geist der Güte nicht haben (oder wenn wir uns nicht dessen bewußt sind, daß wir ihn haben), können wir ihn nicht einfach als Haltung annehmen, nur weil irgendein Meditationsmeister uns sagt, das sei empfehlenswert. Der Geist der Güte *ist* unsere angeborene Natur, deshalb braucht er nicht erst entdeckt zu werden. Wir können die Erleuchtung *imitieren*, indem wir Gedanken der Güte und Handlungen der Güte kultivieren, und dies wird uns für die Entdeckung unseres Anfangslosen Geistes der Güte öffnen. Doch wir müssen Sitzen und alle Konstrukte loslassen, bevor wir dies wirklich erfahren können. Der wahre Geist der Güte ist *wahrhaft wirksame Motivation*, doch wenn wir ihn nicht so stark zu empfinden vermögen, wenn unsere Ansicht nicht von ihm durchdrungen ist, wie soll er uns dann motivieren? Daran zu denken, den Geist der Güte zu entwickeln oder ihn in unsere konfuse Motivation *„einzuschmuggeln"*, ist ein höchst wirksames Mittel, um ihm eine Chance zu geben, sich zu *entfalten*. Auf diese Weise kann er zu einem dominierenderen Faktor innerhalb des Haufens der Bastard-Motivationen *werden*, die gewöhnlich unsere Stille mit ihrem Gebell erfüllen.

F.: Und wenn ich Sitze…

N.C.: Wenn du Sitzt, dann *Sitzt du einfach*. Du kannst vor dem Sitzen den Geist der Güte erzeugen, aber wenn du Sitzt, dann *Sitzt du einfach*. Wenn du die Befreiung aller Wesen als motivierende Kraft nutzt, so verleiht das deiner Motivation nicht nur eine aerodynamische Form, sondern es garantiert auch, daß sie in die richtige Richtung zielt. Auch der Geisteszustand der Aneignungssucht kann in mancher Hinsicht aerodynamisch sein, doch führt er uns letztlich zu hochintensiver Borniertheit und Frustration. Der Geist der Güte fördert unsere Einstellung zum Sitzen. Aber *wenn* wir Sitzen, sollte keinerlei Motivation mehr vorhanden sein. Motivation bringt dich auf das Kissen oder auf den Meditationshocker, aber damit hat sie ihren Zweck erfüllt. Dein Auto bringt dich zum Meer, aber zum Schwimmen mußt du das Auto stehenlassen.

F.: Könntest du noch ein wenig mehr über Eingestimmte Absicht sagen? Mir erscheint dieser Gedanke hilfreich.

N.C.: Mit Vergnügen. Eingestimmte Absicht ist Motivation ohne Reibungsverlust. Eingestimmte Absicht ist stromlinienförmig – aerodynamisch. Eingestimmte Absicht gibt uns ungeheure Kraft und Befähigung zu tun, was immer zu tun ist. Deshalb ist es so wichtig, Gedanken der Güte und Handlungen der Güte hervorzubringen. Gütige Absicht wirkt dem gravitationalen Zug der abgetrennten individuellen Existenz entgegen. Die abgetrennte individuelle Existenz hält uns auf dem Boden fest. Um uns in das *Unvorstellbare* zu katapultieren, müssen wir Ballast abwerfen – wir müssen unsere gewohnten Anschauungen, die Reibungsverlust erzeugen, über Bord werfen.

F.: Ich bin mir nicht sicher, ob ich verstehe, was du mit Reibungsverlust meinst. Könntest du noch ein wenig mehr darüber sagen?

N.C.: Wenn unsere Motivation nicht klar ist, kann man von Reibungsverlust sprechen. Ein Beispiel: Wenn ich jemandem helfen will, der Hilfe braucht, wenn ich aber gleichzeitig auch als guter Mensch gesehen werden möchte (wenn ich möchte, daß man mich anerkennt, mir dankt und mich für mein Verhalten lobt), dann bin ich weniger gut in der Lage, dem Hilfsbedürftigen wirklich zu helfen. Ich habe die Situation dann verkompliziert – sie ist dann nicht klar, weil ich durch meinen Wunsch nach Anerkennung von meiner Hilfeleistung abgelenkt werde. Wenn unterschiedliche Motivationen miteinander in Konflikt geraten, so verursacht dies einen beträchtlichen Verlust an Energie – Reibungsverlust –, und wenn das so ist, wird es für uns wesentlich schwieriger, unsere Ziele zu erreichen. Dies kann sich aber auch umgekehrt auswirken, und deshalb habe ich gesagt, wir sollten die Absicht der Güte in unsere unzureichende Motivation „einschmuggeln“, um den Prozeß der Verwirrung zu unterminieren. Was das Erreichen eines Ziels anbetrifft, könnten wir die Sache so betrachten: Angenommen, ich habe mir vorgenommen, Geld für eine Reise in den Himalaya zu sparen. Nun möchte ich mir aber auch gerne Kleider und andere Dinge kaufen, die mir gefallen. In diesem Fall werde ich immer wieder meine Ersparnisse plündern, und es wird sehr lange dauern, bis ich endlich in den Himalaya reisen kann. Das ist es, was ich Reibungsverlust nenne - es ist der Faktor, der uns langsam macht. Einander widersprechende Motivationen erzeugen Reibungsverlust und behindern unsere Entwicklung und unser Wachstum als menschliches Wesen. Solange ein Reibungswiderstand existiert, erleben wir Frustration, und unsere Wünsche und Absichten, was immer sie beinhalten mögen, können nicht auf befriedigende Weise realisiert werden. Eingestimmte Absicht ist klare, unvermischte Motivation - „einspitzige" Motivation, die nicht durch einen Konflikt zwischen unterschiedlichen Tendenzen gelähmt wird.

Nying-je – Geist der Güte

17 Geist der Güte

Fragesteller: Könntest du etwas über Mitgefühl[1] sagen?

N.C.: Ja, natürlich. Soll ich etwas Bestimmtes darüber sagen?

F.: Nun, Mitgefühl wird in allen buddhistischen Schriften als extrem wichtig bezeichnet.

N.C.: Ja... das stimmt, es wird tatsächlich sehr oft erwähnt – obwohl ich auch nicht sagen würde, daß es *immer* betont wird. Aber wie lautet deine Frage? Was möchtest du von mir hören?

F.: Ob Mitgefühl bei dem, was du lehrst, eine Rolle spielt.

N.C.: Natürlich. (Pause) Hast du in der Vergangenheit schon Belehrungen über das Mitgefühl erhalten?

F.: Ja, schon oft. Ich habe in Indien zwei Jahre lang den *Bodhicaryavatara* studiert, und... (unterbrochen)

N.C.: Dann weißt du ja schon eine Menge über dieses Thema. Wo liegt deine Unsicherheit? Worüber bist du dir nicht im klaren?

F.: Es geht nicht darum, daß ich mir über etwas nicht im klaren bin... (unterbrochen)

---

[1] Der im Buddhismus sehr wichtige Begriff *Karuna* wird häufig als Mitgefühl übersetzt (englisch: *compassion*); genauer wäre tätiges Mitgefühl oder Erbarmen. Anm. d. Übers.

N.C.: Gut, aber ich sehe nicht, daß du mir gegenüber völlig klar bist - wie lautet die Frage hinter deiner Frage?

F.: Das verstehe ich nicht.

N.C.: Sagen wir es so: Ich glaube nicht, daß du mir gegenüber völlig ehrlich bist. Auf meine Antworten hast du ziemlich verärgert reagiert - sie waren für dich offenbar nicht sonderlich befriedigend! (Gelächter) Aber du kannst auch nicht erwarten, daß meine Antworten dich befriedigen, wenn sich hinter deinen Fragen irgendein Hintergedanke verbirgt. Es gibt eine Frage hinter deinen Fragen, und solange du diese nicht stellst, wirst du weiterhin glauben, daß ich dir ausweiche. (Gelächter) In Wirklichkeit willst du wissen, warum ich in diesem Seminar über Shi-ne-Meditation nicht das Thema Mitgefühl zur Sprache gebracht habe. Ist das eine akkurate Wiedergabe dessen, was dir vorschwebt?

F.: Ja.

N.C.: (Pause) Es tut mir leid, wenn du dich darüber geärgert hast.

F.: Ich bin nicht verärgert!

N.C.: (Pause) Könntest du noch einmal wiederholen, was du gerade gesagt hast?

F.: Ich bin nicht - also gut, ich *bin* verärgert. Der Dharma handelt von Mitgefühl, und du spielst hier Wortspiele mit mir.

N.C.: Ja. Du hast völlig recht, aber die Wortspiele waren deine Idee - ich habe einfach mitgemacht. Das Problem ist, daß dir das Spiel jetzt keinen Spaß mehr macht. Ich habe das von dir begonnene Spiel mitgespielt, um dir klar zu machen, daß es *dein* Spiel ist und daß *du* die Regeln dafür festgelegt hast. Deine Regel lautet, daß du in der Lage bist, dich hinter deinen Fragen zu verbergen. Ich habe aber nie eingewilligt, nach deinen Regeln zu spielen.

Deshalb gibt es nichts, worüber du mit Recht verärgert sein könntest. Wenn du mir deine Frage ganz direkt gestellt hättest, hätte es kein Spiel gegeben - ich hätte dann einfach deine Frage beantwortet.

F.: (Pause) Entschuldige. Ich glaube, ich wollte nicht als Kritiker erscheinen, aber ich hatte das Gefühl, daß du mit dem, was du gesagt hast, nicht auf das Mitgefühl eingegangen bist, und ich habe gelernt, daß Mitgefühl sehr wichtig ist.

N.C.: Ja. Mitgefühl ist absolut entscheidend. Realisation der Leere ist absolut entscheidend. Ich habe über die Shi-ne-Übung gesprochen und darüber, wie man die Erfahrung entwickelt, sich nicht in die auftauchenden Gedanken zu verstricken. Diese Übung führt zur Entdeckung unseres Nicht-Bedingten Zustandes, welcher der eigentliche Quell des Mitgefühls ist. Der Geist der Güte ist die spontan auftauchende Energie unserer Anfangslosen Erleuchtung. Die Frustration, die du erlebt hast, ist entstanden, weil ich nicht mit gewissen Lehrstrukturen übereinstimme, die dir vertraut sind. Wenn jemand einen Kursus über Aerodynamik abhalten würde, und wenn du an diesem Kursus mit dem starken Wunsch teilgenommen hättest, ein Auto zu bauen, das den Geschwindigkeitsrekord zu Lande brechen würde, würdest du möglicherweise darüber enttäuscht sein, daß in diesem Kursus nicht über Motoren gesprochen wird. Wenn du Automotoren für den wichtigsten Aspekt hältst, wenn man das schnellste Auto der Welt bauen will, könntest du argumentieren, daß der Motor das Herz des Autos ist. Doch allein die Tatsache, daß dir der Motor so wichtig ist und daß du bei einer ganzen Reihe von ausgezeichneten Motorexperten studiert hast, sind noch kein Grund dafür, daß jeder Kursus über Möglichkeiten, den Geschwindigkeitsrekord zu Lande zu brechen, unbedingt auch das Thema Motoren berücksichtigen muß. Es gibt unzweifelhaft *zwei* wesentliche Faktoren, die die Höchstgeschwindigkeit eines Autos beeinflussen: der Motor und die Aerodynamik. Ein starker Motor, der in einen viereckigen Kasten montiert wird, mag sich ziemlich schnell bewegen, aber vermutlich ist er bei hoher Geschwindigkeit sehr instabil und bewegt das Fahrzeug deshalb niemals so schnell von der Stelle, wie er könnte. Letztlich muß man diese beiden Faktoren in Verbindung miteinander sehen. Doch wenn nur begrenzte Zeit zur Verfügung steht, ist es ratsamer, das Problem jeweils unter einem speziellen Blickwinkel zu betrachten. Wenn du schon viel über Motoren weißt, aber bisher nur wenig über Aerodynamik, ist es eindeutig ratsamer, daß du dich mit dem Gebiet beschäftigst, in dem es dir an Wissen fehlt. Wenn ein Kurs als Kurs über Aerodynamik angekündigt worden ist, sollte es dich eigentlich nicht überraschen, wenn bei dieser Veranstaltung nicht viel über Motoren gesprochen wird. Die Tatsache, daß Motoren nicht erwähnt werden, bedeutet nicht, daß der Dozent sie für irrelevant oder unwichtig hält, oder gar, daß er nichts darüber weiß. Doch bei dem Seminar, in dem du dich im Augenblick befindest, geht es keineswegs so schwarz/weiß zu. Wir sind hier, um einander zu helfen, unsere Anfangslose Erleuchtung zu Realisieren, nicht, um irgendeinen Geschwindigkeitsrekord zu brechen. Deshalb ist hier Raum für die Fragen aller Anwesenden, ganz gleich, ob diese Fragen passend sind, ob sie in einer Beziehung zum Zusammenhang stehen oder ob es sich um Nebensächlichkeiten handelt. Wichtig ist allerdings, daß die Fragen von *euch* kommen.

Daß ich mit dem, was ich gesagt habe, verschiedene Erwartungen und Vorurteile durchkreuzt habe, ist weder beabsichtigt noch unbeabsichtigt. Wenn ich alles, was ich sagen würde, auf die Erwartungen oder Vorurteile der Gruppe abstimmen würde, was wäre damit gewonnen? Der Zweck unseres Zusammenseins hier ist, die Natur unseres Seins zu Realisieren. Es kann durchaus sein, daß uns (oder zumindest einigen von uns) andere Ziele vorschweben oder daß sie die gleichen Ziele in einem völlig anderen Bezugsrahmen sehen. Doch wenn unsere Bezugsrahmen bedroht werden, sollten wir uns daran erinnern, daß es hier ja gerade um die Bedrohung unserer Bezugsrahmen geht. Wir sind nicht hier, um unsere Vorstellungen und religiösen Überzeugungen zu festigen – wie wertvoll sie auch sein mögen –, sondern um unsere Ansicht so stark zu erweitern, daß jede Anhaftung an vertraute Formen sich im Raum auflöst.

F.: (Pause) Ja, danke, ich verstehe. Ich akzeptiere, was du sagst.

N.C.: Ich möchte aber immer noch deine Frage beantworten. Warum stellst du sie nicht so, daß sich dadurch etwas für dich klärt?

F.: Danke, ja, das würde ich gerne tun. Ich glaube, ich habe mich in einen ziemlich dicken Knoten verstrickt. Was ich fragen wollte, steht im Zusammenhang damit, daß es notwendig ist, Mitgefühl zu entwickeln, um die Leere Realisieren zu können. Deine Unterweisung in der Shi-ne-Übung stellt das genau andersherum dar – das genaue Gegenteil der Lehren, die ich früher gehört habe. Das war es, was mich verwirrt hat.

N.C.: Dies ist eine wirklich wichtige Frage und etwas, das erklärt werden muß. Danke dafür, daß du diese Frage aufgeworfen hast. Ich hoffe, dadurch wird sich dieses Thema für alle Anwesenden klären. Ich schätze deinen Mut, diesen Punkt zur Sprache zu bringen, statt nichts zu sagen und mit falschen Vorstellungen nach Hause zu gehen. Das Problem ist in einem gewissen Sinne Teil des allgemeinen Problems des Dualismus. Wir haben es hier mit dem umstrittenen Thema zu tun, daß Realisation durch einander widersprechende Methoden entdeckt werden kann - Methoden, die das Gegenteil oder das Spiegelbild voneinander sind. Wenn wir nicht verstehen, daß diese Methoden Spiegelbilder voneinander sind, polarisieren wir sie und interpretieren ihren jeweiligen Blickwinkel als einander widersprechend. Diese Art von Paradox ist im Buddhismus verbreitet und weist auf etwas sehr Wichtiges hin. Wenn die Erleuchtung von einem relativen Standpunkt aus betrachtet „Sinn machen" würde, wäre sie ein relativer Seinszustand. Die Tatsache, daß es nicht möglich ist, in relativen Begriffen über die Höchste Erfahrung zu sprechen, ohne dazu Paradoxe zu verwenden, ist es, was die relative Sichtweise als dualistisch und die Höchste Ansicht als jenseits des Dualismus liegend definiert. Die Praxis des Erzeugens von Mitgefühl als „Grundlage zur Realisation von Leere" widerspricht keineswegs der Praxis der Realisation der Leere mit dem Ziel, das spontane

Mitgefühl zu entdecken, das jener Realisation entspringt. Wenn wir den Geist der Güte erzeugen, imitieren wir den Geist der Erleuchtung, und indem wir den Geist der Erleuchtung imitieren, erweitern wir unsere von Verwirrung geprägten Bezugsrahmen und lösen sie auf, was wiederum die Realisation der Leere ermöglicht. Wenn wir durch die Übung der Vier Naljors *loslassen* und *sein lassen*, entdecken wir, daß der Geist der Güte der spontane Ausdruck ist, der durch jene *Entfaltung* befreit wird. Es besteht keinerlei Grund, warum man nicht beide Arten der Übung praktizieren könnte – im Gegenteil, ich würde das sogar sehr befürworten. Der wichtigste Punkt ist jedoch, die Prinzipien der beiden Methoden zu verstehen. Du solltest verstehen, wie sie wirken. Wenn du ihre jeweiligen speziellen Charakteristika einmal verstehst, wenn du einmal verstehst, wie diese Methoden wirken, besteht die Chance, daß du durch sie etwas realisierst. Wenn nicht, wirst du in alle möglichen Arten von Verstrickung geraten. Die Weisheit der Leere und das Unendlich mitfühlende Handeln, das aus ersterer entspringt, sind in Wahrheit nicht teilbar, doch aus unserer dualistischen Sicht unterteilen wir sie. Und nachdem wir Weisheit und Mitgefühl auf diese Weise voneinander getrennt haben, erfinden wir Mittel, um das *eine* durch Übung der Manifestation des *anderen* zu Realisieren. Das bedeutet, daß wir entweder den Geist der Weisheit durch Nicht-Anhaften am Bezugnehmen manifestieren oder daß wir den Geist der Güte durch kontemplative Gedanken und durch Prozesse der aktiven Imagination manifestieren. Die Realisation beider Arten der Übung ist, daß Weisheit und Mitgefühl untrennbar miteinander verbunden sind. Verstehst du das?

F.: Ja, ich danke dir. Plötzlich paßt alles zusammen. (Gelächter)

N.C.: (Gelächter) Aha, die kosmische Laubsäge sägt wieder.

* * *

F.: Ist Mitgefühl das gleiche wie Liebe?

N.C.: Beide sind Aspekte der gleichen Energie. Liebe und Mitgefühl sind als Wörter oder Begriffe mit bestimmten Bedeutungen verbunden, was sie relativ gesehen voneinander unterscheidet. Aber als Aspekte der Energie der Erleuchtung sind Liebe und Mitgefühl *ungeteilt*. Liebe im herkömmlichen Sinne des Wortes unterscheidet sich von Mitgefühl im herkömmlichen Sinne des Wortes, doch aus der Sicht Verwirklichten Denkens sind sie untrennbar miteinander verbunden. *Liebe* wie auch *Mitgefühl* beinhalten die *Erfahrung der Ungeteiltheit*. Wir können keine Liebe und kein Mitgefühl erfahren, wenn wir uns als von unseren Mitmenschen abgetrennt erleben. Wenn *deine* Schmerzen und Freuden in einem gewissen Maße *mein* Schmerz und *meine* Freude sind, kannst du das Liebe nennen. Wenn wir dies auf alle lebenden Wesen ausweiten, so nennen wir es Mitgefühl oder Geist der Güte. Der Geist der Güte ist Ungeteilter Geist, und Ungeteilter Geist ist Erleuchtung. Sowohl *Liebe* als auch *Mitgefühl* sind frei von den Hemmnissen und Beschränkungen der Selbstbezogenheit. Egoismus entspringt einem Gefühl des Geteiltseins, dem Gefühl, vom Rest des Universums abgetrennt zu sein. Egoismus ist unsere verzerrte, übertriebene Empfindung der Individualität, die uns glauben läßt, daß wir zu unserem alleinigen Nutzen handeln könnten. Wir scheinen oft keine Beziehung zu der Vorstellung zu haben, daß unsere Liebe, wenn sie selektiv und an Bedingungen gebunden ist, ziemlich bitter werden kann. Um die Existenz wahrer Liebe zu ermöglichen, muß der Geist der Güte unsere Wahrnehmung durchdringen. Wenn wir den Geist der Güte in uns entdecken, kann Liebe in strahlender Fülle erblühen. Wenn wir uns in engherziger Weise auf einen Menschen fixieren (so daß andere ausgeschlossen werden), verkrüppeln wir unsere Fähigkeit, den Geist der Güte zu manifestieren.

F.: Wenn man Mitgefühl für jemanden empfindet, der böse Absichten hat, macht man sich dadurch nicht einfach anfällig für Angriffe? Wie kann man Mitgefühl für einen Feind empfinden, ohne selbst zum Opfer zu werden?

N.C.: Der Geist der Güte ist kein Geist des „Friede-Freude-Eierkuchen-Idioten-Grinsens". Wenn jemand dir gegenüber nicht die besten Absichten hat, dann mußt du dir dieser Absichten bewußt bleiben. Das bedeutet aber nicht, daß du dem Betreffenden nicht das Beste wünschen kannst - und du brauchst auch keineswegs zu akzeptieren, daß dieses „Beste" auf deine Kosten geht. Bis du dich vom „Opfer-Konzept" frei machst, mußt du innerhalb deiner Begrenzungen arbeiten. Den Geist der Güte Menschen gegenüber zu erzeugen, die vielleicht den Wunsch haben, dich zum Opfer zu machen, ist in Wahrheit die beste Möglichkeit, dich zu schützen. Um Mitgefühl für jemanden zu empfinden, der dir etwas Übles zufügen möchte, mußt du versuchen zu *verstehen, warum* der Betreffende dich verletzen will. Außerdem mußt du dir darüber klar werden, wie es dazu kommen konnte, daß jemand dir übel gesonnen ist. In einer Hinsicht kannst du dir ziemlich sicher sein: Was immer derjenige tut, tut er nur, weil er die Voraussetzung für Glück schaffen will. Die Tatsache, daß das, was ihn glücklich macht, dich traurig macht, übersieht ein solcher Mensch oft, weil er sich von dir abgetrennt hat und weil er nicht in der Lage ist, mit *dir* zu *fühlen*. Wenn irgendjemand darauf aus zu sein scheint, dir Schaden zuzufügen, kannst du dir sicher sein, daß der Betreffende für sein Verhalten eine ausgezeichnete Rationalisierung zur Hand hat. Außerdem kannst du mit ziemlicher Sicherheit davon ausgehen, daß er seine Motivation und die Vorgehensweise, die seine Logik ihm nahelegt, als völlig gerechtfertigt empfindet. Wenn du dich wirklich bemühst, das Motivationsmuster des anderen zu begreifen, wird es dir leichter fallen, Mitgefühl ihm gegenüber zu empfinden. Der Geist der Güte muß nicht unbedingt beinhalten, daß man sagt: „Heh, schaut mal alle her! Ich werde mich jetzt auf den Boden legen, damit ihr auf mir herumtrampeln könnt." Der Geist der Güte beinhaltet nicht, daß wir andere Menschen dazu ermutigen sollten, uns zu mißhandeln. Wenn man andere zu Mißhandlungen ermutigt, so bestärkt man diese Menschen nur in dem Glauben, daß ihr Verhalten irgendwie „in Ordnung" ist. Es ist nicht wirklich mitfühlend, die verzerrte Sicht anderer zu unterstützen, selbst wenn uns dies den etwas zweifelhaften Kick geben sollte, daß wir uns dann wie Märtyrer fühlen können. Mitgefühl schließt auch *uns* ein - wir müssen auch uns selbst lieben und uns um uns selbst kümmern. Wenn wir keine Liebe uns selbst gegenüber aufbringen können, können wir auch kein Mitgefühl für andere aufbringen. Wenn unsere Liebe zu uns selbst so ausschließlich ist, daß wir nur dazu in der Lage sind, jeden, der es auf uns abgesehen hat, zu hassen, dann werden diese anderen wahrscheinlich nie die Chance zu einer *Veränderung des Herzens* erhalten. Doch wenn wir versuchen zu verstehen - wenn wir unser *Herz offenhalten*, können wir möglicherweise die gesamte Situation verändern. Wir sind dann vielleicht in der Lage, einem „Feind" eine Freundlichkeit zu erweisen, und wenn das leicht aus uns heraus*fließt*, könnten wir auf diese Weise die Feindseligkeit in Harmonie umwandeln. Doch dazu müssen wir *Offenherzig* sein - unser Geist der Güte darf nichts ausschließen, sonst werden wir wahrscheinlich nicht das Gefühl haben, gütig oder barmherzig sein zu können.

F.: Dann ist es also *nicht* unvereinbar, einerseits Vorsicht walten zu lassen und andererseits Mitgefühl zu haben?

N.C.: Richtig! Du hast deinen gewöhnlichen gesunden Menschenverstand und du hast einen ungewöhnlichen „Verstand". Wir haben unsere Alltagsintelligenz und müssen ihr ebenso zugestehen, ihre Aufgabe zu erfüllen, wie unserem Stoffwechsel oder unserem Blutkreislauf. Die naive Anschauung, die annimmt, jeder Mensch sei im Grunde seines Herzens gut, nur weil sie manifeste negative Äußerungen lieber ignoriert, ist nicht sonderlich nützlich. Wenn du versuchst zu verstehen, woher ein Mensch kommt, so beeinflußt das natürlich deinen Umgang mit dem Betreffenden. Wenn du nicht so recht verstehst, warum jemand dir etwas Böses will, bist du wahrscheinlich auch nicht in der Lage, einem Angriff seinerseits auszuweichen. Wenn du deine Erfahrung der Übung so weit entwickelt hast, daß Klarheit entstanden ist, wird auch die Motivation anderer Menschen für dich in zunehmendem Maße transparent. Und wenn du die Motivation anderer zu durchschauen vermagst, können sie dich nicht überraschen. Wenn wir Menschen durchschauen, ist Mitgefühl ein natürlicher Reflex.

F.: Was sagst du zu der Anschauung, daß Mitgefühl bei manchen Leuten reine Verschwendung ist, weil sie diese Haltung nur als Schwäche mißdeuten würden?

N.C.: Mitgefühl für Schwäche zu halten, entspringt einem sehr bedauernswerten Geisteszustand. Wie könnte man *kein* Mitgefühl für Menschen empfinden, die so weit vom Zugang zu natürlicher menschlicher Wärme entfernt sind? Daß Mitgefühl als Schwäche verstanden werden könnte, wirft kein schlechtes Licht auf das Mitgefühl. Du könntest einen Adler mit einer Schmeißfliege verwechseln, doch das wäre dem Adler völlig gleichgültig. Nur eine Schmeißfliege, die vorgibt, ein Adler zu sein, würde dadurch in Schwierigkeiten geraten. Wenn Mitgefühl sich Sorgen darüber macht, man könne es als Schwäche mißverstehen, dann handelt es sich möglicherweise gar nicht um echtes Mitgefühl. Man kann nur aus Schwäche einen Vorteil ziehen, nicht aber aus Mitgefühl. Mitgefühl oder der *Große Geist der Güte* kann nicht „übers Ohr gehauen werden". Der Geist der Güte ist keineswegs schwächlich, sondern ungeheuer machtvoll, weil er der *Unzerstörbaren Natur unseres Seins* entströmt.

* * *

F.: Kann man Mitgefühl für jemanden empfinden, der durch und durch böse ist?

N.C.: (Gelächter) Es ist schwierig, diese Frage zu beantworten, und das liegt an der Art, wie du sie gestellt hast. Wenn du den Sachverhalt so sehen würdest, wie ich ihn sehe, hättest du vielleicht gefragt: „Kann man Mitgefühl für ein ‚Etwas' empfinden, das nie existiert hat?" Aus meiner Sicht ist es unmöglich, diese Frage zu beantworten, weil ich dann über ein Wesen ohne Anfangslose Erleuchtung sprechen würde. Was meinst du mit „durch und durch böse"?

F.: Ein Mensch, der kalt, grausam und hinterhältig ist, der andere gnadenlos ausbeutet und dem es Spaß macht, grausam zu sein.

N.C.: Das klingt schon ein wenig positiver. (Gelächter) Allerdings würde ich das nicht „durch und durch böse“ nennen. (Gelächter) Ich würde solch einen Menschen als sehr isoliert, verängstigt und unsicher bezeichnen - als jemanden, der sehr zu bedauern ist. Es geht darum, die Motivation eines solchen Menschen zu verstehen. Warum nimmst du an, solch ein Mensch *wolle* hinterhältig, ausbeuterisch und grausam sein?

F.: Ich weiß nicht - so ist es einfach. Ich weiß auch nicht warum.

N.C.: Bist du selbst noch nie wütend oder arrogant gewesen und hast du noch nie irgend etwas Boshaftes getan?

F.: Nun ja, als Kind - und, na ja - aber ich mag mich nicht, wenn ich mich so fühle.

N.C.: Dann verstehst du diesen Zustand also ein wenig. Ich meine, es ist nicht so, daß es einerseits Menschen wie Hitler gibt und andererseits Menschen wie uns, ohne daß zwischen beiden Arten von Menschen irgendeine Beziehung bestünde. Wenn irgendjemand von uns sich im „richtigen“ Augenblick am „richtigen“ Ort im „richtigen“ geistigen Zusammenhang befände, um zu einer Art Hitler-, Stalin- oder Caligula-Klon zu werden, dann würden wir wohl noch besser wissen, wie es in dieser Situation um die Wahlmöglichkeiten bestellt ist. Doch wäre es schwierig, in jenem Augenblick einen Überblick zu haben. Wir könnten nicht außerhalb des Geschehens stehen und begreifen, was wir durch unsere Wahl werden. Aber denke einmal darüber nach, was du gerade eben gesagt hast: „Ich mag mich nicht, wenn ich mich so fühle.“ Deine Frage ist durch diese Aussage schon zum Teil beantwortet. Du magst dich nicht, wenn du dich böse fühlst, weil du aus der Perspektive dessen, der du gewöhnlich bist, jenes Gefühl nicht verstehst. Wenn wir also boshaft handeln, ist es wichtig, daß wir jene Manifestation von uns zu verstehen versuchen. Wenn wir uns lediglich wegen der Art, wie wir handeln, hassen, dann wirkt das wie eine Mauer zwischen uns und unserem Verständnis dessen, was wir sind. Die Abneigung gegen uns selbst, die wir erzeugen, ist in Wahrheit nur eine Art, wie wir uns vor uns selbst verstecken und die grundlegende Angst, Isolation und Unsicherheit verschleiern, die durch ein falsches Verständnis der Raumhaftigkeit unseres Seins entsteht. Wir fürchten uns gewöhnlich vor dem, was wir nicht verstehen, deshalb ist es sehr wichtig, daß wir uns in der Shi-ne-Übung mit den Verzerrungen unseres Seins auseinandersetzen. Wenn wir keine *Sympathie* für uns selbst hegen – wenn wir uns vor unseren eigenen negativen Gefühlen fürchten und wenn wir nichts mit ihnen zu tun haben wollen, wie sollen wir dann Mitgefühl für andere haben können? Wenn unsere eigenen „bösen" Gefühle uns ängstigen, müssen wir in sie hineinschauen und zu erkennen versuchen, wodurch sie auftauchen. Wir können unmöglich einen „bösen" Menschen verstehen, wenn wir uns selbst ein Rätsel bleiben. Wenn wir kein Wissen über uns selbst haben, hätte der arme alte Hitler nicht einmal eine minimale Chance. Genau deshalb ist das Sitzen so wichtig. Wir müssen uns mit dem auseinandersetzen, was wir sind, und wir müssen es anerkennen; erst dann kann der Geist der Güte auftauchen und *die Welt mit unserer uneingeschränkten Wärme überfluten*.

Mon – verrückt

18 Meditation und Verrücktheit

F.: Ich habe Leute sagen hören, man könne durch Meditation verrückt werden. Wie denkst du darüber? Besteht die Chance, beim Meditieren verrückt zu werden?

N.C.: Natürlich (Gelächter), die Chance ist sogar sehr groß. Wenn du genügend übst, wirst du ganz sicher *ver-rückt* werden – da mach' dir mal keine Sorgen! (Gelächter) Was meinst du denn eigentlich mit „verrückt werden"? Meinst du damit, daß jemand auf eine Weise handelt, von der du befürchtest, daß andere Menschen sie nicht verstehen könnten?

F.: Ich bin mir jetzt nicht mehr so sicher. Ich weiß nicht genau, was ich meine – vielleicht ist es das „Verlieren der Kontrolle", worüber ich mir Sorgen mache.

N.C.: Was für eine Kontrolle ist das, von der du glaubst, du könntest sie verlieren?

F.: Nun, die Kontrolle über mich, glaube ich.

N.C.: Wer hat denn die Kontrolle über dich?

F.: Ich (Gelächter) – einen Augenblick – was ist denn hier eigentlich los?...

N.C.: Du warst gerade dabei, mir zu sagen, daß „du selbst" die „Kontrolle" über „dich selbst" verlieren könntest.

F.: (Gelächter) Ja, das stimmt. Aber daran scheint irgend etwas nicht in Ordnung zu sein.

N.C.: Genau. (Gelächter)

F.: Wenn man es so sagt, ergibt es keinen Sinn. (Gelächter)

N.C.: Kannst du dir irgendeine andere Formulierung vorstellen?

F.: (Pause) Nein. Jedenfalls nicht, ohne daß es so klingt, als würde ich über mich als jemanden reden, der in zwei voneinander unabhängige Teile aufgespalten ist.

N.C.: Genau das ist mit den Begriffen „Dualismus" und „Dualität" gemeint. Diese Art zu denken ist Bestandteil dessen, wie wir die Welt sehen - du hast da eine sehr interessante Entdeckung gemacht. Diese dualistische Spaltung ist die Wurzel unserer Verrücktheit. Unsere *grundlegende Gesundheit* (um eine Formulierung von Trungpa Rinpoche zu benutzen) ist nicht in sich geteilt, und die Praxis des Sitzens ermöglicht die Auflösung jenes Gefühls des Geteiltseins. Kommen wir nun wieder zu der Vorstellung des „Verlusts der Kontrolle" zurück. Man könnte drei Bereiche unterscheiden, die du unter „deine Kontrolle" bringen könntest - den körperlichen, den mentalen und den sensorischen Bereich. Ich kann mir nicht vorstellen, daß du dir Sorgen machst wegen des Verlustes der körperlichen Kontrolle - ich meine: du machst dir ja wohl keine Sorgen darüber, daß Shi-ne dich in den Zustand der Inkontinenz bringen könnte. Wie steht es mit dem sensorischen Bereich?

F.: (Gelächter) Nein, (Gelächter) um beide Bereiche geht es mir nicht, abgesehen davon, wie sie durch meinen Geist beeinflußt werden. Ich glaube, daß ich manchmal Angst habe, ich könnte den Verstand verlieren.

N.C.: Aber bei der Shi-ne-Übung geht es darum, die Natur des Geistes zu entdecken - den Wahren Geist zu entdecken und den Gewohnheits-Geist zu verlieren. Du kannst eigentlich nichts weiter verlieren als die Gewohnheit, du zu sein.

F.: Vielleicht ist es gerade das, worüber ich mir Sorgen mache... worüber mache ich mir Sorgen? (Gelächter)

N.C.: Über nichts. (Gelächter) Du machst dir Sorgen, du könntest dein Unerleuchtetsein verlieren.

F.: Ja, das leuchtet mir ein. Aber könnte man das nicht als dualistische Aussage verstehen?

N.C.: Sicherlich - Sprache ist dualistisch, und wir sprechen hier über die Verwirklichung aus der illusorischen Perspektive der Nicht-Verwirklichung. Doch vergleichen wir jetzt unsere dualistischen Aussagen einmal miteinander und schauen wir, was dabei herauskommt. Als du gesagt hast, *du* machst dir Sorgen darüber, daß *du* den Verstand verlieren könntest - wer machte sich da Sorgen, du oder dein Verstand? Wer von beiden ist wirklich?

F.: Mein... nein - mein... Können sie denn nicht beide wirklich sein? (Pause) Oder vielleicht sind sie ja auch beide unwirklich. (Gelächter)

N.C.: Super! Das klingst gut - und verrückt. (Gelächter) Die Teilung ist unwirklich, und nicht zu wissen, daß „die Teilung unwirklich ist", macht das Ganze zu einer dualistischen Aussage. Als ich sagte, daß du dir Sorgen darüber machen würdest, dein Unerleuchtetsein zu verlieren, war das eine Reaktion, die auf dem dualistischen Zusammenhang dessen basierte, was du gesagt hast. Das Wort „Unerleuchtetsein" bezeichnet einen Zustand des Nicht-Erfahrens dessen, was du bist. Du kannst unmöglich die Erfahrung verlieren, einen Zustand nicht zu erfahren, den du nicht erfährst. Dieser Zustand existiert nämlich gar nicht. Du kannst nichts verlieren, das gar nicht da ist - du kannst nur *Realisieren*, daß es nicht da ist. Das ist Erleuchtung. (Gelächter)

F.: Meinst du, daß Erleuchtung nichts weiter ist, als zu erkennen, daß man nicht unerleuchtet ist?

N.C.: (Gelächter) Was sonst könnte es sein? (Gelächter)

F.: Und das geschieht während der Sitz-Übung?

N.C.: Es geschieht ständig – die Sitz-Übung ist nichts weiter als eine Art, das *Leuchten* hervorzulocken. Das Leuchten der Erleuchtung ist immer da – es ist der Grund des Seins. Aber siehst du, wir sind alle so verrückt, daß wir unser Unerleuchtetsein als „geistige Gesundheit" oder „Normalität" bezeichnen und gleichzeitig fürchten, daß unsere Erleuchtung „Verrücktheit" sei. Wir sind hier zusammengekommen, weil wir das Gefühl haben, daß es noch eine andere Art zu sein geben muß. Um den Anfangslos Erleuchteten Geist zu Realisieren, müssen wir *verrückt* werden. Hierzu noch ein dualistischer Vergleich: Wir müssen über die Mauer der Irrenanstalt springen und uns unter die Insassen mischen, um wirklich geistig *gesund* zu werden. Sobald wir aber „dort" sind, entdecken wir, daß wir schon immer *dort* gewesen sind. Aus der Höchsten Perspektive gibt es keine gesunde Welt, keine Irrenanstalt und keine Angst vor der Normalität oder vor der Verrücktheit.

* * *

F.: Was unterscheidet einen Meister der Verrückten Weisheit von einem Insassen einer psychiatrischen Anstalt?
N.C.: Letztlich nichts. (Gelächter) Doch relativ betrachtet mag ein Meister der Verrückten Weisheit unserer unerleuchteten Wahrnehmung manchmal verrückt erscheinen. Allerdings erhebt sich die Frage, ob der oder die Betreffende in der Lage ist, nach relativen Maßstäben sein Leben zu organisieren, oder ob er zumindest in der Lage *wäre*, dies zu tun. Ich mag denken, daß ich Erleuchtet bin, aber wenn ich nicht so handeln kann, *als ob* ich „normal" wäre, sobald dies zweckmäßig oder notwendig ist, dann bin ich ein im herkömmlichen Sinne Verrückter und kein Meister der Verrückten Weisheit. Ich halte dies für einen ziemlich wichtigen Punkt. Manche Leute haben die romantische Vorstellung, daß die psychiatrischen Anstalten mit übergeschnappten Genies gefüllt

seien. Leider muß ich da entschieden widersprechen – ich wünschte mir, das wäre so, aber es ist nun einmal nicht der Fall. Sicherlich spiegeln gewisse Aspekte des psychotischen oder psychopathischen Zustandes den Zustand der Erleuchtung. Und sicherlich hat es Große Übende gegeben, die auf dem Pfad ziemlich *irrsinnige* Erfahrungen gemacht haben. Ich selbst habe während der Chöd-Übung im Himalaya einige ziemlich erschreckende Alpträume im Wachzustand erlebt, bei denen ich völlig den Überblick darüber verlor, was wirklich und was nicht wirklich war. Wenn sich die Wirklichkeiten anderer Dimensionen der Erfahrung öffnen, muß man dafür sorgen, daß man nicht den Faden verliert, aber da gibt es einen grundlegenden Unterschied. Die lebendigen Alpträume von Übenden des Chöd-Rituals werden absichtlich kultiviert, um die Anhaftung zu durchschneiden – das ist die Bedeutung des Wortes *Chöd*: „Schneiden". Grundsätzlich gilt, daß es problematisch ist, wenn man sich nicht an konkrete Umstände anpassen kann. Wenn andere Menschen deine Unfähigkeit, dich auf angemessene Weise anzupassen, als problematisch empfinden, hast du ein noch größeres Problem. Und wenn du außerdem auch noch unglücklich über die Reaktionen deiner Mitmenschen auf dein Verhalten bist, magst du alles mögliche sein, jedenfalls bist du kein Meister der Verrückten Weisheit. Es ist eine Frage des *Fließen-Könnens* – des Nicht-Festsitzens in irgendwelchen Wahrnehmungsmustern. Ein Verwirklichter Meister könnte völlig unauffällig mit anderen Menschen zusammen leben und arbeiten. Es ist eine Frage der Anpassungsfähigkeit, der Leichtigkeit in der Kommunikation und der Angemessenheit der Reaktionen.

Mir fällt da eine Geschichte ein, die dies vielleicht ein wenig verdeutlicht, obwohl es keine Geschichte über Realisierte Angemessenheit ist, sondern lediglich eine über die Bemühung um alltägliche Angemessenheit. Während meiner Zeit im Himalaya wurde ich ein enger Freund von Lama Sonam Zangpo, den ich bei seinem persönlichen Namen *Tsering la* nennen durfte. Sein Englisch war zwar wesentlich besser als mein Tibetisch, doch man konnte ihn nur verstehen, wenn man ihm ganz genau zuhörte. Auch ihm fiel es schwer, andere zu verstehen, die Englisch sprachen, und zwar hauptsächlich, wenn sie zu schnell sprachen oder wenn sie zu komplizierte Wendungen benutzten. Ich reiste einmal mit diesem Lama und einem Engländer im Auto nach Tso Pema. Während der sechsstündigen Fahrt befand ich mich in der ungewöhnlichen Lage, das schnelle und komplizierte Englisch dieses Gentlemans in eine langsame und vereinfachte Form übersetzen zu müssen, damit Lama Sonam Zangpo verstehen konnte, was der andere sagen wollte. Der englische Gentleman war nach einiger Zeit ziemlich gereizt, weil alles, was er sagte, auf Lama Sonam Zangpo die gleiche Wirkung hatte: Der Lama wendete sich jedesmal zu mir um, um von mir die vereinfachte Version zu hören. Ich „übersetzte" also praktisch alles, was der Gentleman gesagt hatte. Ich versuchte den Mann dazu zu bringen, langsamer zu sprechen und einfachere Sätze zu bilden. Das brachte die Sache jedoch auch nicht weiter, denn er sagte, er habe keinesfalls die Absicht, sich wie ein Idiot auszudrücken, auch wenn ich bereit sei, dies zu tun. Das Problem ließ sich einfach nicht lösen, und schließlich gab er jeden Versuch, sich mitzuteilen, auf.

Natürlich wäre auch ich in der Lage gewesen zu sagen: „Tsering la, ich habe eine unheimlich gute Idee - was hältst du davon, daß wir beide zusammen eine Spritztour nach Tso Pema unternehmen? Was meinst du?" Doch das hätte in den Ohren des Lamas wie eine verrückte Folge unzusammenhängender Laute geklungen. Ich hätte in seinen Ohren wie eine Verrückter geklungen. Deshalb war es der Situation angemessener, daß ich sagte: „Tsering la, du - ich, wir gehen Tso Pema, ja?", begleitet von erläuternden Gesten. Weil ich mich so ausdrückte, klang ich natürlich in den Ohren unseres englischen Reisegefährten wie ein Verrückter. Ich will damit sagen, daß es wichtiger ist, auf wirksame Weise zu kommunizieren, als in Übereinstimmung mit einen bestimmten Set von Werturteilen zu handeln. Das bezieht sich nicht nur auf die Sprache, sondern auf Verhalten im allgemeinen. Beispielsweise bedeutet allein die Tatsache, daß du keine Hemmungen hast, noch nicht, daß es in jedem Fall empfehlenswert ist, deine Freiheit zur Schau zu stellen und dadurch bei anderen eventuell Feindseligkeit zu wecken. Ein wichtiger Unterschied zwischen einem Patienten der Psychiatrie und einem Meister der Verrückten Weisheit ist Angemessenheit des Handelns. Das bedeutet nicht, daß solche Menschen völlig konventionell sein müssen oder daß ihr Verhalten aus unserer begrenzten Perspektive ständig angemessen erscheinen muß, sondern daß ein solcher Meister die Fähigkeit haben muß, in jedem beliebigen Augenblick als „völlig normal“ zu erscheinen.

* * *

F.: Würdest du sagen, daß Shi-ne unter gar keinen Umständen zu psychischen Problemen führen kann?

N.C.: Ja. (Pause) Du siehst so aus, als würdest du lieber eine längere Antwort hören. (Gelächter)

F.: (Gelächter) Nun, ja und nein. Deine Antwort hat nur nach all dem Denken, das zu der Frage geführt hat, eine Art Lücke erzeugt. (Gelächter)

N.C.: Shi-ne ist ganz einfach Nichts-Tun. Das Schlimmste, was (aus der Perspektive der Verwirklichung) passieren kann, ist, daß du die Präsenz verlierst und am Zustand des schläfrigen Shi-ne haftest. Aus der Perspektive relativer Entspannung jedoch könnte man sagen, daß du auf diese Weise eine Möglichkeit gefunden hast, dich auszuruhen. Ich meine, es könnte nützlich für dich und auch für alle anderen hier sein, dir einmal anzuschauen, was konventionelle Psychiatrie tatsächlich ist – schon um ein klareres Bild davon zu bekommen, was eine Geisteskrankheit aus der Sicht der konventionellen Psychiatrie tatsächlich ist. Ich stimme zwar nicht völlig mit den Ansichten der Psychiatrie überein, aber ich glaube, daß sie eine Menge wertvoller Beobachtungen macht, die es verdienen, allgemeiner bekannt zu sein. Wenn du nichts über psychiatrische Störungen weißt und darüber, wie sie sich gewöhnlich manifestieren, dann beruhen deine Befürchtungen, daß Shi-ne zu psychischen Problemen führen könnte, auf Informationsmangel. Wenn du deine auf Uninformiertheit beruhenden Ängste einmal beseitigt hast, bleibt die *Grundangst* zurück. Grundangst ist die Angst davor, daß wir unsere konditionierten Vorstellungen darüber, wer wir sind, verlieren könnten.

F.: Kann man dann sagen, daß Shi-ne für Menschen in einem gestörten geistigen Zustand nützlich ist?

N.C.: Generell muß ich diese Frage mit nein beantworten. Übungen wie Shi-ne wirken zu bedrohlich. Ich möchte sagen, daß man ein nach heutigen konventionellen Kriterien „stabiler und gut angepaßter Mensch“ sein sollte, wenn man Shi-ne üben will. Das bedeutet nicht, daß du dazu in jeder Hinsicht völlig glücklich oder positiv sein mußt, sondern nur, daß du relativ stark sein, ein gewisses Selbstvertrauen und einen emotionalen Rückhalt haben solltest, auf den du dich verlassen kannst. Wenn du keinerlei Stärke oder Stabilität besitzt, kann es sein, daß du durch die Shi-ne-Übung nur Raum für komplizierte Erweiterungen deiner eigenen, ohnehin schon existierenden Verworrenheit schaffst. Häufig fühlen sich schizoide Persönlichkeiten zur Religion hingezogen, insbesondere zu den esoterischeren östlichen Religionen. Ich habe viele sehr unglückliche und gestörte Menschen kennengelernt, denen eine der Formen humanistischer Psychotherapie wahrscheinlich bessere Dienste geleistet hätte.

Sicherlich wird sich im Laufe der Zeit auch eine auf dem Tibetischen Buddhismus basierende Psychotherapie entwickeln, und auch die tibetische Medizin kann in diesem Bereich gute Dienste leisten. Es gäbe viele Möglichkeiten, solchen Menschen auf wirksamere und heilsamere Weise zu helfen. Doch müssen die Menschen lernen, miteinander zu kooperieren und von den völlig anders gearteten Denksystemen anderer zu lernen. Esoterische Praktiken verschlimmern häufig die Probleme von Menschen, die unter psychischen Störungen leiden oder die einmal darunter gelitten haben, und sie können ihre existierenden Neurosen verkomplizieren. Die großen Lamas konnten mit *jedem* Menschen arbeiten, und tatsächlich haben sie ziemlich gestörten Menschen geholfen, zu außerordentlichen Übenden zu werden. Doch nicht jeder, der unter solchen Störungen leidet, hat die Gelegenheit zu einem langfristigen Kontakt mit einem Großen Meister. Aus tantrischer Sicht ist *jeder* Geisteszustand dynamisch mit dem Zustand der Erleuchtung verbunden und kann deshalb auch umgewandelt oder selbst-befreit werden. Doch nur ein Vollendeter

Meister kann in einer meditativen Umgebung an Psychosen arbeiten.

F.: Kann eine spirituelle Umgebung für einen Menschen, der an einer geistigen Krankheit leidet, hilfreich sein?

N.C.: Das hängt von der Ursache der Erkrankung ab. Geistige Erkrankungen bilden ein breites Spektrum, innerhalb dessen die Kategorien ein wenig willkürlich gehandhabt werden. Die Frage ist schwer zu beantworten. Natürlich wäre eine spirituelle Gemeinschaft, die von einem Vollendeten Meister geleitet wird, für jedermann vorteilhaft. Doch manchmal besteht eine solche Gemeinschaft zum Teil aus Menschen, die die unterschiedlichsten weniger extremen persönlichen Probleme zu bewältigen haben. Kontakt mit dieser Art von Leuten könnte denjenigen, die sich in einem kritischen psychischen Zustand befinden, mehr schaden als nützen. Um mit Menschen arbeiten zu können, die unter schweren psychischen Problemen leiden, muß man in der Lage sein, die eigenen Probleme beiseite zu schieben. Es ist absolut unverzichtbar, in dieser Situation Offen und Gütig zu sein. Ich habe eine große Zahl von Menschen in „spirituellen Gemeinschaften" kennengelernt, die diese Anforderungen nicht wirklich erfüllen können. Wichtig ist, daß ein ununterbrochener Strom von Wärme fließt und daß menschlicher Kontakt jederzeit möglich ist. Dies kann zur Zeit in psychiatrischen Kliniken nicht garantiert werden. Die Alternative ist, daß man Sedativa einsetzt. Ich würde mich sehr freuen, wenn einmal psychiatrische Heime entstehen würden, die im Geiste des Buddhismus geführt werden und in denen Menschen ihre intensiven Verwirrungszustände durcharbeiten können, ohne zu Medikamenten greifen zu müssen, die nur die Symptome unterdrücken, statt auf die Ursachen einzuwirken.

F.: Danke.

N.C.: Ich möchte *dir* danken – ich bin froh, daß du diese Frage aufgeworfen hast. Wieviele von euch machen sich immer noch Sorgen darüber, „verrückt" zu werden? (Pause) Gut, hoffen wir, daß wir alle verrückt genug werden können, um andere von ihren bedrückenderen Varianten von „Gesundheit“ zu befreien.

Gom – Meditation

19 Übung

F.: Du hast über die anfänglichen Unannehmlichkeiten gesprochen, die auftreten können, wenn wir beginnen, regelmäßig zu Sitzen. Könntest du etwas darüber sagen, wie man diese Schwierigkeiten überwinden kann?

N.C.: Es gibt verschiedene Antworten auf diese Frage. Die Antwort hängt weitgehend davon ab, was uns motiviert. Einmal gibt es das Motiv der Neugierde: Vielen erscheint es als höchst faszinierend, den Geist zu verstehen, doch bringt diese Motivation viele Menschen zu einer einseitigen Betonung des Intellekts. Die buddhistschen Sutras sind so reich an Inhalten, daß der Geist eines Menschen mehrere Leben brauchen würde, sie alle in sich aufzunehmen.

F.: Dann ist das also eine Sackgasse?

N.C.: Nein, aber es besteht mit Sicherheit die Gefahr, daß es zu einer Sackgasse werden kann. Jeder Pfad kann eine Sackgasse sein, wenn wir so viele Tonnen Müll daraufhäufen, daß es unmöglich wird, über den Unrat zu steigen. Der Intellekt kann aber auch ein Sprungbrett sein. Die buddhistische Analyse dessen, *was ist*, ist intellektuell brillant und kann uns den Zutritt zu der Weite jenseits des Intellekts ermöglichen.

F.: Manche Leute scheinen neugieriger bezüglich der magischen Seite zu sein; ich könnte mir vorstellen, daß das in noch stärkerem Maße eine Sackgasse ist.

N.C.: Eine Sackgasse ist eine Sackgasse. Von der tibetischen Magie faziniert zu sein, *ist* eine Motivation, die zur Übung führen kann. Doch oft sind Menschen mit dieser Art von Motivation stärker daran interessiert, etwas über Mysterien zu *lesen*, als *in ihr eigenes Mysterium zu schauen*. Es gibt eine große Zahl von Büchern über die magischen und mystischen Aspekte Tibets – einige beruhen auf Tatsachen, andere hingegen weniger. Eindeutig kann man sagen, daß etwas mehr erforderlich ist, um uns zum Üben zu motivieren, als Faszination und Neugierde. Weil Faszination ein so launischer Motivator ist, meiden einige Lehrer die spirituell exotischen Geschichten und betonen in ihren Unterweisungen die alltäglichen Realitäten des Lebens. Dadurch wirken sie der Tendenz vieler von uns, sich in ein persönliches tibetisches Märchenland zu verstricken, entgegen. Wenn es in unserem Leben zuviel „Magie und Geheimnis" gibt, tendieren wir dazu, Belanglosigkeiten zu übertreiben, um unserem ansonsten eher „gewöhnlichen" Leben „Sinn" zu geben. Doch wenn man jene phantastischen Aspekte der Tradition ausklammert, kann das Gefühl der Begeisterung darüber zugrunde gehen – und damit auch ein gewisses Funkeln, das tätsächlich sehr wertvoll ist. Es muß eine gewisse Ausgewogenheit dazwischen bestehen, daß wir daran denken, den Müll für die Müllabfuhr hinauszustellen, und daß wir uns von unserer Begeisterung für eine Welt, die scheinbar außerhalb unserer Reichweite liegt, in Staunen versetzen lassen.

F.: Ist es denn nicht besser, in der wirklichen Welt zu leben?

N.C.: (Gelächter) Was oder wo ist die wirkliche Welt? Zur wirklichen Welt gehört sowohl der tibetische Mystiker, dessen Übung darin besteht, *psychische Hitze* zu erzeugen, als auch, daß wir nach dem Baden die „Gezeitenpegelmarke" aus der Wanne entfernen, bevor der nächste das Bad benutzt.

Man könnte dies als den *Mittleren Weg* verstehen, eines der grundlegenden Konzepte des Buddhismus. Aber nun zurück zu der Frage, wie wir die Anfangsschwierigkeiten des Sitzens überwinden können. Was gibt es da sonst noch außer Neugierde und Faszination?

F.: Den Glauben?

N.C.: Hmmmmm. Glauben ist eine sehr vertrackte Angelegenheit. Es kommt darauf an, was du unter Glauben verstehst. Ich verstehe unter Glauben eine Art Kompromiß zwischen *Wissen* und Nicht-Wissen. Ich lehne Menschen, die glauben, nicht ab. Glauben ist im Leben vieler Menschen eine mächtige positive Kraft, allerdings gilt das nicht für Leute wie uns. (Gelächter) Ganz sicher kann der Glaube Menschen helfen, auf positive Weise miteinander umzugehen, und er kann ihnen auch ein Gefühl des Sinns und der Erfüllung geben. Ich würde nie versuchen, dagegen anzugehen. Es heißt, daß der Glaube Berge versetzen könne, doch wenn der Glaube einmal verloren geht, rutschen die Berge unweigerlich wieder an ihren ursprünglichen Platz zurück, und wenn wir nicht auf diese Möglichkeit vorbereitet sind, kann es passieren, daß wir unter einer psycho-emotionalen Lavine begraben werden. Glaube ist ein mächtiger Motivator, doch ist die Erfahrung des Glaubens kein stabiler Zustand. Wenn wir mit großen tibetischen Meistern zusammentreffen und spontan vom Glauben an ihre Erleuchtung überwältigt werden, kann es leicht sein, daß wir jedes Wort, das sie sagen, glauben. Wenn wir jedoch die Bedeutung dieser Worte nicht auf der Ebene unserer eigenen Erfahrung integriert haben, so kann das problematisch werden. Zu einem späteren Zeitpunkt könnte unser Glaube leiden (was oft passiert) und dann dazu führen, daß das gesamte Gebäude unserer Überzeugungen in sich zusammenfällt. Welche Systeme von Überzeugungen wir auch mit uns herumtragen, sie können jede Bedeutung für uns verlieren, wenn unser Glaube bedroht oder zerstört wird. Wenn wir an Karma nur glauben, kann es sein, daß wir zu einem späteren Zeitpunkt nicht mehr an Karma glauben. Wenn wir an die Lehren, die wir hören, nur glauben, jedoch nie in der Lage sind, sie umzusetzen, mangelt es uns an direkter Erfahrung damit, wie sich diese Lehren auf der Ebene unserer eigenen Erfahrung auswirken. Wenn wir die Dinge so sehen, werden wir unsere Überzeugung wahrscheinlich immer so manipulieren, daß sie den Zielen unseres Zerstreut-Seins entspricht. Du siehst, es spielt keine Rolle, ob das, was wir glauben falsch oder wahr ist, wenn wir glauben, statt zu *Wissen*. Warum entscheiden wir uns dafür, zu glauben? Wir könnten sagen, daß unser Glaube auf einem Funken oder auf einer

Synapse basiert, die zwischen der Wahrheit der Lehre und unserer Anfangslosen Erleuchteten Natur überspringt. Doch damit könnten wir Unrecht haben. Es ist ganz allgemein gesagt besser, entweder zu Wissen oder nicht zu wissen. Der *Geist des Nicht-Wissens* ist immer offen, der Geist des Glaubens hingegen tendiert eher zu Verschlossenheit.

F.: Ich habe das Gefühl, ich verstehe das alles nicht so ganz. Könntest du den Unterschied zwischen dem Wissen der Wahrheit und dem Glauben an die Wahrheit erklären und, was dieser Unterschied ausmacht?

N.C.: Genau! Die Antwort liegt darin, was das für einen Unterschied macht. Wenn du weißt, handelst du auf eine bestimmte Weise - und wenn du glaubst, tendierst du zu einer anderen Art des Handelns. Wenn du Weißt, und jemand ist anderer Meinung, dann macht dir das nichts aus. Wenn du glaubst, dann macht es dir häufig eine Menge aus, wenn jemand anderer Ansicht ist. Manchmal wirkt das auf Gläubige so bedrohlich, daß sie einander wegen unterschiedlicher Überzeugungen auf dem Scheiterhaufen verbrennen oder foltern. Beim Wissen gibt es derartige Probleme nicht. Wissen ist Wissen. Es gibt immer nur ein Wissen. Falls zwei „Wissen" auftauchen, muß eines von beiden Nicht-Wissen sein.

Wenn zwei Menschen mit einander widersprechenden „Wissen" zusammenkommen, wird derjenige von beiden, der in Wirklichkeit eine Überzeugung hat, den anderen zu seiner Anschauung zu bekehren versuchen. Wenn der andere keinerlei Bereitschaft zeigt, sich umstimmen zu lassen, wird der Gläubige möglicherweise feindselig werden oder den anderen als Ketzer bezeichnen und dafür sorgen, daß er exkommuniziert wird. Was denjenigen betrifft, der Weiß, gibt es kein Problem - er kennt vielleicht eine Methode, die dem Gläubigen dazu verhelfen könnte zu Wissen, doch wenn der Gläubige nicht daran interessiert ist, ist die Sache für den Wissenden erledigt.

Wenn zwei Menschen, die beide behaupten, „die Wahrheit" zu sagen, mit anderen Menschen sprechen, so steht dem Glaubenden nur eine Art der Erklärung offen, und wenn er damit auf Unglauben stößt, ist er frustriert. Ein Glaubender wird sich von Ungläubigen immer bedroht fühlen. Dem Wissenden stehen verschiedene Arten der Erklärung zur Verfügung, weil er weiß, und wenn Wissen da ist, gibt es auch einen unerschöpflichen Fundus von Erklärungen, die man je nach der individuellen Situation desjenigen, der keinen Glauben oder kein WISSEN hat, verwenden kann. Das WISSEN eines Menschen, der weiß, läßt sich nicht durch gegenteilige Meinungen erschüttern. Es besteht kein Zwang, WISSEN auszudrücken - es kommt zum Ausdruck, wenn die Notwendigkeit dazu entsteht, und ist deshalb gewöhnlich der Situation, in der dies geschieht, angemessen. Beim Gläubigen jedoch besteht häufig der unwiderstehliche Drang, seine Anschauung zum Ausdruck zu bringen, ganz gleich, ob dies der konkreten Situation angemessen ist oder nicht. Dies ist der entscheidende Punkt: Die WAHRHEIT mag - ganz gleich, ob sie geglaubt wird oder gewußt ist - die gleiche sein; doch der Gläubige und der Wissende handeln auf unterschiedliche Weise. Wir könnten dies mit zwei Menschen vergleichen, die eine Säge haben. Beide sind sich darüber im klaren, daß man mit einer Säge Holz zersägen kann. Doch der Wissende von beiden verfügt über die Freiheit, einen Geigenbogen zu nehmen und mit diesem aus der Säge ein schauerlich schönes Lied hervorzuzaubern. Derjenige, der nur an die Säge glaubt, wird daraufhin sagen: „Du verdammter Ketzer, weißt du denn nicht, daß Sägen nur zum Zerschneiden von Holz da sind!" Dieser Vergleich „hinkt" vielleicht ein wenig, aber das tun Vergleiche ja meistens. Verstehst du, was ich damit sagen wollte?

F.: Ja, ich denke, ich habe das jetzt verstanden.

N.C.: Du siehst also, wenn wir nur glauben und wenn es dabei bleibt, werden wir wahrscheinlich irgendwann zu der Art von Menschen gehören, deren Partygespräche wie „Lama Karma Dharma" klingen statt des üblichen „Rhabarber, Rhabarber, Rhabarber". Eine Überzeugung oder ein Glaube manifestiert sich häufig auf diese Weise, und manchmal klingt Karma dann eher wie „Karma-Cola". Als Grundlage der Bemühung um Verwirklichung ist der Glaube ziemlich unzuverlässig. Er kann ein großes Maß an

Güte hervorbringen, aber er kann auch zu Fanatismus und Sektierertum führen. Generell ist es besser, entweder zu Wissen oder nicht zu wissen. Wenn Menschen mit neuen Ideen in Berührung kommen, nehmen die meisten an, sie müßten sofort entweder ihren Glauben oder ihren Unglauben zum Ausdruck bringen. Es gibt jedoch noch eine weitere Option. Wir können auch sagen: „Ich weiß nicht – ich habe keinerlei Erfahrung, aufgrund derer ich eine Meinung hierzu äußern könnte." Wir könnten sogar sagen: „Donnerwetter! Ich habe ein starkes Gefühl in bezug auf diese Idee. Vielleicht werde ich sie in meinem Leben als Arbeitshypothese erproben, bis ich *Weiß*, was es damit auf sich hat, oder bis ich sie als Produkt des Zerstreut-Seins erkenne.

F.: Heißt das, daß es niemanden gibt, dem ich vertrauen kann?

N.C.: Jetzt hast du es kapiert. (Gelächter) Wir haben keinerlei verbindliche Garantie dafür, daß das Wort von irgendjemandem unfehlbar ist. Wir können allerdings auf der Grundlage von Erfahrung Vertrauen entwickeln. Es gibt einen Zen-Spruch, der lautet: „Um wahrhaft zu üben, mußt du großes Vertrauen und großen Zweifel haben!" Das bedeutet: Wenn wir den Rat und die Anweisung eines Lehrers im Laboratorium unserer persönlichen Erfahrung testen und immer wieder feststellen, daß sie zutreffen, können wir anfangen, uns von den engen Begrenzungen unserer herkömmlichen Logik zu befreien.

Diese Art von *Vertrauen* ermöglicht es uns, die anfänglichen Schwierigkeiten der Shi-ne-Übung „auszusitzen" und zu überwinden. Wenn du das, was ich soeben gesagt habe, verstehst, wenn die Erklärungen, die ich gegeben habe, mit dem *Durchscheinen* deiner eigenen Erleuchtung auf eine Weise übereinstimmen, die dir in bezug auf dein Leben wirklich als sinnvoll erscheint, dann könnte dich dies auf den Weg bringen.

F.: Kann ich das noch ein wenig ausführen, damit es mir noch klarer wird? Ich habe dich so verstanden...

Man kann niemanden vertrauen, und doch erwächst die Inspiration zu üben aus der Beziehung zu einem Lehrer.

N.C.: Richtig. Am Anfang ist der Lehrer der letzte, dem du vertrauen solltest. Doch am Ende kann der Lehrer zum einzigen Menschen werden, dem man vertrauen kann! (Gelächter)

F.: (Gelächter) Pardon?

N.C.: Keine Ursache! (Gelächter) Möglicherweise bedarf das, was ich gerade gesagt habe, noch einer näheren Erläuterung. (Gelächter) Ich wollte sagen, daß du Lehrern nicht nur deshalb vertrauen solltest, weil andere Menschen sie Lehrer nennen. Nur du kannst einen Menschen aufgrund deiner eigenen Wahrnehmung und Erfahrung als Lehrer bezeichnen. Jemand mag durchaus ein großer Lehrer sein, doch wenn du diese Qualität nicht zu erkennen vermagst, dann ist das für dich eben so. Das bedeutet nicht, daß der Betreffende kein großer Lehrer ist, sondern nur, daß er für *dich* kein großer Lehrer ist. Grundsätzlich kann niemand sich selbst als Lehrer bezeichnen – nur du selbst kannst jemanden als Lehrer bezeichnen, wenn du erkennst, daß der Betreffende dies für dich ist. Du kannst niemanden nur deshalb als Lehrer akzeptieren, weil andere dies tun. Ebensowenig kannst du einen Lehrer herabsetzen, nur weil andere Menschen ihn nicht als Lehrer akzeptieren. Andererseits kannst du dich auch nicht als Schüler oder Studierenden bezeichnen – das kann nur der Lehrer tun. Es ist eine Frage gegenseitigen Erkennens. Du mußt die Qualität des Lehrers in einem Menschen erkennen, und dieser Mensch muß in dir die Qualität eines Schülers erkennen. Die Beziehung muß auf persönlicher Untersuchung basieren – sie muß mit *Großem Zweifel* beginnen. *Großer Zweifel* ist kein zynischer Skeptizismus, *Großer Zweifel* bedeutet, daß man offen für Veränderungen ist und gleichzeitig die eigene Integrität aufrechterhält. Wenn du das Gefühl hast, nicht akzeptieren zu können, was man dir sagt, so mußt du das zum Ausdruck bringen. Ohne den *Großen Zweifel* können wir nicht das *Große Vertrauen* erlernen oder entdecken. Wenn du anfängst zu üben und wenn der Lehrer über den Bereich, den du unter seiner Anleitung untersuchst, *Wissen* zu haben scheint, dann wächst dein Vertrauen. Die einzige Möglichkeit, wie du einen Lehrer gründlich prüfen kannst, besteht darin, daß du seine Anweisungen in die Praxis umsetzt und dann aufgrund deiner eigenen Erfahrung Fragen stellst. Wenn wir nicht üben, werden wir immer nur philosophische Fragen stellen können, und es wird dann immer eine Sache des Glaubens bleiben, ob wir die Antworten akzeptieren oder nicht. Je mehr wir üben, um so mehr wird der Lehrer sich offenbaren. Je mehr wir üben, um so erfahrungsbezogener werden unsere Fragen und um so klarer wird uns werden, ob der Lehrer wirklich ein Lehrer ist. Natürlich gilt dies auch umgekehrt. Wenn wir nicht üben, wird der Lehrer aufgrund unserer Fragen *Wissen*, was für eine Art von Schüler wir sind. Also – Großes Vertrauen und Großer Zweifel: Wir brauchen beide, sonst kann die ganze Sache irreal werden. Es gibt niemanden, dem du sofort vertrauen kannst, aber aus deiner Erfahrung kann sich Vertrauen entwickeln.

F.: Und was ist, wenn es keinen Lehrer gibt oder wenn ich keinen Lehrer finden kann?

N.C.: (Gelächter) Es gibt immer einen Lehrer! Deine eigene Anfangslose Erleuchtung ist dein Lehrer.

F.: Aber wie finde ich diesen Lehrer?

N.C.: Du findest diesen Lehrer reflektiert im *Spiegel* der Welt der Phänomene. Du findest diesen Lehrer, wenn du Sitzt – du Sitzt, und der Lehrer manifestiert sich. Doch auf einer relativeren Ebene gilt: Wenn du keinen Lehrer findest, der in der Lage ist, deine Erleuchtung auf dich zurückzuspiegeln, mußt du einfach bis zur Grenze deiner Inspiration üben. Dabei kannst du dich festfahren.

F.: Ist es denn unumgänglich, einen Lehrer zu haben?

N.C.: Nein. Es ist nicht unumgänglich. Unumgänglich ist nicht ganz das richtige Wort. Das würde nicht der Tatsache gerecht, daß Menschen individuelle Fähigkeiten und Veranlagungen haben. Es gibt auf der relativen Ebene keine Regel, die immer anwendbar ist.

Allerdings bin ich der Meinung, daß praktisch jeder von der Arbeit mit einem Lehrer sehr profitieren kann. Es gibt aber auch Menschen, für die es problematisch ist, unter der Anleitung von Lehrern zu arbeiten. Es gibt Menschen, die aufgrund von Erfahrungen in früheren Leben keinen Lehrer brauchen – es gibt viele verschiedene Situationen und Umstände, wie du dir vielleicht vorstellen kannst.

F.: Könntest du noch etwas mehr über Menschen sagen, die es sich selbst schwer machen, mit Lehrern zu arbeiten?

N.C.: Ich könnte sehr viel über die Lehrer-Schüler-Beziehung sagen und über die Probleme, die gelegentlich aus dieser Beziehung entstehen. Grundsätzlich ist deine eigene Anfangslose Erleuchtung dein bester Lehrer, und jeder, der dir diese zurückspiegeln kann, kann dir auf dem Pfad helfen. Wenn wir uns an einen Lehrer wenden, weil wir wünschen, daß unsere Anfangslose Erleuchtung widergespiegelt wird, so ist das die Grundlage für eine gute Lehrer-Schüler-Beziehung. Wenn wir erwarten, daß unser Lehrer eine Art Gott oder eine Mutter- oder Vaterfigur ist, geraten wir in Schwierigkeiten. Ich habe das selbst durchgemacht. Die Arbeit mit einem Lehrer ist nicht immer angenehm. Wenn wir eine angenehme Situation suchen, werden wir unweigerlich feststellen, daß gewisse Aspekte jener Beziehung problematisch sind. Einige Lehrer, Meister oder Gurus sind nicht immer ganz so Vollendet, wie sie zunächst wirken mögen. Deshalb solltest du vor allem in der Anfangszeit deiner Beziehung zu einem Lehrer deine kritischen Fähigkeiten nicht vernachlässigen, sondern sie schärfen – insbesondere, bevor du irgendeine Art von Verpflichtung eingehst. Doch bezüglich der kritischen Fähigkeiten ist auch zu sagen: Mach' sie nicht so scharf, daß du dir selbst die Kehle durchschneidest oder daß du an diesen Fähigkeiten kleben bleibst. Der Intellekt kann uns die Entschuldigungen und Rechtfertigungen dafür liefern, alles zu vermeiden, Gutes wie Schlechtes. Gehe also nie eine Verpflichtung gegenüber einem Lehrer ein, nur weil du einsam bist. Der Lehrer ist unverzichtbar auf dem Pfad, aber wir müssen mit dem *in Verbindung* sein, was wir von solch einem

Menschen brauchen. Trungpa Rinpoche bezeichnet den Lehrer als einen „gefährlichen Freund“. Wir müssen uns darüber im klaren sein, wie weit wir mit diesem Menschen zu gehen bereit sind, ob das, was wir wollen, Händchenhalten, Küssen oder Petting ist oder ob unser Interesse weiter geht.

F.: Was kann man tun, um schwierige Zeiten bei der Meditation zu überwinden, wenn man noch nicht mit einem Lehrer arbeitet?

N.C.: Du kannst überall Inspiration suchen - in Büchern, Bildern, bei Menschen, in Träumen wie im Wachen. Wir müssen nur offen sein und daran denken, unsere Begeisterung zu nähren. Das Leben selbst und unsere Beziehung zu dem, was wir wahrnehmen, ist unser ständiger Lehrer - wir alle können ohne Unterlaß von diesem Lehrer lernen. Wir können auch von anderen lernen - wir sind nicht allein auf diesem Weg. Die Anfangslose Erleuchtung gehört zur Natur jedes Menschen und kann nicht umhin, von Zeit zu Zeit aufzublitzen. Jenes *Funkeln* zu *Sehen*, so wie es sich in uns und in anderen manifestiert, kann eine mächtige Inspiration sein, wenn wir offen sind, uns davon *berühren* zu lassen.

F.: Ist es wichtig, so bald wie möglich einen Lehrer zu finden?

N.C.: Ja und nein. Ich glaube nicht, daß es gut ist, eine solche Beziehung übereilt zu suchen. Man heiratet ja auch nicht den ersten Menschen, in den man sich verguckt. Und wenn du hungrig bist, gehst du nicht unbedingt in das erste Restaurant, an dem du vorbeikommst. Vielleicht liest du draußen erst einmal die Speisekarte und beschließt dann weiterzugehen. Vielleicht gehst du tatsächlich hinein, aber weil der Laden voller Angeber ist, überlegst du es dir anders und ziehst es vor, dir ein anderes Lokal zu suchen. Vielleicht sind dir die Preise auch zu gesalzen, und du suchst dir ein billigeres Restaurant. Es geht hier nicht um Werturteile, sondern darum, ob etwas in einer bestimmten Situation passend ist. Viele Meister sind charismatische Persönlichkeiten, aber es muß eine Verbindung zu ihnen bestehen, die über diese Ausstrahlung hinausgeht - etwas an ihnen muß mit deiner Erfahrung übereinstimmen. Viele Meister nehmen jeden als Schüler an, einfach deshalb, weil sie nicht die Begeisterung eines Menschen enttäuschen wollen. Doch es gibt auch ein paar Meister, die dafür bekannt sind, daß sie potentielle Schüler abweisen, weil sich eine solche Beziehung nachteilig auf das Wachstum des Betreffenden auswirken würde. Lama Namkhai Norbu Rinpoche hat einmal die Geschichte von einem sehr wilden und grimmigen Meister erzählt, der die meisten Besucher wegjagte, indem er einfach Geröll von oben auf sie warf, wenn sie sich näherten! In gewisser Hinsicht ist es nicht sinnvoll zu versuchen, jemanden zu belehren, der wesentlich besser von jemand anderem belehrt werden könnte. Diese beiden Methoden - die des Akzeptierens und die des Zurückweisens von Schülern - mögen den Anschein erwecken, einander zu widersprechen. Doch gibt es in dieser Hinsicht kein Richtig oder Falsch, da beide nach einem eigenen Prinzip funktionieren. Meister, die jeden Interessenten als Schüler akzeptieren, ermöglichen es den Schülern, selbst zu wählen - wenn die Beziehung nicht stimmig ist, geht der Schüler einfach wieder, sobald ihm dies klar geworden ist. Es ist in jedem Fall besser, wenn der angehende Schüler an der Wahl seines Lehrers *aktiv* beteiligt ist. Es ist wichtig, eine gewisse Zeit mit einem Lehrer zu arbeiten, bevor man eine definitive Verpflichtung eingeht.

F.: Aber ist es denn nicht wichtig, bei einem Lehrer zu bleiben?

N.C.: Nicht immer. Wenn deine Verbindung zu einem Lehrer sich so entwickelt, dann ist das sehr gut - aber wenn das nicht der Fall ist, so ist das keineswegs das Ende der Übung. Wenn die Zeit gekommen ist, mit einem einzigen Lehrer als Tsa-wai-Lama (Wurzellama) zu arbeiten, so erscheint uns dies als völlig klar und als unglaublich einleuchtend. Aber das gehört im Grunde in den Bereich von Tantra, und wir sprechen hier eigentlich nicht über die Praxis des Tantra. Was die Praxis des Sitzens anbetrifft, so ist es wichtig, daß du gelegentlich mit Menschen sprechen kannst, die Erfahrung in dieser Art der Übung haben. Es spielt keine Rolle, wieviele Belehrungen über die Ansicht du von verschiedenen buddhistischen Meistern hörst - das kann nur von Vorteil sein.

F.: Aber ist das nicht im Grunde „spirituelles Shopping“?

N.C.: Ja.

F.: Ist das denn nicht schlecht?

N.C.: (Gelächter) Nicht unbedingt. (Gelächter) Du mußt dich zunächst einmal ein wenig umschauen, um herauszufinden, wohin du gehörst. Ich halte es sicher nicht für gut, ein Kentucky-fried-Buddhist zu werden, nur weil ein Zentrum der Kentucky-fried-Buddhisten gleich bei dir um die Ecke ist. Aber „spirituelles Shopping“ ist wichtig. Nicht gut bzw. eindeutig schädlich ist spirituelle Bigamie oder spirituelles Fremdgehen. Von wem stammt der Ausdruck „spirituelles Shopping“ eigentlich?

F.: Ich kann mich nicht mehr genau daran erinnern – nein, ich weiß es nicht mehr.

N.C.: Mmmmmmmmmmm. Ich möchte hier nichts kritisieren – es kommt ganz darauf an, in welchem Zusammenhang dieser Vergleich angewendet wurde. Jedenfalls möchte ich diese Nuß gerne knacken und herausfinden, was sich in ihrem Inneren befindet. Ich meine, in Wirklichkeit geht es hier um Adoleszenz und Reife. Wenn wir jung sind, ist es gesund, ein wenig Spaß zu haben – ein paar Liebesaffären zu haben. Doch wenn wir auf die Vierzig zugehen und uns immer noch auf diese Weise verhalten, die der Jugendzeit angemessen ist, so mangelt es uns an Reife. Es ist nichts gegen die experimentierfreudige Unruhe der Adoleszenz einzuwenden, aber einen Erwachsenen hindert dieses Verhalten am persönlichen Wachstum und an der Entwicklung von Reife. Im Erwachsenenalter müssen wir lernen, langfristige Beziehungen aufrechtzuerhalten. Siehst du die Parallele?

F.: Ja.

N.C.: Wenn wir noch jung auf dem spirituellen Pfad sind, müssen wir experimentieren und Verschiedenes ausprobieren. Doch wenn wir erwachsen werden und ein wenig mehr Erfahrung haben, sollten wir uns auf eine Art der Übung einlassen und eine Beziehung zu einem Lehrer aufbauen. Ganz gleich, wie alt wir von unserem Lebensalter her sind, wir müssen häufig zunächst eine Zeit der spirituellen Adoleszenz durchleben, und das ist kein Problem - es ist ein gesunder Bestandteil unseres Wachsens. Allerdings ist es nicht mehr so gut, weiter „herumzuwildern", wenn man schon verheiratet ist. Wenn man immer wieder neu heiratet und sich immer wieder scheiden läßt, dann ist das ein Problem. Wenn du ein Eheversprechen gegeben hast und trotzdem weiter deine Affären nebenher hast, dann ist das ein Problem. Verstehe mich bitte nicht falsch. Dieser Vergleich sollte nicht zu wörtlich genommen werden. Ich bin kein Befürworter der lebenslangen Ehe - auch Scheidung kann eine Stufe des Wachstums sein. Es geht mir hier in erster Linie um das ständige Neubeginnen und Abbrechen einer Beziehung nach der anderen. Wenn du also spirituell jung bist und das „spirituelle Shopping" dir Spaß macht, dann gib keine Versprechen und gehe keine Verpflichtungen ein, denen du wahrscheinlich doch nicht nachkommen wirst. Kannst du damit etwas anfangen?

F.: Ja. Danke für diese Erklärung. Ich fühle mich jetzt wesentlich weniger unter Druck.

* * *

F.: Woran kann es liegen, wenn man nichts von der Meditation hat?

N.C.: Wenn das Sitzen über einen längeren Zeitraum keinen Wert für dich hat, wirst du die Motivation zu Sitzen wahrscheinlich nicht lange aufrechterhalten können. Aus diesem Grunde lege ich so großen Wert darauf, daß wir unsere spirituellen Erfahrungen detailliert untersuchen sollen... (unterbrochen)

F.: Aber wenn die Meditation nur dazu führt, daß man sich schlecht fühlt?

N.C.: Shi-ne führt nicht dazu, daß man sich schlecht fühlt, und ebensowenig gilt das für die Untersuchung dessen, was du bist – Shi-ne legt nur offen, *was da ist*. Es ist sehr wichtig zu erkennen, welche Erfahrungen auftreten, wenn wir Sitzen, und sie als fruchtbares Feld für unsere Entwicklung anzuerkennen. Wenn wir mit dem Sitzen beginnen, müssen wir damit rechnen, daß Empfindungen des Unbehagens, der Gereiztheit, der Langeweile, der Angst und der Melancholie auftreten werden. Diese Gefühle werden nicht durch Shi-ne „erzeugt", so wie man ein Kaninchen, eine Eidechse oder eine sieben Pfund schwere Saubohne aus einem Hut hervorzaubert, sondern sie werden durch den Shi-ne-Prozeß *entdeckt*. Unsere negativen Gefühle sind ein Teil dessen, was wir sind, und sie verschwinden nicht einfach deshalb, weil wir sagen: „Oh nein, Shi-ne ist schuld, daß ich mich schlecht fühle. Ich werde es für immer aus meinem Leben verbannen!" Wir könnten natürlich aufhören, Shi-ne zu üben, und sagen: „Bin *ich* froh, daß ich mit dieser schrecklichen Shi-ne-Übung aufgehört habe – das Leben ist soviel angenehmer ohne sie", doch unsere negativen Gefühle wären dann immer noch da. Weil negative Gefühle durch unsere Wahrnehmungsmuster erzeugt werden, werden wir sie bei allem, was wir tun, erleben. Shi-ne ermöglicht es uns lediglich herauszufinden, warum wir solche Gefühle haben.

* * *

F.: Kann ich eine Frage über Jucken stellen? Ich habe das Gefühl, daß Jucken ein Problem sein kann. Ich bin mir nie sicher, ob ich kratzen soll, wenn es mich juckt, oder ob das Jucken nur eine Ablenkung ist. Ich meine: Sollte ich mich beherrschen, wenn es mich juckt?

N.C.: Das Beste, was man bei Jucken tun kann, ist zu kratzen. Du kannst das mit ganz langsamen Bewegungen tun und beim Prozeß des Kratzens Achtsamkeit üben. Es gibt keinen Grund, warum irgendjemand unter uns sich durch die Tatsache, daß wir einen Körper haben, spirituell belästigt fühlen sollte. Das Problem entsteht, wenn wir nicht mehr mit dem Kratzen aufhören können.

Erst kratzen wir hier, dann kratzen wir da, dann kratzen wir wieder an der ersten Stelle. Wenn dies während der ganzen Zeit, in der wir Sitzen, so weitergeht, ansonsten jedoch nicht auftritt, ist der Verdacht berechtigt, daß wir einer etwas ausgefallenen Art von Unterhaltung nachgehen. Ich jucke, also bin ich. Wenn ich das Bedürfnis verspüre, mich zu kratzen, muß ich mir darüber klar werden, ob es sich dabei um ein echtes Bedürfnis handelt oder um ein Ablenkungsmanöver. Wenn ich mich ständig kratze, könnte ich vielleicht denken: „Mmmmmm – wird wohl mal wieder Zeit, das Flohhalsband der Katze zu wechseln!" Deshalb lautet die Antwort wie die meisten anderen Antworten bezüglich der Übung: Gewahrsein! Gewahrsein am Anfang, Gewahrsein am Ende, Gewahrsein dazwischen und zu jeder Zeit. Gewahrsein gibt *dir* Vertrauen, macht *dich* autonom und macht *mich* überflüssig!

F.: Macht dich überflüssig?

N.C.: Ja, das ist meine Absicht – mich entbehrlich zu machen, dich dahin zu bringen, daß du mich nicht mehr brauchst.

F.: Du hast eben gesagt, wir bräuchten uns nicht davon spirituell belästigt zu fühlen, daß wir einen Körper haben. Ich fand das interessant im Zusammenhang damit, daß der Buddhismus die Leere so sehr betont und dadurch den Wert, einen Körper zu haben und in der Welt zu sein, zu verneinen scheint.

N.C.: Ja, diese Tendenz besteht im Buddhismus, aber das ist eine patriarchalische Tendenz, und ich bin nicht der Meinung, daß sie zum Wesen des Buddhismus gehört. Du mußt daran denken, daß die Leere zunächst so stark hervorgehoben wird, weil nur sehr wenige unter uns sich des *substanzlosen Wesens des Substantiellen* bewußt sind, während wir den Kontakt zur substantiellen Realität bereits *haben*. Das Ziel ist, die Leere zu Realisieren, damit wir auf angemessene Weise zu den vergänglichen Phänomenen in Beziehung treten können. Die patriarchaliche Tendenz des Buddhismus versucht uns zu sagen, weil Materie vergänglich sei, sei sie nicht von spirituellem Wert. Doch die Phänomene sind die Blüte der

Leere, und wenn man die Welt der Form verunglimpft, so verleugnet man die Qualität der Leere, aus der die Form geboren wird. Das ist ungefähr so, als würde man die Mutter ehren, während man ihre Kinder verunglimpft. Das Wort „Spiritualität" ist tatsächlich ein wenig irreführend, weil es nahelegt, Erleuchtung bedeute, daß man die Welt verlasse und zu einem „Geist" (lateinisch: *spiritus*) werde. Das ist eine patriarchalische Verzerrung. Das Patriarchat hat zu allen Zeiten die Erde verleugnet. Und diese Tendenz muß überall, wo sie auftaucht, aufgedeckt und als das gesehen werden, was sie ist.

F.: Ich habe gedacht, es sei absolut vorrangig für den Buddhismus, die Natur der Existenz als leidvoll zu beschreiben?

N.C.: Das müssen wir ein wenig gründlicher untersuchen. Es ist *nicht* die Natur der Existenz selbst, der die Qualität des Leidens eigen ist, sondern es ist unsere Erfahrung der Existenz, die als leidvoll bezeichnet wird. Aber „Leiden" ist ein so schrecklich emotionsbeladenes Wort. Ich ziehe den Begriff unbefriedigend dem Begriff leidvoll vor. Natürlich weiß ich, daß viele Menschen auf der Welt schrecklich leiden, und ich habe nicht die Absicht, diese Tatsache herunterzuspielen.

Es *gibt* schreckliches Leid in der Welt, und wir sollten alles tun, was wir zu tun vermögen, um diesen Zustand zu verändern. Doch nicht jeder erlebt die Welt als einen so schrecklichen Ort. Ich kenne ziemlich viele Menschen, die das Leben in bescheidenem Maße zu genießen scheinen, und wenn man ihnen erzählen würde, das Hauptcharakteristikum des Lebens sei „Leiden", so würden sie uns für depressiv oder für Pessimisten halten. Wahrscheinlich würden sie antworten: „Ja, ich habe auch schon schwere Zeiten erlebt, aber im großen und ganzen bin ich doch recht zufrieden – manchmal hatte ich sogar eine ziemlich tolle Zeit." Ich glaube allerdings kaum, daß man viele Menschen finden wird, die sagen würden, ihr Leben sei völlig befriedigend. Es gibt immer etwas, das besser, größer, länger, kürzer, enger, dunkler, heller oder besser bezahlt sein könnte – doch das ist unsere Wahrnehmung, nicht die Welt. *Die Welt ist einfach so, wie sie ist.*

F.: Du hast gesagt, die Negation der Erde und des Körpers sei eine patriarchalische Verzerrung?

N.C.: Ja. Der Raum ist die *Große Mutter*, doch die Erde ist auch unsere Mutter. Wasser, Feuer und Wind sind ebenfalls unsere Mütter. Dies ist die Übermittlung der Mutter-Essenz-Linie.

F.: Als du über den Bezugslosen Ozean des Seins sprachst, hast du gesagt, der Vergleich des „Tautropfens, der sich mit dem glitzernden Meer vereinigt", sei ziemlich schmalzig. Das hat mich überrascht, weil mir persönlich dieser Satz immer als eine wundervoll poetische Aussage über die Höchste Realität erschienen ist. Könntest du mir erklären, warum du diesen Vergleich für schmalzig hältst?

N.C.: (Gelächter) Tut mir leid. (Gelächter) Wenn du ihn wundervoll findest (und ich bin mir sicher, daß sehr viele ihn wundervoll finden), habe ich nichts dagegen einzuwenden. Aber wenn man einmal von der Schönheit absieht, stellt sich die Frage, was der Vergleich bedeutet.

F.: Ich habe immer gedacht, er solle etwas Unbeschreibliches ausdrücken.

N.C.: (Gelächter) Richtig! Es ist etwas ziemlich Unbeschreibliches, aber vielleicht ist es besser, über Unbeschreibliches zu schweigen. Wenn eine Gefühlsregung ein Finger ist, der auf den Mond deutet, was hat das dann mit Schönheit zu tun? Die Wahrheit mag schön sein, doch ist deshalb Schönheit immer Wahrheit?

F.: (Gelächter) Ich glaube, ich verstehe, was du meinst. Alle Hunde sind zwar Tiere, aber nicht alle Tiere sind deshalb auch Hunde.

N.C.: Genau. Daß ich den Vergleich als schmalzig bezeichnet habe, hat nichts mit der Schönheit der Worte zu tun, sondern mit der Sentimentalität, die in diesem Vergleich zum Ausdruck kommt.

Wenn man die Wörter dieser kleinen Spruchweisheit ein wenig verändert, klingen sie nicht mehr so bedeutungsvoll: „Ein Klumpen Schleim rutscht in den kosmischen Spucknapf." (Gelächter) Wie klingt das? (Gelächter)

F.: (Gelächter) Nicht sehr bedeutungsvoll. (Gelächter) Danke, ich verstehe, was du meinst.

Je-thob – Nach der Meditation

20 Alltagsleben

F.: Wie kann ich die Praxis des tibetischen Buddhismus in mein alltägliches Leben integrieren?

N.C.: Indem du die strenge Trennung zwischen der Zeit des Sitzens und der Zeit des Nicht-Sitzens aufhebst. Sitzen ähnelt ein wenig einer speziellen Zeit der Einkehr. Wenn wir Sitzen, lassen wir alle Verstrickungen los. Sitzen ist ein Raum in unserem Leben, in dem wir unsere Achtsamkeit nähren können; doch Achtsamkeit sollte sich ständig manifestieren. Seine Heiligkeit Dudjom Rinpoche sagte einmal über unsere anfängliche Erfahrung von Rigpa (Nacktes Gewahrsein des Seins), sie sei ungefähr so, wie wenn ein Baby unbarmherzig in das Schlachtfeld der auftauchenden Phänomene geworfen wird. Das bedeutet, daß wir diese Erfahrung nähren müssen, indem wir sie sanft in den Alltag integrieren. Wir können nicht einfach wieder in unsere konventionelle Existenz eintauchen, wenn es uns um Integration geht. Wenn wir die Übung in das alltägliche Leben integrieren wollen, sollten wir es der Raumhaftigkeit, die wir beim Sitzen entdecken, ermöglichen, in unsere „gewöhnliche Lebenserfahrung" *hinüberzufließen*. Wir müssen den Damm niederreißen, der den Großen Ozean des Seins davon abhält, unsere Existenz zu überfluten. Wir können damit beginnen, daß wir in der Zeit unmittelbar nach der Übung völlig *bei* dem bleiben, was wir tun.

F.: Gibt es eine Methode...

N.C.: (Gelächter) Nein, es gibt keine Methode. (Gelächter)

F.: (Gelächter) Nein, natürlich nicht.

N.C.: Es gibt nur Sein. Wenn es eine Methode gäbe, dann...

F.: Genau. (Gelächter)

N.C.: Aber vielleicht sollte ich etwas über die Zeit unmittelbar nach der Übung sagen. Wenn du die Nach-Übungs-Erfahrung entwickeln willst, mußt du dafür sorgen, daß du Zeit dafür hast. Wenn du eine Stunde lang Sitzt, solltest du danach mindestens fünfzehn bis zwanzig Minuten für die Nach-Übungs-Erfahrung zur Verfügung haben. Stehe nach dem Sitzen langsam und achtsam auf. Massiere Beine und Knöchel, bis jeder Schmerz und jede Steifheit verschwunden ist, und finde weiterhin die Präsenz deines Gewahrseins in jeder auftauchenden Empfindung – vermeide es aber, über diesen Prozeß zu reflektieren. Finde die Präsenz deines Gewahrseins in jeder Nuance deiner Bewegungen, aber wende dich nicht zu sehr nach innen – Sei einfach da, wo du bist. Du kannst aufstehen und dir eine Tasse Tee machen oder das Geschirr abwaschen – doch was du auch tust, Sei einfach bei dem, was du tust, und wenn du abgelenkt wirst, dann kehre zum Gewahrsein zurück. Am besten ist es, während der Zeit unmittelbar nach der Übung allein zu sein, damit du die Präsenz des Gewahrseins in jedem Augenblick ohne zu große äußere Ablenkung integrieren kannst. Laß auch die Zeit unmittelbar nach der Übung nicht abrupt enden. Ebenso wie du den Übergang vom Sitzen in die Bewegung sehr sorgsam gestaltet hast, solltest du nun von der Zeit nach der Übung allmählich zu dem übergehen, was als nächstes geschehen muß. Es besteht eigentlich gar nicht die Notwendigkeit, die Nach-Übungs-Erfahrung zu beenden. Wir alle verlieren ständig die Präsenz, doch jedesmal, wenn unsere Präsenz wieder auftaucht und wenn wir erkennen, daß wir abgedriftet sind, können wir *in* und *bei* unserer Präsenz bleiben. Dies ist die Übung des alltäglichen Lebens – ständig zur Präsenz zurückzukehren, wann immer wir von ihr abgekommen sind, und mit Gewahrsein fortzufahren, in Absoluter Präsenz zu verweilen. Die wahre Übung der Integration besteht darin, zum Gewahrsein zurückzukehren, wann immer wir vom Gewahrsein abgelenkt worden sind. Dies ist übrigens das Prinzip der Dzogchen-Lehre, der direktesten Übung der Erleuchtung – deshalb können wir vielleicht nicht so üben. (Gelächter) Aber vielleicht können wir es auch. Auf welcher Ebene wir auch üben mögen, wir können versuchen, achtsam gegenüber allem zu sein, was wir tun.

F. 2: Das hört sich fast zu einfach an.

N.C.: Ja, (Gelächter) fast. (Pause) Du machst auf mich den Eindruck, als würdest du eine Antwort auf eine Frage erwarten – was sollte ich deiner Meinung nach noch hinzufügen?

F. 2: Ich habe das Gefühl, als könnte ich mit all dem nichts anfangen, als ob es da noch etwas anderes geben müßte.

N.C.: Ein Mantra, eine Visualisation oder eine Atemtechnik?

F. 2: Nein, aber...

N.C.: Etwas, das dich in die Lage versetzt, auf eine bestimmte Weise zu „sein", statt einfach zu Sein?

F. 2: Aah, ich verstehe, was du meinst.

N.C.: Die *Methode* ist eine *Nicht-Methode*. Die *Methode* ist *Einfach nur Sein*. Wenn wir feststellen, daß wir nicht in jenem Zustand des *Einfach nur Seins* verweilen können, können wir versuchen, achtsam zu sein.

F. 2: Und wenn wir nicht achtsam sein können?

N.C.: Dann phantasieren wir über Dinge - das ist die Art des Lebens, uns daran zu erinnern, daß wir Achtsam sein sollten. Aus tantrischer Sicht könnten wir sagen, daß die Khandros unseren Mangel an Achtsamkeit beobachten und uns ein Bein stellen, so daß wir der Länge nach hinfallen.

Wenn wir nicht achtsam zu sein vermögen, können wir vielleicht das, was um uns herum vor sich geht, als Belehrung akzeptieren.

F. 3: Könntest du noch etwas mehr darüber sagen, daß man das Leben als Belehrung betrachten sollte?

N.C.: Wir können die Welt zu uns sprechen lassen. Wir können der Welt *zuhören*. Wir können die Unbeständigkeit, die Krankheit, das Alter und den Tod überall um uns herum beobachten. Das ist eine jederzeit frei verfügbare Gratisbelehrung. Wir brauchen Sie nur zu beachten und in uns aufzunehmen. Indem wir uns einfach anschauen, was überall um uns herum geschieht, können wir begreifen, daß dies es ist, was das Leben ausmacht. Manchmal ist es glücklich, manchmal traurig, und manchmal scheint es sich nicht so recht entscheiden zu können. Doch was ist „es"? Es ist unsere Wahrnehmung - manchmal fühlt sie sich angezogen, manchmal fühlt sie sich abgestoßen und manchmal fühlt sie sich indifferent. Und was ist es, wozu wir uns hingezogen, wovon wir uns abgestoßen und dem gegenüber wir uns indifferent fühlen? Das, *was ist*. Vielleicht kommen wir von hier aus dahin, daß es angemessener wäre, wenn unsere Wahrnehmung das, *was ist*, spiegeln würde. Wenn uns dann jemand fragen würde, was wir über das, *was ist*, denken, könnten wir antworten: „*Was ist*, ist das, *was ist*." Ich nehme an, daß dies ziemlich nichtssagend klingt, und vielleicht ist es das auch tatsächlich - deshalb üben wir und deshalb gibt es so viele verschiedene Arten der Übung. Um akzeptieren zu können, *was ist*, müssen wir lernen zu *sehen, was ist*. Ich hatte einmal einen sehr interessanten Englischlehrer. Er gab uns manchmal amüsante, wenn auch schwierige Übungen auf. Bei einer dieser Übungen ging es darum, wie oft man ein Wort innerhalb eines Satzes wiederholen kann, so daß es trotzdem noch einen Sinn ergibt. Ich dachte mir folgendes aus: „That that is, is. That that is not, is not. That that is not is not, is not is not - is not that it? - That is!" (Gelächter)

Das ist ein amüsantes Wortspiel, und ich meine, daß die Erklärungen des Verstandes manchmal so ähnlich klingen. Doch da gibt es einen Unterschied: Das eine ist ein Spiel, das andere Ernst. Sobald wir es mit Bereichen zu tun haben, die die Möglichkeiten des normalen Verstehens übersteigen, wird der Sinn von Worten überstrapaziert, und vielleicht verstehen wir sie, oder wir verstehen sie nicht. Doch wir können immer vom Leben lernen. Wir können über die Straße gehen und dies zu einer Kontemplation über die Natur der Existenz machen. Wir können unsere *Wesenseigene Wärme* in Reaktion auf das Traurige, das wir sehen, auftauchen lassen. Wir können es uns gestatten, uns *offen* und *liebevoll* den Menschen gegenüber zu fühlen, die wir an uns vorbeigehen sehen. Ein Gang durch die Straßen kann eine eindrucksvolle Erfahrung sein, wenn wir wirklich in uns aufnehmen, was da vor sich geht.

* * *

F.: Wir Menschen in der westlichen Welt haben so wenig Zeit für uns, mit unserem Beruf, unserer Familie und all den vielen anderen Anforderungen, die an uns gestellt werden. Wie können wir in unserem Leben Frieden und Ruhe finden?

N.C.: Glaubst du, daß Osten und Westen so verschieden sind?

F.: In Indien ist der Druck doch wohl viel geringer als bei uns.

N.C.: Auch in Indien haben die Menschen Arbeit und Familie. Aber wie steht es mit dem Druck? Welche Art von Druck meinst du? Du brauchst nicht in persönliche Details zu gehen, wenn du das nicht möchtest.

F.: Nein, ich habe das auch gar nicht so persönlich gemeint. Es geht mir um den gesellschaftlichen Leistungsdruck und um den Druck, der auf unseren Kindern lastet, es im Leben zu etwas zu bringen und einen gewissen Status zu erreichen.

N.C.: Das ist meiner Meinung nach in Indien auch nicht viel besser. Man hat aber die Wahl, ob man das Diktat dieses Drucks akzeptiert oder nicht.

F.: Die Gesellschaft erwartet das von uns.

N.C.: Ja, vielleicht – aber wie werden wir bestraft, wenn wir nicht tun, was von uns erwartet wird?

F.: Meinst du damit, daß wir alle aus der Gesellschaft aussteigen sollten?

N.C.: Nein, das ist nur das andere Extrem – ich glaube nicht, daß die Situation so polarisiert sein muß. Ich meine, daß du „aussteigen“ kannst, wenn du möchtest, und daß du auch Manager sein kannst, wenn du das möchtest – es geht nicht darum, was du tust, sondern nur darum, wie du dich bei dem, was du tust, fühlst. Ich glaube, es ist nicht notwendig, ein typischer Aussteiger oder ein typischer Manager zu sein, allerdings glaube ich, daß die Strafe dafür, daß man untypisch ist, manchmal gesellschaftliche Isolation sein kann. Wenn du dich für irgend etwas interessierst, was außerhalb der „Norm“ liegt, kämpfst du gegen den allgemeinen Trend an. Aber ich glaube, wenn du das Interesse aufgebracht hast, heute Abend hierher zu kommen, so wie übrigens schon viele Male vorher, mußt du bereits eine gewisse Freiheit und Unabhängigkeit von „der Norm“ entwickelt haben. Alle hier Anwesenden sind frei genug, um Individuen zu sein und selbst zu entscheiden, wie sie ihr Leben gestalten wollen. Einige Entscheidungen, die wir in unserem Leben treffen, werden uns zwangsläufig von der einen oder anderen gesellschaftlichen Gruppe trennen. Meine Entscheidung, nicht zu rauchen, bringt mich in die Situation, daß ich mich aus verqualmten Räumen fernhalten muß. Wir können unser Leben nicht wirklich kreativ gestalten, wenn wir uns von dem beherrschen lassen, was irgendjemand von uns erwartet. Was geschieht, wenn Menschen, die uns nahestehen, verschiedene Dinge von uns erwarten, die nicht miteinander zu vereinbaren sind? Es ist wirklich unmöglich, allen Menschen jederzeit zu gefallen. Vielleicht können wir es der Hälfte der Menschen immer recht machen und allen Menschen die Hälfte der Zeit, aber… du kannst in meinem Traum sein, wenn ich in deinem Traum bin – ich glaube, Bob Dylan hat das gesagt (You can be in my dream if I can be in yours). Entscheidungen müssen getroffen werden – Richtungen müssen eingeschlagen werden, und wir müssen die ganze Situation vor dem

Hintergrund der Person, die wir zu werden im Begriff sind, sehen und würdigen.

F.: Aber wenn ich an einem Ort leben würde, wo spirituelle Werte wichtig genommen und geachtet werden, wäre der Konflikt nicht so groß. Der gelassene Lebensstil Indiens muß es wesentlich erleichtern zu meditieren.

N.C.: Das hängst ganz davon ab, wo in Indien du bist, und auch von der Art deines Erlebens. Was glaubst du, wie mein Leben hier im Westen aussieht?

F.: Aber du hast deine Erleuchtung im Osten gefunden.

N.C.: Hmmmmm. Also gut, ich habe wirklich lange Zeit im Himalaya geübt und daraus etwas sehr Wertvolles gewonnen - doch was die Erleuchtung angeht, so ist das eine andere Geschichte. Ich bin ein Übender und spreche aus der Erfahrung eines Übenden. Ich verbringe mehrere Stunden täglich mit formeller Übung. Erleuchtung ist unsere Anfangslose Natur - wir üben, um dies zu realisieren. Wir alle erfahren von Zeit zu Zeit ein blitzartiges Aufleuchten unserer Anfangslosen Erleuchtung. Bei einigen von uns tritt diese Erfahrung häufiger auf, bei anderen seltener. Doch wir alle üben, damit jenes *Durchstrahlen*, das unsere Angeborene Erleuchtung ist, häufiger auftritt und intensiver wird. Vielleicht beantwortet dies deine Frage in einem gewissen Maße. Nicht die Umgebung ist das Entscheidende, sondern der Geisteszustand. Ich beklage mich weder über die Situation im Osten noch über die im Westen, aber ich sehe, daß den Osten eine gewisse spirituelle Romantik zu umgeben scheint - und das ist ein Phantasieballon, der zum zerplatzen gebracht werden muß. Die Vorstellung, daß Indien ein friedvoller Ort sei, ist ein wenig irreführend. Natürlich gibt es im Himalaya sehr stille Gegenden mit einer wundervollen Atmosphäre, die für Übung ausgezeichnet geeignet ist. Aber im schottischen Hochland findet man ebenso wundervolle Orte. In Indien jedoch trifft man, überall wo Menschen sind, immer auf großen Lärm und Tumult. Ich erinnere mich daran, wie ich einmal in der Stille der Wälder über McLeod Ganj Sitzen übte. Einen ruhigeren Ort hätte ich kaum finden können - doch es dauerte nicht lange, bis eine lärmende Gruppe indischer Touristen auftauchte und sich knapp zweihundert Meter von mir entfernt zum Picknick niederließ. Nun mögen wir die Vorstellung haben, daß man sich zu einem solchen Picknick an einen abgelegenen und idyllischen Ort begibt, um sich an der Schönheit oder am erhabenen Anblick der Natur zu erfreuen. Die populäre indische Vorstellung über ein Picknick ist jedoch eine völlig andere. Es macht den Indern einfach mehr Spaß, eine Waldlichtung in einen Open-air-Nachtclub zu verwandeln! Ich möchte dieses Verhalten keineswegs verurteilen - jeder nach seinem Geschmack -, aber ich bin mir ganz sicher, welche Art von Picknick mir persönlich lieber ist. Die stark industrialisierte Umwelt, in der viele von uns leben, bewirkt, daß wir die Schönheit der Natur mehr zu schätzen wissen als unsere geselligen indischen Freunde, für die es oft der höchste vorstellbare Genuß ist, wenn mehrere Kofferradios bis zum Anschlag aufgedreht sind und einen ohrenbetäubenden Lärm von sich geben. Habt ihr jemals Hindi-Filmmusik gehört? (Gelächter) Als ich mich zum erstenmal nach Indien aufmachte, hatte ich die Phantasie, daß ich in einem verträumten „Sergeant Pepper“-Geisteszustand umherstreifen würde, verzückt durch die anmutigen Glissandi der Sitar-Musik. Ich glaubte damals, allein aufgrund meiner Anwesenheit in Indien könnte ich durch die Macht des großartigen spirituellen Erbes dieses Landes transformiert werden. (Gelächter) Es hat aber leider nicht so geklappt, wie ich gehofft hatte. (Gelächter) Sicherlich lag das an mir. (Gelächter)

Eins hat mein damaliger Aufenthalt in Indien allerdings tatsächlich bewirkt: Ich wurde sehr hart mit der Realität des Todes konfrontiert. Das lag nicht nur am Anblick der Ganges-Hippos, sondern es war einfach die allgemeine Nähe des Todes in allen Dingen. In jener Hitze und Feuchtigkeit zeigten Gebäude bereits Anzeichen des Verfalls, noch bevor sie überhaupt fertiggestellt waren. Ich muß mich entschuldigen - ich sollte erklären, was ein Ganges-Hippo ist. Wenn menschliche Körper lange genug im Wasser gelegen haben, quellen sie auf und sind dann kaum noch als menschliche Wesen zu identifizieren. Diese aufgedunsenen

Wasserleichen werden in Indien manchmal Ganges-Hippos (von Hippopotamus = Flußpferd) genannt. Doch Indien ist auch voller Leben. Dr. Bertie Beecham, ein Dozenten-Kollege meiner früheren Frau verbrachte kürzlich seinen Urlaub in Indien. Er ist in Indien aufgewachsen, ist jedoch seit vielen Jahren mit einer Frau aus Wales verheiratet und lebt auch in Wales. Während eines gemeinsamen Abendessens fragte ich ihn, wie ihm sein Urlaub in Indien gefallen habe. Er lachte und antwortete jovial: „Ich nenne Indien das Land der Schreie, Glocken und Gerüche"[1] Er fügte sogleich hinzu, daß die Schreie nicht immer rauh seien, die Glocken nicht immer schrill und die Gerüche nicht immer unangenehm - der Satz war Teil eines Gedichts, das er nach seiner Rückkehr geschrieben hatte.

Nein, Indien ist sicherlich kein friedvoller Ort, was jedoch nichts daran ändert, daß ich Indien und die Inder sehr mag. Ich kann aber nicht behaupten, daß man in Indien „besser" üben könnte als hier. Der beste Ort zum üben *muß* da sein, wo man lebt, andernfalls wäre der Pfad, über den wir hier sprechen, nichts weiter als ein kulturelles Phänomen. Die Übung des Sitzens ist unabhängig von jeder Kultur - sie bezieht sich auf die menschliche Situation in ihrer ganzen Vielfalt. Die hohen Spitzhüte mit langen Ohrenklappen, die tibetische Lamas tragen, stellen „Einsiedlerhöhlen" dar und symbolisieren, daß unsere „Meditationshöhle" dort ist, wo wir uns gerade befinden. Selbst am lautesten Ort, den wir uns vorstellen können, ist Stille. Klang manifestiert sich im Raum der Stille, und die Funktion der Übung besteht darin, den Geist der Stille zu entdecken. Wenn der Geist still ist, dann ist *Endlos Stiller Raum, in dem Klänge eine Unendliche Vielzahl von Liedern Singen*. Selbst wenn du eine Einsiedlerhöhle im Himalaya aufsuchen würdest oder in einem schallgeschützten Raum Sitzen würdest, würdest du irgendwann anfangen, die Geräusche deines eigenen Körpers zu hören. Du würdest Flüssigkeiten gurgeln hören, die Geräusche deines Atmens und das Hintergrundrauschen deiner Ohren. Diese Geräusche würden dich schließlich genauso

---

[1] Original: "I call it the land of yells, bells, and smells!"

ablenken und stören wie alle anderen Geräusche und Klänge, einfach weil du nie mit der Dissonanz deines eigenen unbewußten Lärms ins Reine gekommen bist. Die Geräusche deines Körpers würden dir ebenso störend erscheinen wie der Londoner Verkehrslärm.

Oft sagen Menschen, sie würden ja gerne meditieren, doch schiene es nie friedvoll und ruhig genug dafür zu sein. Sie sagen: „Wenn ich auf dem Lande leben könnte, wäre ich in der Lage, eine meditative Lebensweise zu entwickeln." Ich muß leider einwenden, daß auch dies nichts weiter als eine Phantasievorstellung ist. Auf dem Lande gibt es unzählige Geräusche, die ebenso störend wirken können wie Stadtlärm. Was ist störender: das Geräusch eines Preßlufthammers auf der Straße direkt unter deinem Schlafzimmerfenster oder das Geräusch von Tausenden von Grillen? Natürlich sind die Grillen nicht das ganze Jahr über da – aber der Preßlufthammer ja auch nicht. Ich habe einmal einen Kursus in Caroline Sherwoods „Meditation Room" in Dorchester geleitet, und die Teilnehmer hatten ihre tiefste meditative Erfahrung, als eine Straßen-Teermaschine unten am Haus vorbeifuhr! Ich hörte sie kommen, und als die Sitzenden unruhig wurden, sagte ich: „Sucht die Präsenz eures Gewahrseins in der Dimension des Klangs." Und das taten sie dann. Es war ein wundervoller Klang! Das Geschrei von Krähen kann sehr aufdringlich sein – in wesentlich stärkerem Maße als das Rauschen des Verkehrs in der Ferne. Die „natürliche Welt" ist für uns mit romantischen Assoziationen verbunden, doch letztlich sind dies nur unsere eigenen Vorstellungen: Es hängt von unserem Angezogensein, Abgestoßensein oder Indifferentsein ab, was die verschiedenen Geräusche für uns repräsentieren, weniger von der Energie der Geräusche selbst. Die Vorstellung, daß ein „friedvoller Ort" es erleichtern würde zu meditieren, ist letztlich unsinnig.

F.: Dann sollten wir wohl besser die Situation akzeptieren, in der wir uns ohnehin befinden.

N.C.: Genau. Wo immer du bist, ist genau da, wo *du bist*, und wo sonst kannst du sein außer da, wo du bist? Wenn du deinen

Aufenthaltsort verändern mußt, um zu realisieren, daß du nicht unerleuchtet bist, dann bedeutet das, daß die Methode, die du gewählt hast, um dieses Ziel zu erreichen, begrenzt ist, weil sie ihren Zweck nur unter bestimmten Voraussetzungen erfüllt. Aus relativer Sicht jedoch könnte ich ein paar Dinge in bezug auf unsere tägliche Übung sagen. Wenn wir sehr erfahren in der Übung sind, können wir überall Sitzen und die Präsenz unseres Gewahrseins mit allem, was als Sinneswahrnehmung auftaucht, vereinigen. Doch wenn wir gerade erst mit der Übung begonnen haben, müssen wir ein wenig vorsichtiger mit uns umgehen und der Tatsache Rechnung tragen, daß wir leicht abgelenkt werden können. Nun mag dies so klingen, als ob es dem widerspräche, was ich vorher gesagt habe, und in gewisser Hinsicht tut es das auch – weil die Höchste Ansicht und die relative Sicht einander oft zu widersprechen scheinen. Das, was ich zuerst gesagt habe, bezog sich auf die Tatsache, daß es so etwas wie einen ablenkenden Einfluß nicht gibt – das entspricht der Höchsten Ansicht. Wir lenken uns selbst ab – wir können den Geräuschen nicht die Schuld zuschieben, da sie nicht den Willen oder die Absicht haben, uns abzulenken. Ich habe dies gesagt, um der Vorstellung entgegenzutreten, daß wir unbedingt einen friedvollen, ruhigen Ort finden müssen, bevor wir mit dem Sitzen beginnen können. Von einem relativen Standpunkt aus betrachtet *müssen* wir tatsächlich eine Situation schaffen, in der wir nicht durch Geräusche belästigt werden, die ein regelmäßiges oder intellektuell erfaßbares Muster haben. Damit meine ich: Wenn jemand nebenan das Radio eingeschaltet hat und sich eine Musiksendung mit einem manisch faselnden Diskjockey anhört, kann es sehr schwierig sein, sich da nicht „einzuklinken". Wenn das Paar in der Nachbarwohnung einen lautstarken und heftigen Streit austrägt und die Wände deiner Wohnung nicht besonders dick sind, kann es ziemlich schwierig werden, *loszulassen* und *sein zu lassen.* Das Problematische ist die „intellektuell erfaßbare Qualität" der Geräusche, nicht das Volumen selbst. Das gleichmäßige Rauschen des Straßenverkehrs oder das Zirpen der Grillen sind nicht intellektuell erfaßbare Geräusche, und wir sollten in der Lage sein, uns von den verschiedenen Formen dieser Art von Geräuschen nicht stören zu lassen, da unser Intellekt nicht so viele Möglichkeiten hat, sich darin zu verbeißen. Weil diese Geräusche nicht in irgendeiner Absicht vom Intellekt erzeugt werden (und weil sie keinen klar erkennbaren geistigen Inhalt haben), verbeißt sich der Intellekt nicht in sie, es sei denn, wir stülpen ihnen unsere Konzepte des Mögens oder Nicht-Mögens über. Unsere intellektuellen Fähigkeiten verhaken sich wie Klettverschlüsse in Geräusche, die erkennbar vom Intellekt erzeugt worden sind - falls wir nicht bereits eine starke meditative Stabilität gewonnen haben. Wenn du also darum kämpfen mußt, deine Aufmerksamkeit von intellektuell erzeugten Geräuschen *ab*zuhalten, so kann das ähnlich schwierig werden, als würde man mit mehreren Pelzmänteln bekleidet zu schwimmen versuchen.

F.: Kann es gefährlich werden, wenn man versucht, in Alltagssituationen zu meditieren? Ich denke zum Beispiel daran, wie es wohl wäre, am Steuer eines Autos zu meditieren. Das könnte doch gefährlich werden, oder?

N.C.: Das hängt weitgehend davon ab, was du unter Meditation verstehst. Wenn du die Präsenz deines Gewahrseins im Prozeß des Autofahrens findest, dann bist du der beste Autofahrer auf der Straße! Wenn dein Geist jedoch umherschweift, wenn deine Aufmerksamkeit nicht *in* dem ist, was du tust - wenn du während des Fahrens mit deiner Phantasie beim Drachenfliegen bist, dann könnte das tatsächlich ziemlich gefährlich werden. Hast du irgendwann einmal am Rückfenster eines Autos den Sticker gesehen, auf dem steht: „Ich würde lieber surfen"? Die Version für Meditierende müßte lauten: „Ich würde lieber genau da sein, wo ich bin!" Denn wir sind oft irgendwo anders als da, wo wir „eigentlich" sind, selbst wenn wir surfen. Wenn deine Meditation so etwas wie ein Trance-Zustand ist, in dem du in eine andere Welt eintrittst und die „äußere Welt" von dir abschneidest, dann wäre es tatsächlich tödlich, in diesem Zustand ein Auto zu steuern. Doch das ist nicht die Art von Meditation, über die ich hier gesprochen habe. Ich habe erklärt, wie wir die Präsenz unseres Gewahrseins aufrechterhalten können - wie wir völlig *bei* dem bleiben können, was wir tun. In diesem Sinne *ist* Autofahren die Übung. Die Vorstellung, daß die vier Naljors uns von der „äußeren Welt" abtrennen, ist immer noch sehr verbreitet. Deshalb muß ich nachdrücklich darauf hinweisen, daß es bei den vier Naljors *nicht* darum geht, sich nach innen zu wenden, was auch immer in anderen Systemen als Methode der Meditation gelehrt werden mag. Bei der von mir gelehrten Art der Übung gibt es keinen Unterschied zwischen innen und außen – nur Sein, um die Spaltung zwischen innen und außen zu heilen.

F.: Wie ist das mit der Vajrayana-Idee (tantrischen Idee) zu vereinbaren, daß alles, was wir wahrnehmen, das Mandala der Gottheit (Bewußtheits-Wesen) und alles, was wir hören, das Mantra (Bewußtheits-Zauber) der Gottheit ist?

N. C.: Diese Frage ist wahrscheinlich für einige Anwesende schwer verständlich. Versteht ihr alle die Frage? (Pause) Nun, (Gelächter) ich werde sie in Kurzfassung beantworten. Es würde mehrere Wochenenden erfordern, sie auf einfache Weise zu erklären, und in gewisser Hinsicht wäre das besser. Doch für diejenigen unter euch, die schon Initiationen gehabt haben – das sind (Pause) – oh, das sind ja *alle*! Nun, in diesem Fall müßtet ihr zu dem, was ich jetzt sagen werde, einen Zugang finden. Grundsätzlich basiert Tantra oder Vajrayana auf visionärer Erfahrung und bedient sich des Wirkungsprinzips der Transmutation (Umwandlung). Tantra beinhaltet, daß wir die Präsenz unseres Gewahrseins in der Sphäre der Energie finden. Deshalb arbeiten wir mit *Klang* und *Licht*, welche die Dimensionen der *Energie* sind. Was du „Gottheit" genannt hast, ist eine Spontan Befreite Erscheinung – eine *Weisheits-Qualität* unserer eigenen Erleuchteten Natur. Was du „Mantra" genannt hast, ist die Spontan Befreite *Resonanz* der „Gottheit" oder des Bewußtheits-Wesens – der Schallreflex unserer Erleuchteten Energie. Wenn wir jene *visionäre Erfahrung* in das alltägliche Leben integrieren, erkennen wir unsere Welt als *Dimension des Gewahrseins* – die von der *visionären Natur* dessen ausstrahlt, was wir sind. Die Klangqualität unserer Umgebung ist die Resonanz jener *visionären Natur* in der *Dimension der Klangenergie*. Doch die uns noch verbleibende kurze Zeit wird kaum ausreichen, um dieses Thema in ausreichendem Maße darzustellen. Jedes Konzept, das ich benutzt habe, muß erweitert und vereinfacht werden. Leider werden wir uns schon bald voneinander verabschieden und wieder unserer eigenen Wege gehen. Aber was könnte ich über den Eintritt in die *visionäre Erfahrung* beim Autofahren sagen? (Gelächter) In Anbetracht der Tatsache, daß wir uns alle in etwa zehn Minuten in Autos setzen werden, sollte ich vielleicht doch etwas darüber sagen. (Gelächter) Ich glaube aber eigentlich nicht, daß dies eine gute Idee wäre - Ich würde euch alle gerne irgendwann einmal wiedersehen, und zwar in eurem derzeitigen Körper! (Gelächter)

Durch die *Visualisation* erschaffen wir unsere Welt und uns selbst auf die gleiche Weise neu, wie alles aus dem Raum auftaucht. Durch die *Visualisation* üben wir, uns jenseits der karmischen Sicht zu begeben. Wir benutzen den gleichen Prozeß, durch den auch die karmische Sicht entsteht, jedoch ohne Anhaftung. Die Erscheinung und Resonanz des Bewußtheits-Wesens *ist* die Methode der Transmutation. Wir lösen unsere karmische Sicht in die Leere auf und tauchen *spontan* wieder auf oder wir erschaffen uns und unsere Welt neu entsprechend der tantrischen Übermittlung, die wir empfangen haben. Dieser Prozeß des Neuschaffens findet anfänglich in der visionären Sphäre statt (der *Sphäre der ungreifbaren Erscheinung* - Long-ku / Sambhogakaya). Wenn wir uns einmal in jener *Dimension* verwirklicht haben, können wir auf eine Vereinigung jener Erfahrung mit dem alltäglichen Leben (der *Sphäre der Relativen Manifestation* - Trul-ku / Nirmanakaya) hinarbeiten. Die Integration der visionären Erfahrung in das alltägliche Leben vollendet die Übung (der Umkehrung der drei Sphären des Seins, in welcher wir nach der Auflösung aller Erscheinungen in die Leere in der Befreiten Form des Bewußtheits-Wesens wiederauftauchen und die Wesenseigene Einheit der drei Sphären des Seins - Chö-ku, Long-ku und Trul-ku - realisieren. Der Eintritt der Visionären Dimension der Erfahrung in das Alltagsleben ist eine große Errungenschaft. Es hängt davon ab, auf welcher Stufe der Erfahrung und Fähigkeit wir uns befinden, daß dieser Eintritt nicht zum bloßen Tagtraum wird. Wir müssen die Leere Realisieren bevor wir dies in Angriff nehmen können. Tantra zu üben bedeutet, in die Sphäre der Energie einzutreten!

Anhang I

Das derzeitige und die früheren Leben von Chhimed Rigdzin Rinpoche

Die folgenden Erzählungen, die aus mystisch-hagiographischem, biographischem und autobiographischem Material bestehen, handeln vom Leben von S.H. Khordong Terchen Tulku Chhimed Rigdzin Rinpoche und seinen früheren Leben als Inkarnation des Großen Tantrischen Meisters Nuden Dorje.

Der Anfang dieser Zeitlosen Entfaltung von Erleuchteter Aktivität zur Befreiung anderer führt uns in einen früheren Zeitzyklus zurück. Geschichte ist nach dem Verständnis des tibetischen Buddhismus nicht abgetrennt von der Mystisch-Visionären Erfahrung, was Menschen, die aufgrund ihrer kulturellen Orientierung annehmen, es gebe nur eine Möglichkeit, die Vergangenheit zu sehen, häufig verwirrt. Man könnte das westliche Geschichtsverständnis als das einer Geschichte der materiellen Welt bezeichnen - das Alte Testament und die „Mythologien" der nordischen und griechischen Gottheiten stellen Ausnahmen dar, doch gehören sie ja auch nicht zum kohärenten Teil des Systems der abendländischen Geschichte. Dieser materiellen Sicht der Geschichte könnten wir die Visionäre Geschichte der Mystischen Erfahrung entgegenstellen, und aus westlicher Sicht sind beide ganz offensichtlich sehr unterschiedlich. Aus tibetischer Sicht hingegen sind unterschiedliche Wirklichkeiten nicht voneinander getrennt - die Visionäre und die materielle Geschichte gehen ineinander über, sie sind miteinander verwoben. Die Visionäre Geschichte wird nur dann zur Mythologie, wenn wir den Kontakt zur Visionären Sphäre der Erfahrung verlieren. Deshalb muß es uns schwer fallen, den Sinn der Visionären Geschichte zu verstehen, wenn wir uns nicht ein wenig von unserer starren kulturellen Perspektive entfernen. Wenn wir uns von den allgemein akzeptierten Vorstellungen darüber, was wirklich ist, zu lösen vermögen, wird dieser *Spirituell Relevante* Strom von Ereignisfolgen jeden, der offen genug ist, sich davon *bewegen* zu lassen, inspirieren und in Erstaunen versetzen.

Die Zeit wird in der Geschichtsbetrachtung des tibetischen Buddhismus in Äonen gemessen - großen Zeitzyklen. In jedem dieser Zeitzyklen manifestiert sich *Weisheit* und *spiegelt* sich die Anfangslose Erleuchtung aller empfindenden Wesen. In unserem momentanen Zeitzyklus erschien Buddha Sakyamuni (der Vollständig Erwachte Weise aus der Sakya-Familie) in dem Land, das heute Nepal heißt, um unsere Anfangslose Erleuchtung zu reflektieren. Während des vorangegangenen Zeitzyklus erschien Buddha Rinchen Nyingpo (Juwelen-Essenz) und Übermittelte Weisheit an vier Bewußtheits-Wesen. Diese waren: Ö-pa-me (Grenzenloses Licht), Chenrezi (Großes Erbarmen), Chana Dorje (der den Donnerkeil schwingt) und Nuden Dorje (nicht-entthronter Mächtiger Donnerkeil). Sie verpflichteten sich durch die Inspiration von Rinchen Nyingpo, ununterbrochen für die Befreiung aller fühlenden Wesen zu wirken (dies ist das Chang-chub-sem- oder Bodhisattva-Gelöbnis).

In unserem momentanen Zeitzyklus wurde Nuden Dorje zunächst als Shariputra wiedergeboren – der Schüler, der Buddha Sakyamuni am nächsten stand. Danach wurde er als Dorje Hum-dze wiedergeboren, einer der acht Großen Tantrischen Adepten. Dorje Hum-dze (Humkara) empfing die Übermittlung von Buddha Garab Dorje, der als erster die Dzogchen-Lehre Übermittelte, und meditierte in der Diamanthöhle von Guru Padmasambhava. Außerdem empfing er die Übermittlung von Chu-len („der die Essenz extrahiert“) von dem Dzogchen-Adepten Gaga Siddhi in einer geheimen Höhle im Karakorum-Gebirge an der afghanischen Grenze. Die Methode von Chu-len beinhaltet, daß man von der Essenz der Elemente lebt, statt gewöhnliche Nahrung zu sich zu nehmen; als Dorje Hum-dze die Erfüllung dieser Praxis verwirklichte, wurde er unsichtbar.

Als Guru Padmasambhava die Lehre des Tantra nach Tibet brachte, wurde Nuden Dorje dort als Do-wang Khye-chung Lotsa wiedergeboren, einer der fünfundzwanzig Guru Padmasambhava am nächsten stehenden Schüler. Er empfing in Chim-pu, Thamdrug und Zhi-trö De-dro von diesem in Gesellschaft der Großen Himmelstänzerin Yeshe Tsogyel viele Weisheits-Übermittlungen. Er blieb während seiner gesamten Zeit in Tibet in der Nähe von Guru Padmasambhava, bis er sich in andere Dimensionen begab. Khye-chung Lotsa war ein Großer Meister, der die Macht hatte, die Vögel der Luft durch Mudras (mystische Handgesten) anzuziehen.

Dadurch vermochte er Wesen auf vielen Ebenen der Existenz über die Natur der Wirklichkeit zu belehren, so daß sie die Verwirklichung erreichen konnten. Dieser Aspekt trat mir bei Chhimed Rigdzin Rinpoche sehr klar vor Augen, als ich im Jahre 1979 von ihm einen Brief erhielt. Darin schrieb er: „Während ich schreibe, beobachte ich die Vögel, die aus Sibirien an den hiesigen Fluß gekommen waren und die nun in ihre Heimat zurückkehren. Sie haben sehr große Flügel, und wenn sie gegen Abend in ihre Heimat zurückfliegen, ähneln die Geräusche, die sie machen, denen eines herannahenden Sturms. Es ist phantastisch, sie zu beobachten."

Nuden Dorje wurde das nächste Mal als Gyalwa Thondup wiedergeboren, der wichtigste Schüler von Ma-chig Labdron, der berühmten weiblichen Lama und Verwirklichten Adeptin, die die Chöd-Übung entwickelte, welche zum Ziel hat, die Anhaftung an die körperliche Form zu durchschneiden.

Danach wurde er nacheinander wiedergeboren als: Namgyal Gonpo, der Sohn von Rigdzin Go-dem (der Begründer von Chang-ter – der Nördlichen Schatzkammer der Mystischen Entdeckung); als Mahasiddha Sang-gye Palzang; als Mahasiddha Tong-chö Repa; als Mahasiddha Bum-pa; als Tertön Chenpo Dudul Dorje und als Tak-sham Nuden Dorje.

Im neunzehnten Jahrhundert wurde er gleichzeitig in zwei menschlichen Formen wiedergeboren, wie Buddha Padmasambhava ihm aufgetragen hatte: als Nuden Dorje Drophang Lingpa in der O-chung-Familie in Nyi-khok und als Dudjom Lingpa in der Cha-kyong-Familie, die in der Nähe des riesigen Kokonor-Sees in Nord-Tibet lebte. Beide Inkarnationen waren sehr Große Meister, die sich intensiv der Lehre widmeten und die mächtigen Einfluß auf das Wohlergehen aller lebenden Wesen ausübten. Nuden Dorje Drophang Lingpa entdeckte 23 Terma-Rollen (Wiederentdeckte Mystische Schätze) sowie auch viele verschiedene andere Termas. Er entdeckte die magischen Werkzeuge, welche die Energie von Dorje Tröllo verkörpern. (Dies sind der große Dorje und Phurba, die heute Chhimed Rigzin Rinpoche besitzt und deretwegen er den Namen Khordong Terchen Nuden Dorje Drophang Lingpa Tröllo Tsal trägt.) Er entdeckte auch den wundervollen Do-dom Thong-ba Ton-den, einen Terma-Behälter aus Stein von fast 60 Zentimeter Durchmesser. An diesem Behälter sind die Abdrücke zu sehen, die die Hände der großen Weisheits-Khandro (Himmelstänzerin) Yeshe Tsogyel hinterlassen haben, sowie einen Abdruck von Guru Padmasambhavas Zeigefinger. Diese Inkarnation Nuden Dorjes verfügte über außerordentliche magische Kräfte - sie konnte fliegen, sich unter Wasser aufhalten oder auch völlig verschwinden. Nuden Dorje Drophang Lingpa lebte bis zum Alter von 63 Jahren, und am Tage seines Todes erschien am Himmel ein großer Regenbogen, der von dem Hügel ausging, auf dem er gestorben war. Die zweite Inkarnation, Do-dul Dorje, starb sehr früh, nämlich im Alter von fünf Jahren. Die dritte Inkarnation, Kalden Lingpa, lebte bis zum Alter von 37 Jahren und entdeckte zwei sehr wichtige Terma-Rollen und einen magischen Behälter.

Khordon Terchen Tulku Chhimed Rigdzin Rinpoche, die vierte Inkarnation von Nuden Dorje Drophang Lingpa und einer der größten lebenden Meister der Nyingmapa-Schule, wurde am Tag des Vollmonds des fünften Monats des Wasser-Hund-Jahres (1922) geboren. Er wurde zuerst von dem Verwirklichten Meister Tulku Tsurlo als Reinkarnation erkannt. Später wurde er auch von den folgenden neun Lamas als Reinkarnation erkannt: Zhichen Ögyen Chemchog, Tertön Sogyal, Avam Tertön, Do Kyentse, S.H. Sakya Trichen, Jogchen Pema Rigdzin, S.H. Minling Trichen, Panchen Ertini und S.H., dem dreizehnten Dalai Lama. Drei sehr außergewöhnliche Tang-rils (Divinationen) wurden ausgeführt, bei welchen verschiedene Namen auf Papier geschrieben und in Teigbällen verborgen wurden. Nachdem man diese Teigbälle in eine mit Wasser gefüllte Schale gelegt hatte, blieb jedesmal nur der

Teigball an der Wasseroberfläche, der den Namen von Chhimed Rigdzin Rinpoche enthielt. Deshalb bestand nicht der geringste Zweifel, daß er die wahre Inkarnation des Großen Nuden Dorje Drophang Lingpa ist. Diese Tang-rils wurden an drei sehr glückverheißenden Orten ausgeführt: vor der Jowo-Statue (der ältesten Statue Tibets), im Jo-khang-Tempel in Lhasa und vor den Lamas, die sich zur Ausführung der machtvollen Beschützer-Riten in der Khordong-Gompa[1] versammelt hatten.

Als Chhimed Rigdzin Rinpoche vier Jahre alt war, wurde er in der Khordong Gompa als Halter der Linie von Nuden Dorje Drophang Lingpa inthronisiert. S.H. Dudjom Rinpoche, der Anfang Januar 1987 seinen Körper verließ, war der Halter der anderen Inkarnationslinie, die von Nuden Dorje ausgegangen war (derjenigen, die mit Dudjom Lingpa aus Chakyong begonnen hatte). Somit ist Chhimed Rigdzin Rinpoche heute die einzige lebende Inkarnation von Nuden Dorje, die noch vollstängig in Tibet ausgebildet worden ist. Chhimed Rigdzin Rinpoche wurde auch als Inkarnation von Kye-chung Lotsas *Körper*, Nanam Dorje Dudjoms *Sprache* und Guru Padmasambhavas *Geist* erkannt.

Nuden Dorje Drophang Lingpa hat nach Anweisungen von Guru Padmasambhava sowie nach den Prophezeiungen sowohl des Großen Fünften Dalai Lamas als auch von Rigdzin Pema Thinley einige wichtige Gompas erbaut. Seine Schüler bauten weitere zwölf Gompas in Ost-Tibet, und diese wurden dem vierjährigen Chhimed Rigdzin Rinpoche bei seiner Inthronisation überantwortet. Dies war für das Kind eine große Verantwortung, die es jedoch mit Unbefangenheit und Vertrauen zu tragen wußte.

Im Alter von neun Jahren nahm Chhimed Rigdzin Rinpoche einen Stein in die rechte Hand und drückte ihn zusammen, so daß sich seine Form veränderte. Er hat einmal über seine Jugendzeit gesagt: „Ich war sehr ungestüm und unartig, und manchmal mußten meine Lehrer mich in mein Zimmer einsperren!" Doch aufgrund seiner magischen Fähigkeiten gelang es ihm jedesmal zu entkommen, ohne die Tür oder das Schloß zu beschädigen. Im

---

[1] *Gompa* bedeutet „Ort der Meditation".

Alter von zehn Jahren entdeckte er zwei wichtige Terma-Rollen und einen eisernen Terma-Behälter. Aus seiner Kindheit werden zahlreiche Wunder berichtet, doch Rinpoche hat mich gebeten, sie hier nicht zu schildern, weil sie dem Leser als Übertreibungen erscheinen könnten.

Nach Vollendung seines zehnten Lebensjahres brach er zu seiner ersten Pilgerreise nach Lhasa auf, wo er von Rigdzin Chenpo Nyam-ne Dorje und auch von anderen hohen Lamas viele wichtige Kraftübermittlungen erhielt. Nach zwei Jahren, während derer er Übermittlungen und Instruktionen erhalten und sich der Übung gewidmet hatte, kehrte er in die Gompa von Khordong zurück, um seine Ausbildung bei Tulku Tsurlo abzuschließen. Zu seinen Lehrern gehörten auch Bane Tulku Ögyen Tendzin, Khenpo Sangthar, Khenpo Lodro, Tulku Chö-kyi Gyaltsen, Khordong Khenpo Lo-tö Jigme und andere Große Meister jener Zeit. Er studierte Philosophie, Logik, Grammatik, Mandala, Astrologie und insbesondere Tantra unter der Anleitung von Tulku Tsurlo.

Nachdem er seine Ausbildung abgeschlossen hatte, gab Tulku Tsurlo ihm sieben wichtige Anweisungen und Prophezeiungen mit auf den Lebensweg. Dies ist der Wortlaut: „Du mußt Khordong Gompa im Alter von 18 Jahren verlassen und als nomadischer Übender durch das Bergland von Bhutan, Sikkim und Nepal wandern. Anschließend solltest du ein halbes Jahr als Einsiedler in Tso Pema leben [Rewalsar in Himachal Pradesh (Indien)]. Du solltest dich in keiner Weise verteidigen, wenn du im Alter von 28 Jahren von einem Räuber angegriffen wirst. Im Alter von 37 Jahren wirst du durch den Himmel fliegen. Bevor du 60 Jahre alt bist, solltest du Schritte unternehmen, um zu verhindern, daß eines deiner Augen seine Sehkraft verliert. Du solltest nach Khordon zurückkehren, um alle Initiationen weiterzugeben, die du zu einer Zeit erhalten hast, als dein Wissen und deine Weisheit gebraucht wurde. Möglicherweise wirst du 125 Jahre leben, aber das ist nicht sicher, da es von vielen anderen Faktoren abhängt." Die Prophezeiung, daß Chhimed Rigdzin Rinpoche möglicherweise bis zum Alter von 125 Jahren leben würde, wurde von dreizehn anderen Großen Lamas bestätigt. Seine Schüler wünschen allesamt von Herzen, daß diese Prophezeiung in Erfüllung gehen möge.

Von diesem Augenblick in Chhimed Rigdzin Rinpoches Leben an möchte ich ihn hier persönlich zu Wort kommen lassen. Seine Worte sind ungewöhnlich persönlich und bewegend, voller Kraft und doch so durch und durch menschlich, daß wir auf diese Weise sehr klar zu erkennen vermögen, daß Erleuchtung nicht unbedingt all die Schwierigkeiten beseitigt, die mit der Manifestation als menschliche Form verbunden sind.

> Bis heute haben sich die ersten fünf Anweisungen und Prophezeiungen bewahrheitet. Die dritte Prophezeiung ging in Erfüllung, als ich auf Einladung des Tibetologen Giuseppe Tucci im Flugzeug nach Italien reiste.
>
> Ich habe alle Anweisungen erfüllt, wie mir aufgetragen worden war, und jetzt, im Alter von 65 Jahren, warte ich darauf, auch die beiden letzten erfüllen zu können. Um den Anweisungen meines verehrungswürdigen Lehrers, Tulku Tsurlo, nachzukommen, verließ ich meine Gompa im Alter von achtzehn Jahren. Als ich aufbrach, war es elf Uhr in der Vollmondnacht des erstens Monats des Erde-Kaninchen-Jahres (1939). Nachdem ich den kalten Nyi-chu-Fluß durchquert hatte, wandte ich mich ein letztes Mal nach meiner Gompa um. Sie leuchtete in intensiven Farben. Während ich so dastand und zurückblickte, wurde ich sehr traurig, und plötzlich durchfluteten mich all die guten Erinnerungen: Ich dachte an meine Gefährten auf dem Weg der Übung, an meine Lehrer, an meine Kindheit, an meine Schüler und an all die vielen Jahre, die ich mit meinen Studien und meiner spirituellen Ausbildung verbracht hatte. Da mein Lama mir aufgetragen hatte, meine Gompa zu verlassen, tat ich dies; doch war es keine sehnsüchtig herbeigewünschte Abreise. Mein Herz war schwer, obwohl ich entschlossen war, den Anweisungen meines Lamas zu folgen. Seither habe ich seine Anweisungen bis auf den heutigen Tag sehr gewissenhaft und mit großer Sorgfalt befolgt.
>
> Im Jahre 1984, als ich 62 Jahre alt war, erhielt ich einen wichtigen Brief von Ra-yab Bon-trul Rigdzin Pal-zor, der seit meiner Abreise für eine meiner Gompas, Shik-chon, ver-

antwortlich gewesen war. Den Brief überbrachte mir der Ehrwürdige Tulku Thöndup, der nach Tibet gereist war, um seine Gompa in Dodrupchen zu besuchen. Auch noch einige weitere Briefe mit der gleichen Botschaft erreichten mich. Ich wurde darin gebeten, zu meiner Gompa zurückzukehren, um den dortigen Übenden die Chang-ter-, die Ter-sar- und viele andere Übermittlungen zu geben, deren Träger ich bin. Ich wurde aufgefordert, nach Tibet zurückzukehren, um den dort verbliebenen Übenden, die seit langer Zeit auf sich gestellt waren, meine spirituelle Anleitung zu geben. Die Briefe stammten von: Thubten Lodrö, meinem Hauptschüler in der Gompa in Shik-chong; Wonbo Sonam Ösel, dem ich die Verantwortung für die Gompa in Khordong übertragen hatte; von Yidrang Geku, dem Prokurator der Gompa in Khordong; und von Sherab Dorje, meinem Bruder. Diese zuletzt erwähnten Briefe wurden mir durch den Ehrwürdigen Dodrupchen Rinpoche von der Gompa in Chöten (Sikkim) zugeleitet. Die inbrünstigen Bitten dieser Briefe erinnerten mich an die fünfte Anweisung des Lamas, die auszuführen ich versprochen hatte.

Nach intensiver Kontemplation entschloß ich mich, mein Heimatland und meine Gompa zu besuchen, weil ich in der Übermittlungslinie der Lehre, die in meinen Gompas gepflegt wird, der einzige noch auf dieser Erde weilende Halter dieser Linie bin. Mein Sohn, Ögyen Chenchö Lama, und ich erhielten ohne Schwierigkeiten chinesische Visa und flogen von Kalkutta nach Peking. Von Peking flogen wir weiter nach Cheng-du und von dort reisten wir auf der Straße über Tachin-lo, Ta-ngo und Kan-ze nach Kharn-nya Chu. Überall wurden wir von den Tungko-Beamten (den chinesischen Beamten) sehr freundlich empfangen. Wir wurden zu Festessen eingeladen und besuchten in Peking und Cheng-du Tempel der chinesischen Buddhisten, die zu unserer Freude in gutem Zustand und nie zerstört worden waren. Während unseres Aufenthalts in Peking traf ich mit S.H. dem Panchen Lama zu einem zweistündigen Gespräch zusammen, in dessen Verlauf wir über die derzeitige Situation in Tibet sprachen. Ich war erfreut zu hören, daß sich die Situation inzwischen offenbar geändert hatte. Ich sprach mit ihm auch über den Wiederaufbau meiner Gompa, und er sicherte mir in seiner Eigenschaft als Fu-tushi (Bevollmächtigter für Fragen des Buddhismus) volle Unterstützung seitens der Tungko-Regierung zu.

Von Khar-nya Chu reisten wir mit dem Jeep weiter, bis wir die Fahrzeuge schließlich an einer baufälligen Holzbrücke zurücklassen mußten. Am anderen Ende der Brücke hatte sich eine große Menschenmenge aus Khordong versammelt, um mich zu empfangen. Nach der Überquerung der Brücke ritten wir auf Pferden weiter. Dieser Ritt dauerte sechs Stunden und war sehr anstrengend für mich, weil ich seit vielen Jahren nicht mehr gewöhnt bin zu reiten. Auf dem Weg trafen wir viele Menschen, die sich entlang der Strecke postiert hatten, um uns Tee und Essen anzubieten. Wir unterbrachen den Ritt in Dewa-nang, einem Ort, an dem Nuden Dorje wiedergeboren worden war. Von dort sah ich meine Gompa zum erstenmal seit jener Vollmondnacht wieder, als ich sie im Alter von achtzehn Jahren verlassen hatte. Ich konnte die Tränen nicht unterdrücken und ich vermochte kein Wort zu sagen. In jenem Augenblick überfluteten mich all die fernen Erinnerungen, und mir wurde klar, daß ich das Heiligtum, das einmal dort gewesen war, nicht mehr vorfinden würde. Von meiner einst so prächtigen Gompa war nur noch eine Ruine übriggeblieben; nur die Stützpfeiler standen noch. Da wurde mir der Wert jener Anweisung meines Lamas klar. Er hatte das Ende des Buddhismus in Tibet in seiner ursprünglichen Form vorhergesehen und er wollte die Essentielle Übermittlung retten. Die Zerstörung des Gebäudes ist nicht gleichbedeutend mit der Zerstörung der Übermittlungslinie. Ich hatte Tibet im Alter von achtzehn Jahren mitsamt den Termas[1] meiner Linie verlassen. Nun brachte ich sie wieder zurück, auf daß sie erneut geübt werden könnten.

[1] *Termas* sind spirituelle Texte, die Buddha Padmasambhava an geheimen Orten versteckt hatte, auf daß sie in zukünftigen Zeiten wiederentdeckt würden.

Sobald wir die Gompa erreicht hatten, führten wir zehn Tage lang die erforderlichen Riten aus. Danach gab ich weitere zweiundzwanzig Tage lang Initiationen. Daraufhin reisten wir in den Ser-ta-Distrikt und gaben auch dort zweiundfünfzig Tage lang Initiationen. Im Verlauf dieser Reise besuchten wir auch die Gompas in Shik-chong und Bane, die ebenfalls weitgehend zerstört worden waren.

Am 5. Dezember kehrte ich nach Indien zurück, zwar schweren Herzens, aber auch entschlossen, nach Tibet zurückzukehren und meinem Volk gemäß den Anweisungen meines Lamas zu helfen. Deshalb besteht meine wichtigste Arbeit nun darin, mich auf die Rückkehr nach Tibet vorzubereiten, um das Volk meines Heimatlandes zu lehren, damit die alten Lehren nicht verlorengehen. Dies ist die sinnvollste Aufgabe, die ich in Angriff nehmen kann.

Von Chhimed Rigdzin Rinpoches Besuch in Tibet gibt es viele Berichte über bemerkenswerte und inspirierende Ereignisse, und ich halte es für wichtig, einige davon hier wiederzugeben, da diese Wunder nicht nur von über tausend Ost-Tibetern beobachtet wurden, sondern auch von den chinesischen Beamten, die von dem, was sie erlebten, so beeindruckt waren, daß sie im Anschluß an den Besuch ihre Haltung in erstaunlichem Maße veränderten. Vor Chhimed Rigdzin Rinpoches Besuch hatte es die chinesische Regierung nicht zugelassen, daß Tibeter, die jünger als 18 Jahre alt waren, als Reinkarnationen anerkannt wurden oder Initiationen empfingen. Chhimed Rigdzin Rinpoche erkannte und erklärte jedoch während seines Besuchs 69 Inkarnationen und inthronisierte zwölf von ihnen mit der Einwilligung und Anerkennung der chinesischen Behörden. Heute ist das Verbot der Ordination von Mönchen vor dem 18. Lebensjahre aufgehoben worden, so daß, wie zu allen Zeiten in Tibet üblich, schon Kinder in die Orden eintreten können.

Am 19. Tag des siebten Monats des Holz-Ochsen-Jahres (am 6. Juli 1985) weihte Chhimed Rigdzin Rinpoche einen Großen Chörten in Ser-ta ein. Zu dieser Einweihung versammelten sich 20.000 Mönche und Ngakpas mit über hundert Inkarnationen und

Khenpos sowie 15.000 Laien im größten Tal von Kham Ser-ta Gor-gon Thang. Das Ritual begann um halb zehn Uhr morgens, und Chhimed Rigdzin Rinpoche invozierte während dieses Rituals die Macht der Linie von Guru Padmasambhava, Yeshe Tsogyel, Khyechung Lotsa, Nuden Dorje, Tulku Tsurlo, Apang Tertön und Seiner Heiligkeit Dudjom Rinpoche (dem Höchsten Oberhaupt der Nyingma-Schule und Chhimed Rigdzin Rinpoches Tsa-wai-Lama). Nach dieser Invokation erschien über dem Ser-ta-Fluß ein riesiger Regenbogen, der das gesamte Tal von Gor-gon Thang überspannte und der bis halb fünf Uhr nachmittags am Himmel leuchtete. Während Chhimed Rigdzin Rinpoche den Chörten weihte, war er mitsamt dem Chörten von einem durchsichtigen Lichtring umgeben. Innerhalb dieses Lichtrings erschienen drei Thig-les (regenbogenfarbene Kugeln), und es wird auch berichtet, daß die Anwesenden viele verschiedene Dinge im Inneren dieser drei Kugeln gesehen hätten. Die meisten haben offenbar fünf weiße Geier gesehen (Verkörperungen der fünf Weisheits-Schwestern, der Yeshe-Khandros), die um den Chörten kreisten, als würden sie im Fluge tanzen. Als die fünf Geier auftauchten, warf Chhimed Rigdzin Rinpoche einen Katag (einen weißen Segens-Schal) in die Luft, und dieser schwebte 24 Stunden lang unbeweglich über dem Chörten in der Luft.

Chhimed Rigdzin Rinpoche ist während seines ganzen Lebens wegen seiner magischen Fähigkeiten berühmt gewesen sowie wegen seiner Macht über das Wetter. In Tibet hat er viele Hagelstürme abgewendet, die andernfalls die Ernte ruiniert hätten, und auch in Indien hat er ähnliche Wetterveränderungen bewirkt. Als er im Frühjahr 1986 nach Wales kam und sich in *Sang-ngak-chö-dzong*, der „Tibetisch-Tantrischen Peripherie“, aufhielt, unterbrach er einen seit mehreren Tagen anhaltenden Regen, damit diejenigen, die ihn besuchen und mit ihm gemeinsam ein Picknick am Meer erleben wollten, nicht enttäuscht würden. Sobald das Picknick beendet war und wir wieder in den Autos saßen, setzte der strömende Regen erneut ein. Diese Inspirierende Demonstration seiner Fähigkeiten wiederholte Rinpoche, als wir uns im Auto auf dem Weg zurück nach London befanden. Es regnete so stark, daß der Fahrer die Straße kaum sehen konnte. Sobald Dr.

Steve Glascoe dies erwähnte, veränderte sich das Wetter auf eine einzige Handbewegung Rinpoches hin. Wenn man ihn über derartige Phänomene befragt, leugnet er, daß er dazu in der Lage wäre und sagt, diese Dinge seien nur möglich aufgrund der Macht von Guru Padmasambhavas Linie der Verwirklichung sowie aufgrund des Großen Vertrauens derjenigen, die Zeugen solcher Phänomene wären. Chhimed Rigdzin Rinpoche willigte in die Veröffentlichung dieser wahrhaft erstaunlichen Vorfälle nur auf meine dringenden Bitten hin ein, weil ich der Ansicht bin, daß solche Informationen bekannt gemacht werden sollten.

Wenn Chhimed Rigdzin Rinpoche nach Tibet zurückkehren wird, um die Anweisungen seines Lamas zu erfüllen sowie seinen eigenen Wunsch, seinem Volk zu helfen, beginnt für ihn ein von großen Härten und Schwierigkeiten geprägtes Leben. Er ist entschlossen, für immer nach Tibet zurückzukehren, statt einen angenehmen Lebensabend zu verbringen, nachdem er seinen Lehrstuhl an der Santiniketan-Universität aufgegeben hat. Chhimed Rigdzin Rinpoche bittet für sich selbst um keinerlei Hilfe - er hat bereits den größten Teil seines persönlichen Besitzes für den Wiederaufbau der Gompas, die seiner Obhut unterstehen, gegeben, damit wieder Übende darin leben können.

Da Chhimed Rigdzin Rinpoches Aufgabe seine begrenzten Möglichkeiten bei weitem übersteigt, wird die Arbeit bis zu ihrer Vollendung viele Jahre in Anspruch nehmen, selbst wenn die chinesischen Behörden einen Teil der Kosten übernehmen. Deshalb möchte ich an dieser Stelle im Namen von Chhimed Rigdzin Rinpoche jeden, der seine Arbeit unterstützen möchte, bitten, für diesen Zweck bestimmte Spenden an die in Anhang III angegebene Adresse zu senden. Da es viele Jahre in Anspruch nehmen wird, diese Arbeit zu vollenden, wird Ihr Beitrag in jedem Fall von großen Wert sein, ganz gleich, wann Sie dies lesen mögen und das Gefühl haben, mit einer Spende Anteil nehmen zu wollen. Ganz gleich, wieviel oder wie wenig Sie geben können, in jedem Fall werden Sie auf diese Weise an der Bemühung teilhaben, ein wichtiges System zur Transformation des menschlichen Seins zu erhalten, das von dem altruistischen Wunsch motiviert ist, alle lebenden Wesen aus dem Zustand der Verwirrung zu befreien.

Seit dieser Große Lama in Indien lebt, haben immer wieder Menschen der westlichen Welt ihn um seine Unterweisung gebeten. Er hat jederzeit freigebig seine Zeit und Energie geschenkt, ohne Anspruch auf irgendeine Form eines Privatlebens zu erheben. Diese Lehrtätigkeit mußte er stets während der Zeit ausüben, die ihm außerhalb seiner Pflichten als Professor für Tibetologie und Buddhistisches Sanskrit an der Universität von Santiniketan blieb. Weil er einen so großen Teil seiner Zeit der Ernährung seiner Familie widmen mußte, ist er in der westlichen Welt nie so bekannt geworden wie einige der anderen Großen Lamas; aus diesem Grunde kann er auch abgesehen von der kleinen Zahl seiner Schüler auf keinerlei Unterstützung aus dem Westen zählen. Wenn Tibet wieder jenes Land einer hohen mystischen Kultur werden soll, das es einmal war, so wird dies nur mit umfangreicher Hilfe möglich sein. Chhimed Rigdzin Rinpoches zukünftige Arbeit ist wichtig und von großer historischer Bedeutung, weil alles, was heute verlorengeht, damit für immer verloren ist. Er ist der letzte Halter einer Linie von Lehr- und Meditations-Systemen, die zu verlieren ein großer Verlust für die ganze Welt bedeuten würde. Das Fortbestehen dieser großen Linie ist von größtem Wert für alle Menschen auf der ganzen Welt, denn auch wenn wir nicht alle von diesen Lehren Gebrauch zu machen beabsichtigen, ist die Tatsache, daß derartige Weisheitstraditionen existieren und jedem zugänglich sind, eine der Hoffnungen der Menschheit. Deshalb möchte ich hiermit all jene, die an der Befreiung arbeiten und denen an der Verbreitung von Frieden, Harmonie, Güte und Freiheit auf der Welt gelegen ist, bitten mitzuhelfen, die Kontinuität dieses unschätzbaren Teils unseres weltweiten Erbes zu sichern – seine Botschaft gehört uns allen.

Anhang II

Sang-ngak-chö-dzong

Sang-ngak-chö-dzong bedeutet „Geheime Festung des Bewußtheits-Zaubers". Dieser Name wurde Ngakpa Chögyam von S.H. Dudjom Rinpoche gegeben, dem Höchsten Oberhaupt der Nyingma-Schule. Der Name wurde als Inspiration und Anleitung für die lockere Vereinigung von Übenden unter Ngakpa Chögyams Leitung und Unterweisung gegeben. Wie Ngakpa Chögyam zu erzählen weiß, birgt dieser Name ein humoristisches Element - ein absichtliches Wortspiel mit seinem eigenen Namen - „Sang-ngak(pa)-chö(gyam)-dzong". Die Tibeter reduzieren Begriffe und Namen häufig auf ihre Anfangssilben - so wie es übrigens auch bei Ngakpa Chögyams Namen der Fall ist, welcher eine kontrahierte Form von *Chö-ying Gyam-tso* ist, was „Ozean des Raums" bedeutet. Der essentielle Humor von Ngakpa Chögyams radikaler Präsentation der Lehren jedoch ist ein offensichtlicherer Aspekt der Einstellung zum Leben und zur Übung, die diejenigen kennzeichnet, die mit *Sang-ngak-chö-dzong* in Verbindung stehen.

Dieser Name birgt viele Bedeutungsebenen, doch eine darunter, die zur zentralen Idee geworden ist, ist die der Geheimen Festung. „Wenn eine Festung geheim sein soll, muß sie unsichtbar sein. Sie darf keine ausschließenden Begrenzungen haben - sie muß eine Innere Festung der Übung sein, statt einer äußeren Institution." Aus diesem Grunde gibt es auch keine Pläne zur Gründung eines Zentrums. Zwar gibt es langfristige Pläne für einen Retreat-Platz, ein Stück Land, auf dem man Zelte aufstellen und Retreat-Hütten bauen kann, doch ist dies mehr als Schaffung einer Möglichkeit gedacht, weniger als Mittelpunkt für die Aktivitäten der Gruppierung.

Aus einer humorvollen Verbindung der Idee der „geheimen Festung" und dem Wunsch, die Einrichtung eines Zentrums zu vermeiden, entstand schließlich unsere eigene freie Übersetzung von *Sang-ngak-chö-dzong*: „Tibetisch-Tantrische Peripherie". Die Idee einer Peripherie anstelle eines Zentrums ist, daß jeder letztlich sein „Zentrum" in sich selbst finden muß, statt es in Institutionen oder Organisationen zu suchen. „Daß wir eine Peripherie sind, ist nicht direkt als Kritik an den vielen existierenden Zentren zu verstehen, weil diese in vielerlei Hinsicht sehr wichtige Zwecke erfüllen. Doch in Tibet hat es zu allen Zeiten eine Alternative zum organisierten klösterlichen Leben gegeben - eine lamaistische Tradition, deren Anhänger in Familien oder als Nomaden lebten und die frei von gewissen Einschränkungen des mönchischen Lebens waren." Diese Art des Leben und Übens innerhalb des familiären Zusammenhangs versucht Ngakpa Chögyam zu fördern. Aus dieser Sicht ist das Zentrum all dieser Übenden ihr eigenes Zuhause, und folglich verbringt Ngakpa Chögyam (wenn er nicht schreibt oder als Berater tätig ist) viel Zeit damit, an viele verschiedene Orte zu reisen und dort zu lehren.

Anhang III

Wenn die Lektüre des Buches *Reise in den inneren Raum* bei Ihnen Interesse geweckt haben sollte und Sie dieses Interesse weiterverfolgen wollen, so können Sie an einem der mehrmals im Jahr stattfindenden Kurse teilnehmen, die den Inhalt des vorliegenden Buches zur Grundlage haben und während derer die hier angesprochenen Themen näher ausgeführt werden.

Ngakpa Chögyam veranstaltet auch erfahrungsorientierte Beratungskurse auf der Grundlage seines ersten Buches, *Der fünffarbige Regenbogen*, einem Handbuch über die Arbeit mit Emotionen mittels der Farb- und Elementen-Symbolik des tibetischen Tantra. Außerdem leitet er auf Einladung Kurse in anderen Ländern. Denjenigen, die an Kursen Ngakpa Chögyams teilgenommen haben und die daran interessiert sind, in eine engere Verbindung zu ihm zu treten, bietet das von ihm geleitete „Apprenticeship Programme" die Möglichkeit zu persönlichem Kontakt in Form von brieflicher Korrespondenz, in Form von Einzelgesprächen und von „Apprentice Retreats".

Weitere Informationen darüber, wie man selbst eine Gruppe für Sitz-Meditation gründen kann, sowie über die Aktivitäten von „Sang-ngak-chö-dzong" erhalten Sie gegen Einsendung eines großformatigen Umschlags und eines internationalen Antwortscheins ausreichend für eine Sendung vom Gewicht von 12 DIN A4-Blättern unter folgender Adresse:

The Secretary
„Sang-ngak-chö-dzong"
Tibetan Tantric Periphery
5, Court Close
GB - Cardiff CF4 1JR
Wales

Buddhismus/Zen

Dalai Lama
Der Friede beginnt in dir
Wie innere Haltung nach außen wirkt
Band 4451

Die moderne Auslegung der wichtigsten Lehren über den Weg zu innerem und äußerem Frieden. Einer der schönsten Texte des Buddhismus.

Dalai Lama
Mitgefühl und Weisheit
Ein großer Mensch im Gespräch mit Felizitas von Schönborn
Band 4288

In diesem Gespräch wird die Botschaft des Dalai Lama plastisch und begreifbar wie nie zuvor. Das Tor zum tibetischen Buddhismus.

Dalai Lama
Sehnsucht nach dem Wesentlichen
Die Gespräche in Bodhgaya
Band 4229

Menschen aus allen Kulturkreisen haben den Friedensnobelpreisträger aufgesucht und neue Impulse für ihr spirituelles Leben gewonnen.

Dalai Lama
Einführung in den Buddhismus
Die Harvard-Vorlesungen
Band 4148

Ein faszinierendes Dokument östlicher Geisteskultur, wie es außer dem Friedensnobelpreisträger wohl kaum ein buddhistischer Lehrer hätte verfassen können.

Thich Nhat Hanh
Die Sonne, mein Herz
Wie Glück entsteht
Band 4520

Wer achtsam ist auf die Gegenwart des Lebens in uns, kommt mit dem wahren Glück in Berührung.

Karlfried Graf Dürckheim
Wunderbare Katze
Und andere Zen-Texte
Band 4489

Zum 100. Geburtstag des Meisters sein Klassiker jetzt im Taschenbuch. Eine unerschöpfliche Quelle altöstlicher Weisheit.

Karlfried Graf Dürckheim
Von der Erfahrung der Transzendenz
Band 4196

„Für Leser, die auf ihrem Lebensweg spirituell vertiefte Weiterentwicklung suchen" (Das neue Buch).

Karlfried Graf Dürckheim
Meditieren – wozu und wie
Band 4158

Geheimnisse erfahren und sich als ganzer Mensch verwandeln. – Eines der reifsten und praktischsten Werke Karlfried Graf Dürckheims.

Karlfried Graf Dürckheim
Vom doppelten Ursprung des Menschen
Band 4053

„Menschliche Reife ist kein Privileg für wenige. Praktische Übungen, die jeder vollziehen kann" (Lehrer und Schule heute).

Karlfried Graf Dürckheim
Das Tor zum Geheimen öffnen
Ausgewählt und eingeleitet von Gerhard Wehr
Band 4027

Die Kerngedanken eines Meisters der Meditation, der die Weisheitslehren des Ostens und des Westens schöpferisch vereint hat.

Karlfried Graf Dürckheim
Mein Weg zur Mitte
Gespräche mit Alphonse Goettmann
Band 4014
Neue Wege zur meditativen Selbstfindung, die für den modernen Menschen gangbar sind.

Daisetz Teitaro Suzuki
Das Zen-Koan – Weg zur Erleuchtung
Mit einem Vorwort von Janwillem van de Wetering
Band 4452
Koans sind Rätsel, die jeder für sich löst. Sie können zeigen, wer wir wirklich sind. Die klassische Einführung.

Daisetz Teitaro Suzuki
Wesen und Sinn des Buddhismus
Ur-Erfahrung und Ur-Wissen
Band 4197
Die Quintessenz des Buddhismus: Grundideen des Zen, seine Spiritualität und Philosophie in überzeugend klarer Darstellung.

Benjamin Radcliff/Amy Radcliff
Zen denken
Ein anderer Weg zur Erleuchtung
Aus dem Amerikanischen von Bernardin Schellenberger
Band 4396
Die alternative Einführung für alle, die Zen von der eigenen westlichen Erfahrung her verstehen und praktizieren wollen.

Katsuki Sekida
Zen-Training
Das große Buch über Praxis, Methoden, Hintergründe
Band 4184
Wie kann man als westlicher Mensch Zen-Meditation lernen? „Das erste umfassende Handbuch" (Psychology today).